GAODENG ZHIYE JIAOYU KECHENG FAZHANXING PINGJIA YANJIU

高等职业教育课程发展性评价研究

曹 勇 著

东北大学出版社
·沈 阳·

ⓒ 曹 勇 2019

图书在版编目（CIP）数据

高等职业教育课程发展性评价研究 / 曹勇著 . 一 沈
阳：东北大学出版社，2019.8
　　ISBN 978-7-5517-2211-7

　　Ⅰ . ①高… Ⅱ . ①曹… Ⅲ . ①高等职业教育－课程评
估－研究 Ⅳ . ① G718.5

中国版本图书馆 CIP 数据核字 (2019) 第 192161 号

出 版 者：东北大学出版社
　　　　　　地址：沈阳市和平区文化路三号巷 11 号
　　　　　　邮编：110819
　　　　　　电话：024-83683655（总编室） 83687331（营销部）
　　　　　　传真：024-83687332（总编室） 83680180（营销部）
　　　　　　网址：http: // www.neupress.com
　　　　　　E-mail : neuph@ neupress.com
印 刷 者：定州启航印刷有限公司
发 行 者：东北大学出版社
幅面尺寸：170mm × 240mm
印　　张：14.5
字　　数：276 千字
出版时间：2019 年 8 月第 1 版
印刷时间：2019 年 8 月第 1 次印刷
责任编辑：孙　锋
责任校对：叶　子
封面设计：河北优盛文化传播有限公司
责任出版：唐敏志

ISBN 978-7-5517-2211-7　　　　　　　　　　　定　价：66.00 元

前　言

随着我国高等职业教育的快速发展及其大众化时代的到来，高等职业教育自身面临的一些问题，如高等职业教育的规模与质量的两难等问题也越发显得更加突出。如何在高等职业教育规模得到扩大的同时，更好地保障高等职业教育的质量，就必然成为人们关注的焦点。质量的提高与保障离不开对高等职业教育的评价，因此高等职业教育质量评价日益受到重视，而高职教育课程评价作为高等职业教育评价的重要组成部分，也开始得到更多人的关注。

高职教育课程评价作为影响高等职业教育教学质量的重要因素，其研究近些年来引起了较多的关注，但由于缺乏相关理论的研究支持，许多高职教育课程评价活动还停留在"经验性评价"水平上，无论从评价主体、评价对象还是从评价方法上均未凸现高等职业教育课程的特点和当代课程评价多元化的发展趋势。而课程发展性评价作为时代发展的产物，强调以学生的发展为本，面向多元。在高等职业教育课程评价中引入课程发展性评价，构建课程发展性评价体系具有重要意义。为此，笔者根据时代需要并结合国内课程改革的实际情况，通过研读有关发展性评价的相关资料，在借鉴已有学者研究的基础上编写了本书。在书中，自己提出了对高职教育课程实施状况采用发展性评价的课程评价理念。

全书共八章，第一章"绪论"对高职教育进行了阐述，其内容包括高等职业教育的概念与内涵、高等职业教育的基本特征、高等职业教育目标以及内容的确定；核心概念解读是对课程、评价、课程评价、发展性评价以及高职教育课程发展性评价进行阐释；基本依据解读包括课程评价的哲学基础、心理学基础、管理学基础、系统论基础等，同时对课程评价的现实依据进行了分析。第二章"现代课程评价的基本要义"主要对课程评价的发展脉络、课程评价的基本取向、课程评价的主要模式以及现代课程的评价策略进行研究，旨在加深人们对后现代课程评价的理解与认识，丰富我国课程评价理论与实践研究的分析话语，实现课程评价的多元探讨与发展，促进后现代课程理论的发展和完善。第三章"高职教育课程评价审视"基于高职教育课程评价的价值取向和内在规定性的探讨，指出高职教育课程评价的形式，同时提出高职教育课程评价存在的问题，以为探索和实施课程发展性评价做铺垫。第四章"高职教育课程发展性评价审视"主要从高职教育课程发展性评价的基本理念、理论依据以及存在的问题等角度进行研究。第五章"高职教育课程发展性评价取向"重点阐述了高职教育课程发展性评价目标的建立、高职教育课程发展性评价原则的确定以及高职教育课程发展性评价主体的选择。第六章"高职教育课程发展性评价设计",其内容包括高职教育课程发展性评价标准的制定、高职教育课程发展性评价内容的设置以及高职教育课程发展性评价模式的构建。第七章"高职教育课程发展性评价实施"首先探讨了高职教育课程发展性评价方案的设计,其次指出了高职教育课程发展性评价方法的运用,最后介绍了高职教育课程发展性评价结果的处理。第八章"高职教育课程发展性评价的元评价分析"主要从高职教育课程发展性评价的元评价分析、高职教育课程发展性评价的技术性探讨以及高职教育课程发展性评价的元评价机制进行阐述。高等职业教育课程发展性评价的研究,对于提高教学评价的科学性和可持续性,对于促进高职学校教学质量的提高和教师个人的职业发展具有重大意义。

　　高职教育课程发展性评价是一个复杂的系统工程,这是当前高职教育课程教学改革中的难点。由于本人水平有限,加之时间仓促,文中难免有不足之处,敬请专家们指教。

著　者

2019 年 1 月

目 录

第一章 绪 论 / 001

　　第一节 高职教育概述 / 001
　　第二节 核心概念阐释 / 007
　　第三节 基本依据解读 / 033

第二章 现代课程评价的基本要义 / 037

　　第一节 课程评价的发展脉络 / 037
　　第二节 课程评价的基本取向 / 041
　　第三节 课程评价的主要模式 / 045
　　第四节 现代课程评价的策略探讨 / 055

第三章 高职教育课程评价审视 / 071

　　第一节 高职教育课程评价的价值取向 / 071
　　第二节 高职教育课程评价内在规定性 / 083
　　第三节 高职教育课程评价的形式探究 / 099
　　第四节 高职教育课程评价的困境阐析 / 103

第四章 高职教育课程发展性评价审视 / 112

　　第一节 高职教育课程发展性评价的基本理念 / 112
　　第二节 高职教育课程发展性评价的理论依据 / 117
　　第三节 高职教育课程发展性评价面临的问题 / 121

第五章 高职教育课程发展性评价取向 / 125

　　第一节 高职教育课程发展性评价目标的建立 / 125
　　第二节 高职教育课程发展性评价原则的确定 / 129
　　第三节 高职教育课程发展性评价主体的选择 / 137

第六章　高职教育课程发展性评价设计 / 146

第一节　高职教育课程发展性评价标准的制定 / 146

第二节　高职教育课程发展性评价内容的设置 / 150

第三节　高职教育课程发展性评价模式的构建 / 165

第七章　高职教育课程发展性评价实施 / 183

第一节　高职教育课程发展性评价方案的设计 / 183

第二节　高职教育课程发展性评价方法的运用 / 188

第三节　高职教育课程发展性评价结果的处理 / 203

第八章　高职教育课程发展性评价的元评价分析 / 208

第一节　高职教育课程发展性评价的元评价分析 / 208

第二节　高职教育课程发展性评价的技术性探讨 / 213

第三节　高职教育课程发展性评价的元评价机制 / 219

参考文献 / 222

第一章 绪 论

第一节 高职教育概述

一、高等职业教育的概念与内涵

（一）高等职业教育的概念解析

高等职业教育是经济建设与社会发展的一种新型产物，也是一种高等教育模式。联合国教科文组织《国际教育标准分类》规定，高等职业教育是社会实践型、工作技术型和职业专业的高等教育，是现代世界高等教育两大系列之一。在我国，高等职业教育兴办于 20 世纪 80 年代，于 20 世纪 90 年代中后期有了较快发展。但是，由于受到传统观念、办学体制、条件和环境等诸多因素的制约，出现了人才实践能力不高、专业特点不明、专业定位不明确等问题。这些问题一般是由于人们对"高等职业教育"这个新型教育模式的模糊认识造成的。

按照形式逻辑定义公式的限制，真正定义的概念等于属概念加种差。"教育"的属概念既可以以"社会""文化"来体现它的价值，也可以以"人的前途发展"来定义。一种概念不限制于一个属概念，属概念不同，种差的表述就有差别。"教育"概念的定义划分起来十分困难，到目前为止，对"教育"概念的理解还是各有千秋、各有不同。"高等职业教育"概念体系中的核心是"教育"，教育这个概念具有不确定性，所以说，无论是以各种分层下的类型为基础划分，还是以各种类型下的分层作为基础进行的概念划分，"高等职业教育"这个概念的真正定义很难准确认定。更何况，"高等职业教育"概念的内涵和外延仍然是随着社会的发展不断变化的，但是这些变化并非意味着我们无法准确地理解它。以上这些概念的解析为"高等职业教育"概念的"内涵定义"的获得提供了参考。什么是内涵定义？内涵定义就是列举被定义概念的特征来描述概念的内涵，内涵定义中体现出来的特征一般是被定义概念的本质特征。还可以说，高等职业教育内涵定义的获得就是对内涵定义的本质和特征的寻找过程，所以"职业""技术""职业教育""专业"这些基本概念之间的相互关系是紧密相连的。❶

1. 职业与职业教育

"职业"是社会生活中在人们对物质需求和精神需求的情况下，以扮演某个社会角色的形式进行某项社会规范下的工作，来实现个人价值并贡献社会的行业。职业具有相对性、专业性、目的性和时代性等特点。从宏观角度来看，职业表现出四个显著特征：群集式的社会工作资格是由专业能力、方法能力、社会实践能力决定的职业社会生存能力；规范内的工作领域，是由职业资源、工作方法、工作对象、工作环境决定的社会的职业劳动分工；阶级型的工作层次，是由从业者的工作职业资格与工作岗位环境要求并根据工作组织层次划分决定的职业工作范围；社会实践中的工作价值是由劳动者对社会和组织的贡献所决定的社会职业价值。

职业与职业教育的关系并非一一对应，两者是有差别的，教育的目的并不是为某个个体服务，某个个体进行职业教育并不是职业教育专门的对象。职业教育是建立在职业专业特征的基础之上的，从现代中国的职业教育发展来看，任何职业劳动和职业教育的职业培训都是以职业的形式进行的，这就意味着职业的内涵既规范了职业劳动的范围，又规范了职业教育，即职教专业、职教课程和职教考核的标准。这就是我们平时所说的职业性原则。

2. 职业与专业

专业是社会分工和社会价值体现并认可的产物，它具有职业定向功能、职业主导功能和社会保障功能。有鉴于此，社会中的专业数量既与各个职业分工的专门划分细致程度相关，又受到科学技术的专业合理性与教育所收效益大小的制约，所以说专业的划分要尽量多地覆盖社会职业或者工作岗位。根据职业性原则，以职业形式运行的职业教育的专业要表现出它职业的内涵。具体体现在四个方面：一是专业划分的基础与职业在职业资质方面所具有的统一性；二是专业培养目标方向制定的依据与这个职业在功能方面所具有的统一性；三是专业教育教学过程

---

❶ 杜瑛.我国高等教育评价的范式转换及其协商机制研究[D].上海：华东师范大学,2010.

中的实施方法与相关职业在教学过程、工作环境和活动空间（职业情境）方面所具有的统一性；四是专业的社会认同与相关职业在社会中的地位及其社会价值、社会影响判断方面所具有的统一性。

3. 职业与技术

最早的职业诞生是基于对基本社会分工的需求。假如社会中每个人都可以独立处理生活中的每件事情，那么就不需要社会分工了。所以，需要解决问题的数量或者难度超出了具体个体的能力范围时，就会变相地促使社会共同体中出现分工与合作这些行为。为了达到解决问题的目的，我们就必须对每项工作具有相应的技术能力，所以推动原始职业产生的一个重要原因，就是人们对大自然的改造已经不能是某个个体的能力所能涵盖的了。从某个角度说，人们对某一事物的技术创造能力催生了职业的创立。所以说，某种新兴职业的产生往往是因为某种技术创新或技术革命，如高新技术引发的职业变革。

职业能够得到生存和发展离不开其本质的技术性能的不可替代性。一项职业的发展出于对社会的需求和需要，必然要不断地提高自身职业的技术能力，避免被其他职业顶替或者直接取代。这也充分说明，在各个行业领域中成员之间在技术能力上存在着明显的差别。所以，职业划分能够促进技术能力的发展和提高。另外，只要是职业活动就具有劳动的本质，肯定离不开创造能力和技术。在社会上，一种职业的社会地位、经济利益、文化程度很多情况下也主要是由该职业技术水平含量的高低决定的。但并不是任何一种技术都是指向职业的或者说是以某种职业为载体的，职业人员以外的人在非职业问题上也离不开技术。职业和技术是相互联系的，但是并非可以相互替代的两个定义，在"高等职业教育"这个概念中，技术条件是不可缺少的。

（二）高等职业教育的核心内涵

划定概念的重点在于表述其内涵，高职教育的内涵非常丰富，我们先来描述其核心内涵。参照新版国际教育标准分类（ISCED）5B 的说明，高等职业教育的核心内涵主要包括下面四方面。

1. 受教对象

ISCED 5B 的生源是完成 ISCED 3B 或 ISCED 4B 课程者。所以进入高等职业教育的受教者，其理论基础不一定要完全达到高中水平，但其高中阶段的课程应该侧重于职业定向导向，专门学习专业学科，其中为就业做准备的中等职业技术学校毕业生要升入高等职业教育受教，可以通过课外补习过渡课程实现。因此，高等职业教育的受教育对象必须从书面知识向实践能力的方向转换，在熟练掌握基本知识理论基础的条件下对职业实践能力进行学习。根据以上可以推断，高等职业教育的受教育对象可以覆盖整个高中阶段的各个不同知识层次的学生以及在复习阶段的各类不同学生。如今，对我国高职学院热度最高的"中高职衔接"以及从中职学校直接转到"高级技师学院"的做法等，我们其实仍然存在认识上的偏差，其根源就是高等职业教育受教育对象的定位不够准确。

2. 培养目标

高等职业教育的培养目标即使受教育者获得某一特定职业或职业群体所需要的能力培训以使他获取其技能，包括实际实践能力和知识，为其通向某一职业拓宽道路。其中，一种课程规划介于普通专业基础知识和实际就业之间的中间部位，它的培养目标相对应的就是基础知识和直接操作之间的中间技术型，这些职位常常被称为"蓝领"。

3. 学习年限

ISCED 5B 学习需要的教学时间总和从理论上来说与 ISCED 5A 一样，即教学时间是 4 年或 4 年以上，但 ISCED 5B 可以相当于全日制 2 年的持续时间，通常的时间为 2~3 年。一般情况下，5B 比 5A 学习周期要短，但并不是说 5B 就仅限于较短的学制，其实 5B 的学习制度年限也可以和 5A 一样考虑以下 5 种学制：2 年和 3 年以下，3 年和 4 年以下，4 年和 5 年以下，5 年和 6 年以下，6 年以上。对实行学分制的学院则需要将学习时间和学习强度进行计算后做出比较。所以，高等职业教育的学习制度时长应根据其专业的教学需求而定，虽然现在一般比较倡导 2~3 年的短周期教学，但也可以根据专业实际社会应用需要考虑较长学制。

4. 学历层次

新版 ISCED 第五层次将原版中的专科、本科及硕士几个层次合成了同一层次，所以高等职业教育分层跟普通高等教育分层一样，根据学习年限不同而有多个学历层次，一般包括本科和专科两个层次或更多，并不是只有专科层次。在我国，目前高等职业教育一般都限于专科学历层次，而国家对本科层次的高等职业教育无论从政策上还是从操作上都很难突破国家政策限制，这一点表明了高等职业教育在社会的定位与内涵，高等职业教育的发展需要决策层提高对它的认识才能够得到解决，但将本科院校降为高职院校这样的做法无论从哪方面考虑也是不可取的，这样做只会限制高等职业教育的发展。

以上四方面的核心内涵中最为重要的是对教育目标的培养。某一类型教育的培养目标都必须跟社会人才结构体系中的某一个系列和层次的人才相对应，即每一类型教育培养目标都应该与每个区域内的人才需求相对应，而不能与若干间断的、不连续的区域相对应。否则，不仅不符合国际教育标准分类，更重要的是难以明确表述高等职业教育的地位和作用，最终必然导致对高等职业教育概念理解的混乱和对高等职业教育内涵的扭曲。可见，要想严格界定高等职业教育的概念和内涵，需要采取一种大家都认同的人才管理教育结构以及分层理论，以便与高等职业教育的培养目标相互对应。另外，正确把握高等职业教育的概念和内涵还必须正确地区分高等职业教育与高中后职业教育、高等职业技术教育、高等专科教育、高级职业培训等概念的区别及联系，否则就会对高等职业教育内涵与发展的认识产生理解上的混乱。

二、高等职业教育的基本特征

（一）高等职业教育的层次特征：高等性

西方职业教育的一些理论根据工人工作性质、工作对象和管理范围，把工作人员分为技术工人、技术人员、工程师三大系列。其中，把对技术工人技术培养的教育叫作"职业教育"，主要由职业技术学校这类教育机构完成，要求学生具备一定的实际操作技能；把培养技术人员的教育称为"技术教育"，其主要由高等职业技术学校完成，要求学生既具备一定的理论知识，又具备一定的实际操作技能；培养工程师的教育称为"工程教育"，主要由普通高等学校完成，要求学生具备厚实的理论知识。从这个分层看，技术人员在职业分层中位于技术工人与工程师的中间位置。[1]在20世纪上半叶，许多工程师为了提高科学技术水平都努力提高自己理论方面的知识，在职业带上大幅向工程层发展，这使工程师与技术工人之间的交叉联系带消失，由此就产生了在技术工人之上而在工程师之下的"中间人才"，称为"技术人员"。在20世纪下半叶，随着高新技术的迅速发展，工程师继续深入发展自己的理论知识水平，从而出现了新的层次划分，产生了高级技术人员，即新型的高层次的职业技术人员。这类高级技术人员既拥有强硬的理论基础，又具备厚实的实际操作能力，其所接受的教育已经进入了工程师领域而具有"高等性"。这种发展趋势导致原有职业技术教育中根据职业技术设定课程体系转变为行业专门设置专业体系，对课程体系和教学专攻内容产生了影响，造

---

[1] 刘炎，铁军. 高等职业技术教育课程体系探索 [J]. 北方工业大学学报,2001(02)：92-96.

成了高等职业教育与职业技术教育分离的现象，我们将这种新型教育称作高等职业教育的新类型。

（二）高等职业教育的类型特征：职业性

职业性是高等职业教育的根本，也是高等职业教育发展的基础，高等职业教育的职业性主要表现在三方面：树立目标、专业设置与课程体系。国家教育部《关于全面提高高等职业教育教学质量的若干意见》中提出，高等职业教育要"以服务为宗旨，以就业为导向，走产学结合发展道路，为社会主义现代化建设培养千百万高素质技能型专门人才"[1]；在专业设置上，高等职业教育并不是针对学科，而是针对职业岗位或职业群；在课程体系方面，高等职业教育是针对岗位所需要的人才能力或者以能力技术为核心展开教学的，它一般通过对工作岗位的工作任务研究教学，确定所需要的技术能力或者工作能力要素体系，然后根据这些能力要素体系制定对应的课程体系。可见，职业性是高等职业教育的显著特点。

（三）高等职业教育的知识能力特征：技术性

"技术"在历史上一直扮演着重要的角色，它是一个历史性的概念。早在原始的手工业时代，技术就是一种不可缺少的技能与经验；进入机械工业时代后技术就更不可缺少了，它成为劳动手段与智慧技术的总和；在第二次世界大战以后，技术不再单单是手工技术了，它除了拥有主体要素技术和经验，又有客观要素，即天然物质和人工物质，设计、制造和使用产品的知识、工作原理、方法描述等。在科学和技术结合的发展趋势下，技术中科学的含量越来越高，技术向科学化发展的趋势日益突显。高等职业教育的技术性主要表现在技术的实践应用性、技术的发展创造性、技术的岗位针对性、技术与科学理论的结合发展性等方面。所以说，高等职业教育人才定位目标必须包含知识和技术的紧密结合性和协调性。

（四）高等职业教育的应用特征：跨界性

高等职业教育的学习地点有两个：一是企业，二是学校。因此，高等职业教育有明确的跨界性：一是跨越了企业和学校的疆域，既要关注企业发展的需求，又要关注学校发展的需求；二是跨越了实际工作和学习的界限，既要把学习融入工作的需要当中，又要把工作融入学习当中，即要把学习跟实际工作进行结合，

---

[1] 刘青，王根顺. 发展性课程评价：高校课程评价发展的新趋势 [J]. 商业文化（学术版），2010(09)：245-246.

把学习路径带到工作中使学习和工作完全融合起来；三是跨越了职位工作跟学校教育的界限，既要按照职业成长阶段规律慢慢成长，又要遵循教育课程阶段教育认知及学习知识的规律，也就是说要遵循职业阶段发展规律跟教育课程发展规律的融合。

第二节　核心概念阐释

一、课程

"课程"一词在拉丁语中表示的是跑道的意思。在学校教育中，课程是指对学科内容进行学习的进程。然而，这一教育术语在其历史发展过程中却发生了明显的变化，使其成为教育历史发展中变化最为莫测的现象之一。从现在人们对课程这个问题的研究来看，一方面，课程是人们在现实生活中常常使用的概念词汇；另一方面，课程概念又拥有复杂的、多样化的特点，在每一个研究者探讨使用它时，都会结合自己的过程做出特有的定义或者特有的界定。在这一过程中，无论是在我国还是在国外，意义都是一样的。

我国课程研究学家施良方曾经在《课程理论》这篇论文中总结出了课程的六种定义：①课程为教学科目。②课程为规划好的教学过程。③课程为预先规划的学习结果。④课程为学习经验。⑤课程为社会的文化再总结。⑥课程为对社会的改造。

西方一些发达国家的课程研究发展比较前卫，对课程概念的表述呈现多种多样的特点。美国课程学者麦克尼尔在《课程导论》一书中对课程做出了以下七种定义：①课程是研制进行学习所需的产品、书籍和材料的一系列指南。②课程是活动的教学大纲、学程设置、单元、课程和内容的编目。③课程是由学校指导的所有活动。④课程是决定教什么的过程。⑤对课程编制中使用过程的研究。⑥课程是学习者在学校里实际学习的东西。⑦课程是为学习者制订的学习计划。

上面几个关于课程定义的例子较具有代表性，要想把文献中提到的所有关于课程的定义全部都举例出来的话是非常多的，把人们日常中所使用的课程定义搜集完善并一一举例出来那更是不可能实现的。由此可见，课程的定义是多种多样的，非常之多。课程自身的复杂性是造成课程定义多样化的根本原因所在，而直接原因是学者在研究时出发点的不同和研究角度的不同。人们基于不同角度和出发点研究课程与认识课程，不但是普遍的，也是非常合理的。正是因为这些课程研究，我们眼前的课程才呈现出复杂多样的特点，也正是这些课程研究，让我们有了全面认识课程以及把握课程的条件与可能。

综上所述，人们对课程进行定义时有以下几个出发点：①从讨论课程的本质定义课程意义。②从课程所具有的各个功能定义课程意义。③从课程存在的物质形态定义课程。④从课程的管理跟实施的需要定义课程意义。

在对一个对象怎么定义的问题上，国外著名学者谢弗勒在《教育的语言》这本书中提出了自己的观点，描述了三种定义，即规定性定义、描述性定义、纲领性定义。其中，作者所下的定义是规定性定义，在后面的讨论观点中这个被提出的术语始终以这种规定的意义表述；描述性定义是合理地描述被界说对象或者是使用该术语的方法；描述性定义和规定性定义的混合叫作纲领性定义。在研究过程中，规定性定义是指在研究者研究某一事物的时候，基于自己对这一事物的看法而对这一事物进行的定义，这个定义偏向于研究者的主观性；描述性定义是研究者对要定义的对象进行外观上客观的描述，或者客观地从某一个方面对定义对象进行这方面的准确描述，它是对某个事物的认知不确定时通过对它客观的描述认知该事物比较好的选择。把规定性定义和描述性定义结合起来就成了纲领性定义，纲领性定义在一些方面补充了前两者的不足，但它也不能准确地对被定义的事物标出准确的界定。从这个角度看，现如今大家都比较认同逻辑学里面属加种差的定义方法，认为这个方法比较准确，能有效做出定义，属加种差定义从揭示定义对象本质属性出发，可准确地对事物或者现象进行定义。因为它对定义对象本质属性的把握比较准确，所以比较受人欢迎，大家对事物的本质属性认知不同，对事物做出的定义也就会出现较大的差别。以上对课程定义四个方面的描述中，后三种一般都可以看作对课程的描述性定义，只是从不同角度对课程的定义进行描述。第一种定义则是以研究课程本质属性为出发点对课程进行定义，但是由于人们对课程基本属性认识的不同，也产生了不同的课程定义。所以，要想对课程有更深的全面认知，关键是分析和研究课程的本质。

课程理论与实践研究过程中的基础就是课程的本质，课程的本质决定了人们对课程的认识，也决定了对课程评价的研究方向。对课程的本质理解不同，那么对课程描述评价自身的认知、课程描述评价整个体系的建立、课程评价方法的选择都有直接的影响。在课程的研究中流派林立、异说纷呈，如课程论儿童中心论、课程论学科中心论、课程论社会中心论之间观点上的差别，课程开发的目标方法、过程方法、实践方法和批判式方法之间的差别等，都是由对课程本质内涵的理解不同造成的。所以，研究课程本质问题是开展课程评价研究的必要条件，也是进行课程评价研究的基本理论。

因为课程研究在教育研究中地位比较高，所以人们对课程本质的研究越来越重视。从对课程本质的研究来看，人们对课程本质的认知主要有三种观点。

（一）知识本质观

知识本质观有着很长的历史渊源。无论是中国古代的四书五经，欧洲古代直到中世纪时期的文法文献、修辞方法、辩证法、算术、几何图形、天文文学、艺术音乐，还是现代社会中的百科全书式的课程，这些都是把课程当作所教授的学科，都强调了课程中知识的组织和累积。斯宾塞对这种思想则有更加直接明确的表达，他以"什么知识最有价值"表达他对课程理解的强烈知识倾向，并以这个观点为基础，建立起了以科学知识为基础的现代特色课程体系。直到现在，我们的课程体系仍然受到它的影响。

以知识作为教学课程中基础的、本质的观点是为了社会能够得到持续发展与延续，这样才能把社会积累的正能量跟精神文化产品传递下去，课程本质应是体现社会选择和社会意志的，课程本质是为传递社会的文化传承服务的。课程体系就是根据科学的知识跟实际的社会体系建立起来的。学校设立的每门课程都是从对应的科学知识中挑选出来的精华，然后按照学习者的知识水平进行认真编排。这些课程的表现形式为课程规划、课程标准、教科书等。

知识本质观以课程的主体内容为基础，它的不足之处在于把课程范围局限在学科的知识这一点上，它把学习的知识都限制在了社会范围内，这样做把学习者放在了课程的外面，而且凌驾于学习者之上，导致学习者只有服从性地去学习课程，在课程面前扮演被动的角色。根据这种知识本质观制作出来的课程，虽然可以把课程编制得非常合理，但这样做让学习者失去了实际的学习体验与学习过程，往往达不到预期效果。

（二）经验本质观

经验本质观是根据对知识本质观的总结跟研究提出来的。经验本质观起源于教育学者杜威的实用主义教育理论。杜威认为，教育就是一种长时间累积的经验，是总结经验、研究经验的一种发展过程，但儿童到了学校，各种各样的学科就把儿童自身带有的经验世界加以分割和解体。所以杜威根据这个现象主张"把各门学科的教材或知识各部分恢复到原来的经验，恢复到它所抽象出来的原来的经验"。从杜威提出这个观点以后，更多的课程研究学者开始从批评课程的知识本质观出发，重点强调课程中学生学习经验累积的重要性，只把有用的经验、经历、理解这些东西作为课程进行学习研究。

经验本质观在不断发展过程中也发生了转变。最开始杜威把所有学生的经验都作为课程，自 20 世纪 30 年代以后，课程的经验本质观渐渐地有了一些初步的变化。国外学者卡斯威尔和坎贝尔在 1935 年发表观点，他们认为课程不应该具体到某个学科，而是"儿童在教师指导下所获得总和经验"。被称为现代课程理论之父的美国学者泰勒也曾在 1956 年提出，课程是为实现教育目标而由学校规划与施教的学习经验。美国课程学者多尔在 20 世纪 70 年代时提出课程就是在学校指导下学生获取的经验总和。我国学者靳玉乐博士 1995 年提出课程是"学生通过学校教育环境获得的旨在促进其身心发展的教育性经验"❶。我国学者丛立新博士也于 2000 年在靳玉乐博士的基础上进一步提出观点："课程的本质是经验"。从这些论述观点来看，在课程理论研究中，课程的经验本质观占有非常重要的地位，到现在，课程的经验本质观在对课程本质的研究中仍然占有主导地位。

课程的经验本质观主要特点在于：课程是根据学习者学习的方向设计的，课程编制的内容是与学习者的个人经验相关联的。课程经验观基本思想主要有三方面：①课程的经验不仅包括学习者收获的总的经验值，还包括学习者学习经验的过程，即自身体验、自身感受、获取经验、获取知识的过程。②课程的经验是一种比较特殊的经验，具有一定的目的性，它是在教育者的干预下实现的。③课程的经验必须在学校教育的环境中实现，它跟学习者在日常生活中学习的经验是不同的，也跟学习者在学校其他条件下获得的经验不同。

课程经验本质观认为学生的个体经验占有重要地位，它强调学生是学习的主体，这对提高学生学习的主动性、积极性很有帮助也将学生在课程中的角色由原来的被动接受者转变为主动参与者。但这一课程本质观也是有缺点的，国外课程学者坦纳夫妇就曾经提出四条对它的批评观点：①它没能提出何种经验应由学校或其他机构提供；②这样可能会完全排除系统化的知识；③这样做就算是在教师的指导下，也不可能避免学生在学习中学到不好的经验；④不能明确地指出经验所要达到的预期结果。

（三）活动本质观

活动本质观是根据知识本质观的不足提出来的，和经验本质观相比，活动本质观注重的是课程的动态性质。活动本质观最早也是由杜威提出来的。杜威说过，"使儿童认识到他的社会遗产的唯一方法是使他去实践"，"学校科目相互联系的真正中心不是科学，不是文学，不是历史，不是地理，而是儿童本身的社会活

---

❶ 肖凤翔，马良军. 高等职业院校实践性课程评价 [J]. 高等工程教育研究,2013(01)：159-164.

动"❶。后来，活动本质观被大家解释为有规划的课程活动以及学生社会实践学习活动，被当作如今学校活动课程进行的理论基础。

课程活动本质观的特点在于它把学习者本身当作课程的核心，注重学习者的兴趣爱好、需求、自身能力、社会经验等，并以这些为中介实施课程；活动本质观注重课程的完整性，突出课程的综合性与完整性，它对详细的分科持反对态度。课程活动本质观的基本思想就是课程是受教育者各种自主性、科学性活动的总和，受教育者通过活动与活动对象相互作用实现自身的进步与发展。

活动本质观对知识本质观和经验本质观之间的差异有一定的协调作用，但它把课程作为外显的活动，容易把活动本身作为目的，从而忽略了活动对课程的真正意义。

（四）计划本质观

计划本质观是对单纯侧重从学生角度编制课程的进一步反思。在杜威活动本质观以后，虽然经验本质观学派和活动本质观学派也认知到了课程计划的重要性，但他们一般都只把计划当作用来划定经验和活动的一个词语而已。从 20 世纪 60 年代开始，大部分课程研究者渐渐地把计划当作课程的本质。国外课程研究者塔巴提出，课程就是对目的或者特定目标的简述、对课程内容的选择编制、对结果的评估方案，所有这些可以归结为课程是一种学习计划。国外著名学者塞勒和亚历山大在 20 世纪 70 年代曾经提出，课程是学校为学生量身定做的为达到其发展目的与自身目标制订的一系列的学习计划。国外著名学者奥利瓦在 20 世纪 80 年代把原来的课程经验本质观转变为计划本质的课程观，他认为课程本身就是在学校的指导下受教育者从中获得的全部知识和本领的计划方案。我国学者李臣之博士也曾经提出，课程是学校指导学生获取所有教育性经验的计划方案。课程计划本质观的主要特点就是侧重课程计划目标本身的作用，侧重对课程计划内容的选择和活动的预先计划。课程计划本质观的基础思想是课程是有目的、有计划性的，课程的实施是需要学校与学生相互协作共同努力实现的。

计划本质观虽然认识到了课程的预期特征，并把预期跟课程具体的内容与课程活动关联到了一起，但它比较容易混淆学校课程跟学校教学之间的关系，犯下包容过小的逻辑错误。

课程是多样的、复杂的，以上所说的每一种课程的本质观都有它特定的方法论依据与特有的社会背景，它们都从不同层面和角度表述出了课程的本质，但也

❶ 高文.建构主义研究的哲学与心理学基础 [J].全球教育展望,2001,(3)：41.

存在着一些不足，因而受到了外界的一些负面评价。

对以前那些对课程本质探讨中存在的方法论缺陷，我国有学者提出观点，对课程本质的探讨应围绕以下几个问题：①课程从本质上讲是静止不变的，还是不断变化的？②课程是系统性的一些知识、经验总结的计划，还是一个教学目标的体系计划？③课程是预先设计好的还是已经得出结论的？④课程是有意向的、客观的，还是无向意的、主观的？

关于这样的四个提问，我国有两位课程研究者经过研究分别得出了两种不同的结论，郝德永认为，课程的本质定义是"在学校教育环境中，旨在使学生获得的、促进其全面发展的可迁移的教育性经验的计划"。靳玉乐的观点则是，课程的本质定义应该是指"在学校教育环境中，学生获得的促进其身心全面发展的教育性经济体系"。这两位学者的结论前面部分观点基本一样，但后面部分落脚点却有着比较大的差别，一位学者的重点在计划，另一位学者的重点在经验体系上。❶

之所以形成不同的课程本质观，而且即使在同样的标准下也会得出截然不同的答案，其原因在于课程是一种复杂的教育现象，它既不是纯粹的客观事物，也不是彻底的观念形态；它既有被决定、被限制的性质，又存在自主和灵活的特点；它是一种主观与客观结合、物质与精神结合的现象。这个现象可以从不同层次和角度揭示课程不同的特征，反映课程的内在规律。但是，若只研究它其中的某一个层次而完全忽略其他层次，则不但理解不到课程的全部，更可能扭曲了课程的本质。

从大众角度看，在对课程本质的研究中，我们应该考虑从不同层面与角度了解课程的本质问题。从狭义角度看，课程就是指学生在学校教育环境当中，促使其身心全面发展的教育性经验的计划。这个时候，计划是课程的本质，课程只是静止的形态，只是个载体，它是学校依据社会经验对学生发展进步事先有意的编排，根据教师与学生一起参加教学活动，从而生成对学生的发展有益发现性的教育性经验。从狭义的一面解释课程，可以把课程与教学区分出来，课程是静态的载体，教学则是在不断变化的动态的活动，这个观点对我国课程的开发与管理，特别是对个别地方课程的开发与管理具有更为特殊的意义。

从广义角度看，课程就是为了促进学生全身心发展的教育性的经验系统。这时课程的本质就是经验传授，课程作为一种教育过程，既有预先对课程开发与管理的计划，又拥有完整的教学体系与过程；既包含学科课程，也包含活动课程；

❶ 郭杰.高校课程发展性评价的理性思考[D].桂林：广西师范大学,2011.

既拥有学科知识教学，也拥有课外自身体验活动，甚至拥有模仿教学与陶冶教学这两种课程理念；既有外在的课程活动，也有内在的课程教学；不但拥有时态课程中的要素如"教育主要目标""教育主要内容""活动种类""效果"和"评价"，而且包含了共时态课程的观点，如课程开发者、课程学习者反思和课程主要内容等。从广义的角度解释课程，有利于课程进入学校，有利于学校对课程的开发与管理，有利于教师对课程的再次有益开发。同时，从广义理解课程，有利于课程完全融入教师教学范围，使国家课程与地方课程能够更加有效地转化为学生容易接受的课程。

这两个层面的结合创造了我们对课程本质的认识。然而我们对课程本质的了解与认识并不是最终的，而且我们对课程本质的了解也不可能有一个终极的认识。这正像列宁同志说过的话："所有的定义都只有有条件的、相对的意义，永远也不可能包括充分发展的现象的各方面的联系。"❶从哲学中对真理认识的相对性与绝对性我们可以知道，人们对任何事物的认识都是一个不断发展的过程，对课程本质的了解也是这样，它也是一个不断科学化与合理化的过程，这一过程和发展的趋势是不可能在某一时间终结，并形成对课程本质的最终结论的。课程是教育中绝对不能缺少的组成部分，随着社会的发展与文化的变迁，它也是在相应地发展与变化的。假如有学者想在某个时间段内把课程本质的探讨研究出一个终极真理式的结果，这个想法绝对是不切实际的，也是不可能完成的。

人们对课程本质的认知并不是单纯的认识论的问题。由于课程问题的多样性复杂性以及课程的人为特征，课程自始至终与其社会价值是紧密相连的。社会价值取向不同，对课程的认识也大不相同。站在这个角度看，对课程问题的探讨还必须结合对课程价值问题的讨论，只有这样，才能对课程有一个全面的了解。

二、评价

评价这个程序存在于我们生活的各个方面，在社会发展的历史长河中，大家无时无刻不在对大自然、社会现象、他人行为和对自己进行评价，同样也常常被他人或者群体评价着。正是由于评价活动的普遍性，评价问题成为哲学关注的重要内容。人们在日常生活中经常用到"评价"这个词语，如"他对我的评价很好""他对这个事物的评价比较客观、公正""他对这篇文章的评价比较中肯"等，人们也常常进行评价活动，如"你真美啊""他好帅啊""我长得不错"等，这种评价非常普遍，这些评价用语也反映了人们在生活与工作中对"评价"这个词语

❶ 高文.建构主义研究的哲学与心理学基础 [J]. 全球教育展望,2001,(3)：41.

的使用是非常频繁的。❶

评价在日常生活中的普遍性存在激发了人们对评价这个事件本身探索和思考的热情。对评价的含义人们看法各有不同，我们可以从英文对评价的解释中找到关于其含义的简略答案。在汉语字面上，"评价"这个词的理解可以是"评定它的价值"；在英语中，"evalyate（评价）"也是从"value（价值）"一词变化而来。对评价这个词语从中英文解释结合看，评价跟价值是紧密相连的，要读懂评价的定义与含义，就必须了解价值以及价值与评价之间的关系。

（一）对价值的重新认识

对价值的研究主要体现在经济和哲学两个领域。从经济领域讲，价值的意义侧重的是事物的实际使用价值，它的范围相对来说是比较窄的。基本上价值的研究主要体现在哲学中的价值论领域中。然而在价值论领域中，分歧最大、争议最多、影响最广的问题也就是关于"什么是价值"这一问题。

到目前为止，哲学领域对价值的研究主要表现为以下几种观点：

第一，实体论：价值本身就是有价值的事物，也可以说价值就是价值主体中的某些东西。

第二，属性论（功能论）：价值就是价值客体中固有的一些属性与功能。

第三，观念论：价值是人们的一种精神或者一种心理现象，是与人对事物的兴趣、爱好、感情、态度、意愿、规定等相关的东西。

第四，价值人为论：价值是一个人追求某个事物的目的，这个目的物就是人的自身本质。

第五，主体性人学价值论：这一观点认为价值的本质是主体本质力量的对象化或主体性对象化，在这里主体是价值的源泉，价值的确定是以主体需要的满足为依据的。

第六，效应价值论：这一观点认为，价值的本质是客体主体化，是主客体相互作用中客体对主体本质力量的效应（意义、作用或影响）。

第七，主客体关系论：这一观点认为价值是主客体的一种关系，价值是客体对主体的意义，是客体对主体需要满足之间形成的特定关系，它来源于客体，取决于主体的需要，产生于实践。

第八，人道价值论：价值是人类所赞赏、希望、追求、期待的东西，是人的

❶ 孔德英，苗桂芬 . 发展性评价：新课程评价的理念 [J]. 沧州师范专科学校学报 ,2003(2)：56—57.

生命、尊严、自由、权利的价值。

上面所描述的观点，一些是单单从客体的层面认识价值，如实体论与属性论；还有一些是单纯从主体的角度读取价值的，如观念论、价值人为论以及主体性人学价值论。效应价值论与主客体关系论主要是从主、客互动认识价值，它弥补了前面几种定义的不足，在价值的认识取向上有了质的突破。所以说，这一观点得到了比较多的认可。到目前为止，主客体关系说仍然是价值论领域中影响最为深远、最为广泛的观点，人们对其也比较认可。

价值的主客体关系说完美地描述了客体跟主体的价值关系，这个观点的思想比较前卫，它解答了一些问题，但是却没有办法解答人自身主体的价值问题，即使是人的生命中所存在的价值问题也无法解答。同时，它也无法回答主体与主体之间的价值关系，客体与客体之间的价值关系。为了解决这个疑问，有些学者提出了更有价值的分层次学说论。它把价值分成了三个层面，即人道价值、规范价值、效用价值。在这三个层次中，人道价值所包含的是人的生命存在的意义与人的尊严、人的自由、人的权利等，它拥有的是主体自身的内在价值；第二个层次是规范价值，它包含社会的民主、社会公平、社会的正义等，这个层次是主体跟主体之间的结构性的价值；第三个层次是效用价值，它包含人的效用价值跟物的效用价值，这个层次是客体跟主体相对的功能性价值。

这三个分层的价值，让我们更加全面地认识了价值或者说对我们有所启发。长期以来，在价值问题的研究中人们总是习惯性地把这几个分层归纳到认识活动中去研究，控制在认识的范围内。主客体关系说跟单纯地从主体和单纯从客体角度研究价值的观点相比较，毫无疑问可以得出结论，前者有了比较大的进步。当然，在人们的认识界限里，主客体关系说更加全面地描述了价值问题。不过也有人认为，价值跟评价存在的领域并不是单纯的互相影响关系，所以说，不能过于局限价值跟评价的研究领域而是要扩大其范围，并且应该运用一定的实践活动来进行研究，用实践活动得出的数据对价值进行研究与评价。所以，除了需要在主客关系中去研究事物的价值，还要求我们在实际的交往关系中去进一步研究它，要求去研究主体跟主体交往活动中的价值关系。还有就是，在平时的实践活动中，对人的本身的价值也应该进行研究了解。所以，一般情况下会把价值分成三种：人的存在价值、交往价值、主客体价值。在这里，人的存在价值是不用质疑的，它是人作为人自身所拥有的，人的尊严、自由和权利都是平等的。交往价值是事物主体跟事物客体在实践中进行利益交往所产生的价值，是事物客体跟主体共同面对社会性中介客体时的交流和整合成为特有的规范所表现出来的价值，它是人们在社会交往过程中为了实现人自身的存在价值对社会资源的发现与追求。主客体价值是在认知实践活动中，主体跟客体之间所产生的价值，它是以作为主体的人为内在尺度，客体对主体需要的满足为表现的价值。

在这三个价值观中，人本身的存在价值是最重要的，它是一种最纯粹的价值，是另外两种价值的根源和基础所在，它也是另外三个价值观所产生的必要条件和依据。没有人对自己存在价值的寻求，也就不会有主体之间交往价值的产生，便不会形成主客体价值。人的交往价值和客体价值其实都从属于人的存在价值，所以两者是一种并列关系，同时，它们受到人的存在价值的制约。但是从实践来说，交往价值跟主客体价值之间同时存在着一种相互影响的关系。交往价值强调追求和建立规范的过程，主客体价值则更加侧重于表现为一种结果，过程跟结果之间存在互为表里的关系。例如，主体跟客体在以形成特定的社会规范为追求的交往之中所形成的是交往价值，这些规范一旦形成，就可能成为主客体价值的依据，新的交往价值则可能在已有的主客体价值基础上进一步发展。从这个层面来看，交往价值就是一个系统，它不断地发展，主客体价值就是经过发展后的结果。三种价值形式的关系结构如图 1-1 所示。

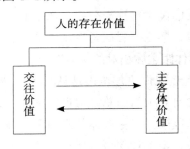

图 1-1　价值结构图

（二）对评价的再认识

在评价问题上，西方曾有认知主义和情感主义的争论。认知主义认为，评价对象应是所要评价的事物的属性，人们只要清楚地认识了该事物的特点，就可以对它进行评价；而情感主义则从评价结论的多样性出发，轻视甚至否认客观事物在评价对象中的地位，认为评价对象是以评价者的情感、兴趣为转移的，把评价作为一种心理现象或情感现象来把握，把评价当成了难以捉摸的活动。在争论过程中，情感主义观点似乎占据了更有利的地位。这一观点从 18 世纪英国哲学家休谟对事实与价值关系的怀疑开始，到英国著名哲学家艾耶尔那里达到了顶峰。艾耶尔认为，价值判断除了表达情感之外，并未陈述任何内容。价值判断既没有真假可言，也不存在客观的、人类社会所公认的、一致的价值标准。他进一步提出，

当我们处理有别于事实的纯粹价值问题时，会理屈辞穷，导致论证无法进行，最终只能乞助于谩骂。❶

　　在我国和苏联，学者对评价问题的观点基本相同，就是将评价与认识论联系起来，在一个整体框架里进行分析，学者通常是把评价活动作为认识活动来完成的。苏联的知名哲学家布罗夫就提出了相关的论点：掌握一个事物、认知一个事物是通过对事物的评价来实现的。同是苏联的哲学家，波波夫却有不同的观点，他理解的评价是完全规范在认识论的范围里的。我国的一些学者在此方面保持了相同的观点，对评价的认识本质达成共识。评价活动的框架与评价活动在认识活动中的地位一直以来都是在研究评价问题过程中人们关注的方面，具体表现在评价活动与价值之间的关系、评价活动与认知活动之间的关系这样的问题上。

　　认识活动的评价代表着在评价体系中主体对相对应的客体的认识。评价和认知有所不同，尤其是对客体认识的不同，认知客体的事实是一种客观的表现，评价客体也就是平常所说的评价对象，代表着价值事实。我国学者李德顺对价值事实在《价值论》中有详细的解释："价值事实存在于价值关系运动的现实的或可能的结果之中。"学者马俊峰对这个问题在《评价活动论》中表示："价值关系、价值关系运动及其后果，就构成价值事实。"❷从这些学者的相关表述中，我们不难分析出，在评价体系中，价值主体与客体之间的关系是动态的，评价就是评价主体因为这种动态变化所表现出的特征以及相应的结果。

　　在认识活动中，评价活动和认知活动之间有着紧密的联系，从客观事实的角度来看，对某个事物的评价过程也是对其进行认知的过程，对价值事实的认识最终形成了评价。评价活动与认知活动是有质的不同的，其中主要的区别在于是否进行了价值判断。评价活动的本质是对价值进行判断，但价值判断的前提是要经过事实判断。所以，认知活动的基础与依据就是开展评价活动。

　　从客观的角度来看，评价可以当作认识活动，提出评价是区别于认知活动，但以事实判断为前提的价值判断活动，这样能够解决认知主义与情感主义之间的争论，这也有助于对社会其他领域的评价研究。评价与价值之间的关系尤其紧密，因此在研究评价的时候，不可避免地要研究价值，上述是关于评价的最基本的观点。由此出发，当下我国的情况是对评价研究的出发点大部分为主客体关系，其他类型的价值论述还没进入我国评价研究者的视野。

❶ 闫飞龙.高等教育评价标准的本质问题与多元化 [J].清华大学教育研究,2011,32(05)：62-67.

❷ 陈玉琨,李如海.我国教育评价发展的世纪回顾与未来展望 [J].华东师范大学学报（教育科学版),2000(01)：1-12.

　　从马克思实践唯物主义出发，把价值研究由原来的认识框架提升到实践框架中研究，特别是在交往实践中理解价值。价值不仅包含早已成为共识的主客体价值，还应该包含主体与主体之间的交往价值，对与价值相关的评价活动来说，要想全面地把握评价，就必须把评价纳入实践框架中研究，用实践的思维方式重新研究和认识评价。

　　可以说实践活动的主体部分就是主客体的关系，主体与客体之间也存在着密不可分的联系。在主体与客体的实践活动里，价值主要是以主客体关系的价值形态存在的，我国主流的评价研究得出的结论跟以上说法不谋而合。评价就是在一定的要求下，对评价对象做出价值判断，这也体现出评价的最基本的特征。评价者在评价体系中担当主体的角色，也是提出评价和参与评价活动的个体。价值主体与价值客体形成的价值关系代表了评价客体。

　　在形成评价标准和进行价值判断时，评价活动一方面受评价主体的需要、愿望甚至个人经验的影响，具有主体的烙印。另一方面，也存在现实的客观基础。这一客观基础就是评价标准确立时和进行价值判断时应考虑的因素，即价值主体的客观需要、实际利益和价值客体的现实状况。从价值主体的需要与利益的产生来看，它不可能超越历史和现实对价值主体的规定，同时价值客体自身的规律性也决定了评价标准不可能提出背离价值客体规律的内容。因此从总体上看，评价标准是历史实践和生活实践的产物，它不是纯形式化的、虚无的甚至神秘的东西，而是具有它独特的客观性。

　　在以主体 - 主体交往为表现形式的实践活动中，评价主要是以交往价值为基础开展的。此时评价活动的结构、形式与以主客体关系价值为基础的评价有所不同。评价作为交往实践活动，其主结构也是由评价主体与主体之间的关系组成，而不是由评价主体与评价客体形成，同时，评价主体与主体之间的关系与构成交往价值的价值主体与主体的关系非常相似，只是作为交往实践的评价活动的主体比构成交往价值的价值主体实际更加具体和外显，也就是说，交往价值可以是观念形态的，也可以是具体的，但交往实践的评价只能是现实的、具体的活动。作为交往实践的评价功能相对于主客体关系的评价也有很大的变化。评价主体之间交往实践的主要功能不在于进行价值判断，而是要把重心转移到批判、反思、理解和创造上来。它可以是对已有价值规范的批判、反思，可以是评价主体价值观念的相互理解和交流，也可以是新的价值规范的创造等。在评价活动中，作为交往实践的评价活动具有更强的主体特征，受评价主体的情感、兴趣影响也较大，但它同样也有其独特的客观基础。这一客观基础来自两个方面，一是任何评价都是特定历史条件下的产物，都是具体的、历史的，它不可能超越特定条件的限制。

另一方面，处于交往实践中的评价主体的交往不是没有任何中介的交往，这一中介就成为各评价主体共同的客体，这一中介客体的现实特性就成为开展交往性质的评价的客观"底板"。

在主体与主体的交往活动实践中，评价的基本含义是通过交往价值获得价值。以主客体关系价值观为基础的评价跟评价活动的框架结构表示形态是完全不同的。作为交往实践活动，评价活动的主要组成部分也是评价主体跟主体之间相结合所组成的，并不是由评价客体跟评价主体两者组成的。同样的道理，构成交往价值的价值主体和主体的关系跟评价主体和主体两者的关系相同点比较多，单纯地去看交往实践的评价活动的主体比较具体详细，但是单纯地去看构成交往价值的价值主体实际就比较模糊不清了，由此可见，单纯观念形态就可以形成交往价值的某个意识形态或者某个思想道路，但是，交往实践的评价一定是要有根据的、真实的并且要具体到某个活动的过程当中。交往实践评价的功能与主客体关系的评价截然不同。一般来说，对于主体之间的评价实践不是要去对它进行价值的估价，而是应该把侧重点放到对其评价、反思、了解与创造上来。评价主体交往实践是在现有的价值基础上，做出正确的评判以及反思，也可以说是对评价主体价值观念之间的相互交流与相互沟通，也是在创造新的价值规范。与普通的评价活动相比，交往实践的评价活动拥有更加明确的实际用途，并拥有独特的客观基础，它的客观基础有两点：一是任何评价的特点都是跟历史某个时期特点潮流关联的，它们都是实际的、具有历史性质的，是受一些特定条件限制的。另一点，就是交往实践里评价主体的交往是需要一些中介的，这个中介其实就是各评价主体中共同的客体，这个客体的实际特性跟用处就是连接主体评价跟交往性质评价的桥梁。

整合以上介绍的对结构以及功能的描述，可以把评价大致分为以下两大方面的类型：一个是规范性的评价，二是超出规范性的评价。规范性的评价以主客体关系作为评价的基础，也是规范性的、可依据的，对于事物的价值来进行评价是比较普遍的。由于这些评价是依赖于评价标准的，标准跟规范是对事物进行评价的基本要点，这种评价的标准是有限定的与有规范范围的，也是有大范围的尺度。根据这些特点，上述这类评价被称作规范性评价。超规范性评价与众不同之处在于对交往价值的评价，而这种评价方式是将评价主客体之间的联系作为基础，对评价标准的结果或者规范好的进行评论、解释、反思、创造。其内涵在于对评价标准再次进行评价，这就是超规范的评价。通常情况下，将具有上述特点的评价方式称为超规范性评价。

规范性评价与超规范性评价二者之间有着明显的区别。

规范性评价就是对其范围规定比较明确，它所进行活动关注的核心问题是怎样应用并且展开规范，主要研究对象针对规范性的应用是否合理。超规范性评价是就规范评价来进行评论或者改造、反思，其进行的全部活动目的是为了去改造完善规范评价，它所研究的就是对规范进行修改重建成为现实的方法理论。

规范性评价跟超规范性评价这两个种类是共存的且相互作用的，规范性评价与超规范性评价二者有着密不可分的联系。规范性评价与超规范性评价的宗旨都在于规范，但是这两种评价方式的出发点是不同的。在实际情况中，当具体实行评论活动时它们之间的相互性与连接性非常明显，两个观点的相互性在于他们是互为研究的根据。规范性评价是应用其本身的规范作为评价事物的准则，并且以确定性为基础。由于评价对象是多样的，其中一些情况存在着规范不能解释的新事实的时候，评价规范与评价客体之间就会产生矛盾，这个时候规范性评价的规范性就转变成了不规范、不确定性。

超规范性评价的基础在于它自身的不确定性，研究评价规范的主体具有更多有价值的方案，交流、理解进而解决，最终达成共识。因此，评价的不确定性会转变为确定性。确定性与不确定性之间一直是有矛盾的，这会导致有连锁反应性的评价活动出现，也是评价活动能够持续向前发展进步的原因。

但是人存在的本质价值是不容置疑的，规范性评价和超规范性评价两种评价方式的研究目标是一致的，都在于人存在的价值。根据一直以来人们对认识的固有印象，主客体价值关系、交往价值都是基于人的存在价值而被发现的，无论什么样的评价活动，都必须将人的存在价值作为一切研究的基础，研究其重要意义。规范性评价中的规范同样要遵守这个依据，将人的存在价值作为基础核心实施活动评价，但是超规范性评价有所不同，它是对规范评价里的评价依据进行改进与创造，以做到不违背人的存在价值。换个角度来看，规范性评价跟超规范性评价的目的，都是在宣传人存在的价值。

从规范性评价和超规范性评价二者之间的关系不难看出，规范性评价跟超规范性评价不仅是对立的还是统一的。二者之间存在矛盾，但是其目标又是统一的，正是由于在如此不断相互碰撞的动态过程中，评价变得更加有活力，改变了过去固有的、封闭的状态，从而转化成了一个开放的、充满生机的、不断更新发现的体系。正是这种开放特性，让评价由僵化变得协调灵活。

三、课程评价

早在 20 世纪 30 年代，课程评价就被当作一个专门的研究领域，从那时起，人们对课程评价探索从未停歇。但是课程实际上是多样的，并且其本身是相当复杂的，因此，在评价研究的整个进程里，出现了主观因素与客观因素两方面的影响，这也导致很多研究者对课程评价的论述大有不同。课程评价发展经过了历史的沉淀之后，对课程评价的认识产生了下述三种不同的类型。

（一）课程评价是对课程活动进行价值判断的过程

把这个类型放在第一位，主要是因为它在课程评价研究历史的长河中长期以来占据主导地位。这一类型的起源，可以一直追溯到现代课程评价产生的初期，"评价的过程从本质上来说就是一个确定课程跟教学计划实际达到教育目标的过程"。这是美国学者泰勒用了长达8年的时间得出的结论。其实，在课程评价产生的初期，关于课程评价的一系列论述中并没有与价值或者价值判断有关的内容，但是它从另一个方面间接地说明，就课程、教学集合以及教育目标这三者之间的关系进行论述时，间接地展现了价值判断的内涵。由著名学者泰勒经过研究完善了课程评价就是价值判断这个理论以后，越来越多的研究人员对于课程评价就是价值判断这个观点表示认可。其他学者对这一方面也有研究，其中胡森编制的《国际教育百科全书》就对课程评价做出了定义："研究一门课程、一些领域或者是其全部价值的一个过程。"《课程评鉴》是我国台湾著名学者黄政杰先生的著作，值得注意的是，他认为评鉴与评价具有相同的意思，书中提道："课程评鉴的意义就是将各个层次的课程，筛选出它们的优劣，如果不好就提出缺陷、不足之处，并且使它成为行动的决定。"另外，我国的学者，著名的课程研究者施良方在他的著作《课程理论》中提道："课程评价就是一个研究课程价值的过程，判断课程它是否补充修改了学生学习方面价值的不足之处，课程就是一个修改这些不足的过程。"我国学者廖哲勋认为："课程评价就是依据标准跟规范的系统来对某些课程表现出来的效果做出一定的价值判断。"上面这些论述都是把课程评价当作价值判断的观点。❶

（二）课程评价是提供评价信息的过程

这个观点的产生可追溯到20世纪60年代，学者们通过研究认可了这个观点。最先对泰勒的课程评价的总结功能提出相反意见的是国外知名学者克龙巴赫，"评价最需要去做的东西是帮助教程找出它需要改进的地方"。到了20世纪60年代，国外的评价专家斯塔弗尔比姆提出了新的见解，他认为，"评价的意义不在于证明什么道理，而是为了改进课程"。在这之后，他又以此为基础把评价定义为"为课程决策供应有用信息的过程"。这个课程评价定义给后来的很多课程评价研究者提

❶ 韩冰,许祝南.课程评价研究的发展趋势与高职课程评价实践[J].职教论坛,2005(09): 8—11.

供了有用帮助。20 世纪 70 年代末，国外著名学者罗纳德·多尔提出观点，"课程评价就是对课程发展提供帮助，它对课程的发展做出广泛而持久的努力，它让决策者们得到了明确的目标，制定正确教学内容和教学过程"。20 世纪 80 年代初期，英国学者戴维斯认为，"课程评价就是为了对课程做出决策跟判断而描述、获取和提供有用信息的过程"。在同一时期，我国在课程方面颇有建树的学者陈侠提出："课程评价是一个客观的过程，它要应用科学的工具，来确认和解释教与学的内容和过程的效果，衡量它的有效程度，以便为课程的改进做出有根据的决策。"❶

（三）课程评价是一种相互作用的过程

此观点最早是在 20 世纪 80 年代被提出的，由于当时概念重建主义理论和现代课程理论的出现，这个观点随后出现。这个观点认为，课程的实际本质是一个过程，所以课程评价自然而然就成了这个过程当中的一个环节。《课程：结果还是反思性实践》是澳大利亚知名学者舍利·格兰德所编写的，书中强调，在课程这个整体性的概念当中，课程评价早就不是一个独立的领域了，这是因为评价能够在反思性课程实践当中赋予课程本身意义。另外，在教、学两个部分的活动当中，这一层意义是通过小组之间共同合作协商一致实现的。小威廉姆·多尔在《现代课程观》中表示，首先，他就以前的课程评价进行了研究，对过去的评价方式抱有批判的态度，认为了解测量体现的准则与实际情况的"欠缺"的一种方式，在这种情况下，课程理所当然地被认为受欠缺驱动和以测量为指向。之后，他还提出，"从课程评价的本质上来讲，评价就是把共同背景之中不同意见的评价转变为相同目的的协调过程。评价应是进步的、相互帮助的。应该把他们当作是一种反思，应该让他们持续、灵活地循环运转起来"。❷

上面三个类型的课程评价分别体现出课程评价研究中的三个不同出发点。其中，第一种将价值判断作为标志，这种类型中明确提出，课程评价最核心的内容就是评价准则与价值关联的活动。其中第二种类型的出发点是以决策服务当作评价的核心，此类型并不关心价值及价值判断的问题，仅仅从字面上分析，可以看出它强调的是评价准则，但同时提供的评价信息当中还潜存着评价标准。由这个角度出发，之前所说的两种出发点实际上都在将课程评价当作与评价准则相关的某些活动，只是这两种方式的程度有所不同罢了。第三种的出发点跟前两种类型截然不同，其观点对于课程评价的理解则是将其当成了课程开展过程的附带品，

❶ 赵新亮,周娟.校本课程评价的内涵与实施策略[J].教学与管理,2011(10)：30-31.

❷ 钟慈方.高职院校课程改革的发展性评价研究[J].职业教育（下旬刊）,2014(01)：39-41.

这是对课程评价本身的否定，同时也是在质疑课程评价本身的实际意义。

从时间的角度进行研究，不难发现，前面介绍的三种不同的对课程评价认识的出发点倾向与时间的关系是密不可分的，不同时代的历史条件不同、所处的哲学思想环境也不同，因此会在不同影响的冲击之下产生有所差别的理论观点，同时，也因为这不同的思想潮流而形成有所差别的基本认识。但是，在时代发展的过程中，课程实践本身又具有复杂性、多样性，所以说评价的实质是针对某个事物所进行的价值评估活动，其中更加能够体现评价所具备的复杂性以及多样性。因此，用一种倾向简单地否定另一种倾向只能导致片面和绝对化，很难体现出课程评价丰富、复杂的内涵，在实践中也可能出现失误。评价就是跟价值关联密切，任何关于评价的论述都离不开价值，实际上，评价是一种价值关涉的活动，这对于任何研究课程评价的人几乎已成为共识，即使是上述课程评价的第三种观点试图消解的也是这一概念。之前介绍的课程评价中对评价理解存在歧义的地方主要集中在怎样理解和体现评价中的价值问题。我们根据上述的价值，可以很清晰地将课程评价的价值表现分为以下三个要素：

第一，判断价值。在规范性评价当中，价值判断是一个非常重要的表现形式，实际上，课程本身的价值判断是规范性评价的一个重要表现形式，课程本身就是充满价值的活动，规范性课程评价就是根据一定的准则对课程活动和现象进行价值评价及其是否有助于社会进行判断。

第二，发现价值。人类活动的价值是不断发展不断创新的，也在不断开拓新价值领域。课程评价活动跟人类活动有着密切的关联，是提升人类活动价值的重要组成部分，通过对人类活动进行评价，人类能够不断发现课程活动中包含的新价值，评价的作用就是用来实现价值的不断自我创新。对活动中价值的发现与创新是超规范性评价的最主要功能。

第三，提升价值。对课程活动进行评价，目的不是评价，而是促进课程质量提高，促使学生身心发展。课程评价就是不断地去进行判断价值、发现价值、提升价值这样的持续不断的循环，从而来实现提升课程价值的目的，同样地，这样做也可达到增加课程价值的目的。

我们认识课程评价不仅要进行表面观察，也要从课程开发的过程来观察，同样，我们也需要从评价自身本质来综合观察课程评价，我们应该重视课程评价的地位，把它置于一个更大的理论和实践背景中去认识，将会有助于我们对课程评价做出全面的认识。

依据以上几点对课程本质的考察，我们可以得出一个结论，那就是课程具有广义和狭义的两面性，因为从不同角度去观察认识不同级别的课程开发，就会产生不同影响。社会迅速发展，课程改革逐渐成为各国教育改革的主要工作。20世纪80年代以后，在课程开发与管理中，不同的社会政治体制的国家都纷纷把分权与集权进行了双向融合，导致多层次的课程开发成了几乎不可逆转的现象。在这样的趋势推动下，课程开发的目标模式依然占据着导向位置。此模式最早是由泰勒提出的，以学校课程开发为原型，但这一模式所体现的思想和具体操作使得这个模式更加受欢迎，因为对课程开发、布置、下达跟执行都比较有效。虽然实践模式跟概念重建主义模式这两种模式对泰勒的目标模式在不断进行激烈的争辩，正是因为有泰勒所提出的目标模式为基础，后两个模式才得以崛起。它们是共存的，但它们的角色能够当作目标模式的外带补充，完全不能取代目标模式在课程开发过程中发挥的作用及主导地位。当然，我们也更加希望看到三种课程开发模式之间能够相互循环、相互补充甚至融合。但在不同的角度来看，模式运用的侧重点并不同。

从理论的角度把评价对课程的作用进行研究，我们可以发现，评价的两种类型跟课程开发的两类模式是相互对应的。在这当中规范性评价对应的课程开发是目标模式，超规范性评价对应的课程开发是实践模式跟概念重建主义模式。因为课程跟对课程的评价是非常复杂多样的，所以说这些对应只具有相对的意义。特别是在课程开发模式相互吸收、相互融合的情况下，两种不同类型的评价在课程开发过程中的表现也很难有明显的分界。所以，在不同历史时期形成的课程评价的三种类型反映了课程评价的不同倾向，它们在课程评价过程中需要吸取各自的长处，弥补各自的不足协同成长。

我们依据课程本质，结合课程评价在课程开发中发挥的作用，得出了课程评价的意义所在：课程评价是在课程开发过程中通过对课程价值的调查、分析、协商、判断，逐步达成共识，并且促进课程不断改进和发展的反馈调节系统。

四、发展性评价

20世纪80年代，倡导民主协商，为改进工作而评价的第四次时代性评价观兴起，掀起了西方国家的"评价改革运动"。以英国为首的发达国家开始摒弃注重鉴别和奖惩的教育评价制度，逐渐采用发展性教育评价。

发展性评价在理论界的定义甚多，在本研究中，发展性评价是一种基于学校的过去基础和现实表现，以面向未来为价值取向，重视评价过程，强调评价的诊断和改进功能，以促进教育质量的提高为终极目的的教育评价。

发展性评价已在我国教育理论界与实践界得到认可并广泛应用。学校发展性评价优势主要体现在：第一，学校发展性评价的根本目的在于促进学生全面发展、教师自主发展、学校自主并可持续发展；第二，学校发展性评价注重学校进步的幅度和"增值"的大小，强调"今天比昨天好，明天比今天好"的纵向比较和发展；第三，学校发展性评价注重梳理从过去到现在的发展历程，总结经验教训，分析现在的发展状况和优势、劣势，直接指向未来，永远关注学校下一步的发展；第四，学校发展性评价关注学校间的个体差异，坚持以校为本，注重学校的自主设计、自主反思、自我办学能力，形成自我诊断、自我完善、自我发展的内在机制，坚持发展性与特色化相结合；第五，学校发展性评价兼顾自评与他评，以自我评价为主，将评价作为学校管理的动力和源泉。

在高等职业教育课程教学中，发展性评价是通过系统性地搜集评价信息和进行分析，对评价者跟评价对象双方的教育活动进行价值判断，实现评价者和评价对象共同商定发展目标的过程，是一种促进学生、教师、课程不断发展的评价体系。在实施发展性评价时，进行价值判断的依据是"过程取向"和"主体取向"。强调被评价者的自我评价；强调把师生在教学过程中的全部情况都纳入评价范围；强调评价者与被评价者的交流，强调过程本身的价值；强调以人的自由与解放作为评价的根本目的。

（一）发展性评价的基本理念

教育理念作为一种理性的认识，是对教育实践的理性构建。一方面，它的立足点是教育实践，建立在对教育现实的分析和反思的基础之上。另一方面，它又是经过人们的头脑加工的产物，它体现着人们的目的和价值观倾向。一般情况下，向前看的教育理念，将会成为教育行动的思想先导，从而为教育实践活动指引方向。发展性评价作为课程评价的一种形式，代表着未来课程的发展方向。

我们分析课程价值理论、人的主体性发展理论、交往实践理论这三种类型，它们为我们形成课程发展性评价基本观念奠定了坚实的基础。我们以上述理论为出发点，根据对职业技术教育课程评价现实的考虑，得出了结论：职业技术教育课程的发展性评价，主要拥有以下三个方面的基本理念，即课程持续改进、多元价值、人本位。

1.课程持续改进

随着课程不断改进的评价理念在课程评价发展过程中逐渐形成。在课程评价产生之初，评价的用途主要是对课程结果进行判定。著名美国学者泰勒素有"现代课程理论之父"和"现代教育评价之父"的称号，他认为评价的过程实质上就是把一个教学计划实际应用到教育实践上，确定其效果的一个过程。20世纪60

年代，美国进行了大规模的课程改革活动，伴随着汹涌的改革潮浪，评价观念也发生了巨大的变化。美国著名课程评价专家克龙巴赫在《通过评价改进教程》表述了他的观点，评价之所以能够为教育做出较大贡献是因为它确定了课程需要改进的方面。美国著名学者斯塔弗尔比姆提出"评价最重要的意图不是为了证明，而是为了改进"。他提出的 CIPP 模式把评价分为背景评价、输入评价、过程评价和结果评价四个方面，通过这四种不同的评价，不断地为课程的发展与进步提供有用的信息，促使课程不断地改进与提高。本研究提出的高职课程发展性评价的持续改进理念具体表现为以下两个方面。

（1）注重对课程建设的过程评价。在课程评价刚刚产生的时候，它的作用就是在课程开发结束以后，判定课程实施过程中质量跟结果的优劣，是结果取向的。虽然在课程评价发展过程中，人们逐渐察觉到过程评价的重要意义，但在课程评价时，一般评价者们依然被看作是课程研究的外在因素，课程评价所能发挥的作用受人们对评价者的信任度影响较大。发展性评价是把课程评价逐渐跟课程开发过程相融合，这不仅在教育制度上保证了课程评价的重要地位，让课程评价成为课程研发过程的一个重要环节，还让评价人员参与到课程开发全过程中，在课程开发的各个阶段跟课程开发的各类人员进行广泛交流、对话、磋商，在这一过程中及时发现问题，针对问题展开研究，在广泛收集资料的基础上，提出解决问题的办法，及时、有效地解决问题。从这个方面看，发展性评价又具有行动研究的倾向。

（2）关注非预期效应。在人们的认识当中，课程效果通常是可以被提前预测的，并且课程效果基本上来源于课程本身。但是教育问题本身是非常复杂的，在具体实施课程方案的时候会有很多因素对课程的运行产生影响，这样最终的课程结果也会受到影响，如教师素质、学生已有水平、学校的软硬件环境。另外，参与课程改革的各种心理效应也是影响因素，所有的因素都会参与到课程实施的过程当中，这些因素会以它们自己的方式对课程产生影响。这些不属于课程的因素在课程方案实施的过程中和课程本身相互影响，从而得出各样的非预期效果。

各个方面都有可能出现非预期的效果，其中有些是外显的，如课程开发的成本、课程方案的选择，有些则是内隐的，如课程实施、开发和建设的机会成本。有时候，非预期效果能够对日后的课程运行造成严重影响，若不能根据这些非预期效果做出相应的判断，尤其有一些非预期效果造成的影响极其严重，可能会在课程改革中产生无法预料的结果。所以，发展性评价一般会分出大部分的人力放在非预期效果的评价方面，特别注重运用多种手段、方法对不同的非预期效果进行研究。通过非预期效果监控的结果，保障课程开发的质量。

2. 多元价值

通常，课程评价的研究以及实践，无论是评价主体，还是评价标准，或者是评价方法，研究者侧重的都是一元化，以多元化为出发点的较少。早在20世纪70年代，西方国家正在流行现象学以及存在主义等思潮，课程评价研究的过程中出现了很多新型的课程评价模式。其中比较典型的有斯塔克的应答评价模式和斯克利文的消费者导向评价模式。这些评价模式的关注点在于评价应该从关心课程方案的所有人的需要出发，从受教育者的就业、生涯、技能、人格、文化素养等视角，经过不断的信息收集并且反馈，让学生参与到评价中，对评价结果提出建议，这样有利于满足课程评价多元化发展的需求。由此可见，课程评价的服务方向逐渐向多元化的趋势发展，即由过去评价只满足一元的价值需要开始向满足多元的价值需要发展。这种多元化的趋势为课程发展性评价面向多元的评价理念提供了基础。

多元化理念体现在对价值判定的多元化，这个理念的形成是因为评价者接受的教育理念以及价值观都是多元化的。课程发展性评价更加重视学生的能力、学习态度以及情感，结合多方面的因素进行评定。课程实践中的评价标准是多方面的，这主要因为评价指标系统是非常复杂的，评价者的评价依据也变得更加多样，与过去单一地运用自己一元的认知标准作为依据，对课程状况进行分析，而现在的评价增加了对学生能力以及素质的评价。这是因为我们将课程发展性评价置于一个最基本的点，就是以学生身心的全面发展为本，学生的全面发展也是多元化发展，其中包含的内容非常多，学生个体的认知能力、个人情感、学习态度、学习能力等都是发展要求的方面，同时，也有一些学生与常人不同，这是差异性的表现。在此评价方法当中，要让所有学生都能够根据自己的个性得到良好的发展。

多元化理念在评价主体多元化方面也有所体现。通常来看，在评价理论当中，施教者理所当然地被当成是唯一一个主体，然而事实并非如此，真实的情况下在高等职业技术教育领域内，学生具备成熟的心智，并且对于课程已经能够凭借自己的能力有相应认识和判断。这样一来，学生自己就可以对课程做出客观的评价。对于毕业生那就更是如此了，他们经历了学校整个教学过程结束之后，通常来看，他们对于自己所学的专业的课程体系能够全方位地认识，并且还能够提出更多具有建设性的建议。另外，行业和企业在学校课程开发当中发挥着至关重要的主导性作用，也应发挥对课程评价的主导作用。所以，高职课程评价体系和确定评价实施的过程的设计主要需要考虑两个方面：一是要满足施教者的评价要求；二是把受教者连同社会中的用人单位二者共同的课程评价诉求都反映出来，并参与到课程评价之中。

3. 人本位

（1）以学生发展为本。发展性评价强调以学生为本的发展理念有深厚的哲学和社会背景。西方国家科技发展、生产现代化的结果是物质文明的高度繁荣，但是，并没有完成全面发展的人的培养工作，反而带来了人格分裂和个性丧失，导致人变得片面且异化。

自20世纪80年代开始，我国哲学界针对人的主体性问题展开了深层次的研究。在此之后，教育理论界又展现出了重视人、研究人的风尚，同时，在教育教学发展的过程中又有一个新的观点被提出，就是对学生主体性问题的研究，人们普遍认为"主体性是人的全面发展的根本特征"。"呼唤人的主体精神，是时代精神中最核心的内容。"❶在对主体性问题的研究中，关于人的发展这一命题，人们几乎达成了统一的认识，就是在教育教学的过程中，一定要将学生摆在最重要的位置。发展学生的主体性在一定程度上可以说是社会发展的必备条件，也是时代精神的召唤，更是教育教学改革的必然趋势。在如此背景之下，发展性评价应运而生，它强调在课程评价中，学生的发展必须是整个体系的根本目的，而且贯彻于课程研发的整个过程。课程理论研究的发展趋势是由以学生发展为根本这一理念支持的，这也为发展性评价的定位以学生发展为根本的理论奠定了良好的基础。对于我们来说，把学生发展作为课程发展性评价的基本理念有两方面的要求，其具体诉求如下。

①人格发展。职业技术教育亟须解决的问题就是避免单一的"理性工具"培养取向。职业技术教育就是要完成"促使个体和谐并且健康地发展，同时满足多元化的要求，释放人格中的能量，'使得精神、人的价值、理解力、判断力、批判思考精神以及表达能力都能够有机统一，和谐发展'"。

②能力发展。教育家和课程理论研究学者对职业技术教育的能力（技能）教育质疑颇多，多元整合能力观的提出，将推动实践导向人的发展本位职业技术教育目标实现，使学校的课程能够满足社会发展现实下学习个体的个性化多元需求，满足职业教育培养学生"学会生存、学会认知、学会共同生活和学会做事"的统一能力的发展要求。

（2）教师发展为本。教师是课程开发和实施的主体，课程评价在评价课程的同时也在对教师的工作进行评价：在学校里，课程的发展与教师的发展是密不可分的，发展过程是齐头并进的，在一定程度上课程的发展需要教师的发展作支撑。教师的发展是核心，是学校课程发展的内部动力。通过课程发展性评价，每一位教师都能够学习和理解新的教育和课程理论，感受到课程发展的时代压力，了解

---

❶ 李彦峰，曾建国.论发展性课程评价的"多元化"品质 [J].现代教育科学,2009(04)：9-11.

和认识目前学校课程的现状和地位。在课程实施的过程中，教师是中坚力量，这是由于教师能够直接参与课程，他们能够最先、最清晰地了解理论实施过程中产生的问题，在课程评价中，教师的作用是能够加强其真实性和情境性。我国课程评价的主体由上而下形成了学生从附教师、教师从附学校、学校从附政府有关部门的评价关系。这种被称为"一条鞭法"的评价关系，导致了课程评价主体变成了直线式并且单一化。其中，教师的作用格外重要，教师扮演着既是评价者又是评价对象这两种角色。但是，教师作为评价者，仅仅是相对学生来说的。实际上，教师基本上在课程评价体系当中作为"评价对象"出现，因为"评价者"完全不能在课程评价的实施过程中以教师为本。其"评价者"的角色完全不能把教师最真实的课程评价权体现出来，但是，在高等职业技术教育的课程评价中，之前所说的"权利"往往被人们摒弃。课程评价要让每一位教师真正成为课程领导，要让每一位教师在课程改革和课程实践中获得成就感，激发创新的欲望。

此外，课程的发展性评价要让教师与课程专家、学生、企业专家共同参与到课程评价之中，这一点是至关重要的，因为课程发展性评价是关于课程的评价，所有的课程的相关利益者都应该是被评价和能够他评的。

（二）发展性评价的本质

对课程进行发展性评价的最终目标是对教育内容、教育方式进行反思。在课程开发的过程中发现问题，在课程设计的过程中寻找最优的教学方案，在课程教育实践的过程中寻找问题，结合实际情况看待问题，由原来的静态宏观调控转向动态宏观调控，通过观察教育输出，反思教育课程质量，持续地研究教育意义，达成教育课程的可持续发展，为学生提供良好的教育内容。而且教育本身也是一种思想活动，反思就是对思想的实践，只有不断实践才能发现问题。教育是动态变化的，所以对教育内容需要不断反思，只有这样，教育才能不断进步，实践与反思相互作用，进而不断对教育内容进行更新，向学生输出更好的教育内容，让学生有更好的学习体验，使教育方式的竞争力不断增强，实现可持续发展。

教育的包容性增强之后，可塑性也随之增强。发展性评价要对课程开发全过程进行"反思"。在这个过程中的反思不是静态的反思，是动态发展过程中的反思，是对课程效果的反思和总结。通过对课程设计及课程方案的"反思"，实现对课程开发的预评估；通过对课程实施过程的"反思"，实现对课程的动态调控；通过对课程实施效果的"反思"，实现对课程开发的质量控制。

（三）发展性评价的特征

发展性评价是促进学生发展的不可或缺的途径。发展性评价通过对学生德智体美劳全面评价，使学生更好地认识自己的优点、缺点，选择自己喜欢的学科和职业，最大化地发挥自己的优势，以具有更强的竞争力。可持续发展评价不是单一的评价，为了使课程教育输出效果最大化，在学生的发展过程中扮演重要角色的人都要成为评价的主体。发展性评价不是被动的评价，它强调学生在评价体系中的主观能动性，促使学生反思，自己发现问题，培养学生的独立性。学生进行反思性评价有三个思考角度。发展性评价一方面要关注学生对学习结果评价的客观性；另一方面还要关注学生在学习过程中人际关系的表现，包括同学间的关系以及和老师间的关系。除此之外，发展性评价还要关注学生的思维表现，如分析能力、思考能力、解决问题能力。教育引导不是一蹴而就的，它需要时间的沉淀，经过沉淀，才能在未来的发展中经受住更大的考验。随着互联网的发展，"互联网＋"技术也运用到了教育体系中，使学生有了更好的教育环境、教育机会。在评价方式上重视学生自我评价和同伴评价，教师评价的形式则提倡评语评价。

五、高职教育课程发展性评价

高等职业教育课程评价是高等职业教育课程实践、课程改革和课程编制活动的有机组成部分。在高等教育领域，课程处于核心地位，因此，高职教育课程评价在高等教育活动中占有极其重要的地位。高职院校开设了具有专业特色的高级课程，更注重课程创新和知识开发，更注重实践性，更注重培养学生独立思考和辩证分析及自学的能力。由于职业教育课程的独特性以及目前职业教育课程评价中存在的诸多问题，需要构建适合职业教育课程的评价体系和发展模式，而课程发展性评价是个不错的选择。课程发展性评价在高职教育中充分考虑到其评价职业教育课程的特殊性，关注学生自身的发展、进步，尤其关注对学生评价的发展性，这样能够更好地创造适合学生发展的教育。

结合以上分析，职业教育课程发展性评价可以定义为：以发展性评价的理念和方法对高等职业教育课程的设置计划、课程的结构、课程活动过程以及结果等相关问题的价值或者特点做出判断的过程。

（一）高职教育课程发展性评价的特征

在课程评价的发展过程中，高职教育课程发展性评价被公认为是一种规范性的评价，但目前仍处于发展的初级阶段，对其并没有形成一个自觉的认识。作为动态性的评价方法，发展性评价介于规范性评价和超规范性评价之间，不仅弥补了超规范性评价的缺陷，还能充分地发挥规范性评价的优点，从而促进了课程发展，促进了学生在已有基础上进一步发展。课程发展性评价具体表现为以下特征：

（1）推动评价体系发展的动力是价值判断，评价体系的发展就是在发展过程中持续地发现价值并提升价值。课程发展性评价的一大作用就是能够通过规范性评价与超规范性评价的交互作用判断课程自身的价值。这是一个动态循环的过程。

（2）课程发展性评价的发展模式是可持续发展模式，服务于现实，同时具有超前意识，也是面向未来的评价体系。它一方面和现实性的课程活动相结合，另一方面重视课程现象的未来走向。只要保持这种发展模式，这种评价体系未来的应用需求是不会降低的，实用性仍然会很强，具有强大的生命力、竞争力。这种评价体系能够不断地完善课程体系，使课程体系高质量地输出。

（3）课程评价的宗旨是促进课程的发展，提高学生的综合素质。通过对过程的审查，进行及时反馈，秉着及时发现问题及时解决的观念，不断地完善课程评价体系自身，同时不断地完善课程，使其高质量地输出。同样地，课程评价结果的重要性也是不言而喻的，要及时地和课程的服务对象进行沟通，使学生受到更好的课程教育。

（4）课程发展性评价的最大作用是大幅度提升被评价者的参与度，让被评价者能够积极参与、积极评价，这是极其重要的。为了评价课程主体和客体的关系，课程发展性评价基于被评价者的特点，制订评价计划，吸收被评价者参与评价计划的制订和实施。对于被评价者来说，要变外在的评价为内在的评价，使评价由外部的要求转化为内在的要求。另外，评价者的认知水平和其自身的评价能力需要进一步提升。

（5）课程发展性评价的评价主体有多个不同的层次，包括教育行政部门、学校管理部门、外部评价专家、教育家、学生家长、教师和学生。这些评价主体有可能同时出现，也有可能单独出现，每个评价主体都发挥着各自的作用，共同推动着评价体系的完善，使其更好地服务于学生。由于评价主体的差异性，导致课程评价价值观的差异性，也正是由于这些差异，不同的主体不断地进行论辩，不断地推动课程体系的发展和完善。

（二）高职教育课程发展性评价的研究缘由

1. 课程评价研究逐渐成为课程改革的重点研究领域

单一的考试成绩不再作为考核人才培养水平的唯一标准。国际社会对高水平、高素质人才的需求日益增加，对人才的需求从单一型、理论型转换为实用型、国际化的多元类型。高职教育作为培养高素质应用型人才的重要力量，高职院校的课程实施状况与其教学质量密切相关。

从独立而短暂的历史来看，课程研究经历了"教什么课程—什么是基础理论课程—课程如何实现"的过程。教育评价的发展历史几乎是围绕着课程评价模式展开的。我国 20 世纪 80 年代的目标评价模式和 CIPP 评价模式的引入，使我国教育评价开始受到学者的关注，这也加快了我国课程改革的进程，同时促进了改革理念的提升，促进了我国课程研究的发展。我国研究性课程改革不仅需要深化对当代理论的研究，更需要在课程实践中实施课程理论。

2. 时代发展对课程改革的评价要求发生了转变

网络的飞速发展使人可以非常便捷地从世界各地获取大量的信息，网络正在改变人的生活方式和价值观念，同时加快国际的交流与合作。

人的主体性日益凸显，多元文化逐渐成为社会的主流文化形态。高校作为培养高素质人才的主要场所，必须对人才培养提出更加全面、详细的要求。在课程实施的过程中开展发展性评价研究的最终目的是促进人的全面发展。倡导"发展"的理念，强调的是课程实施过程中教师和学生的发展。课程发展性评价强调人的主体性人格的形成和发展，不仅与我国当代社会促进"和谐发展"的主题相适应，还为价值取向的研究指明了方向。课程发展性评价也为研究公共英语本科课程实施中开展发展性评价奠定了坚实的基础。

3. 促进人的发展是高职教育课程评价的终极目标

当代课程评价的基本原则是人性化、多样性和建设性。课程评价的前提条件是规范课程评价标准，统一评价程序，制定评价方法、评价手段，一切都是为了促进学生发展服务。课程发展的过程也是课程改革的过程，不仅包括教育工具的改革，还包括教师教学理念的更新、教学方法的创新、评价模式的发展，以及学生学习方法的完善、学生心理健康的发展等。课程不能静态地按文件规定的各个方面来进行，并且文件规定的基本理念可能无法为所有教师所理解，可能无法满足课程实施的所有要求。因此，在课程实施中提出发展性评价的概念是有必要的。

（三）高职教育课程发展性评价的研究意义

1. 有助于课程开发理论与实践研究

课程评价是课程开发过程的重要组成部分，也是重要的理论研究课题。长期以来，人们对课程评价的认识大多局限于课程开发的最后一个环节，即通过课程评价检验课程效果。本书试图用新的思路来研究课程评价的全面性，从课程的价值及课程评价的目的、功能入手，提出发展性评价课程的基本概念，从认识论和课程评价学的角度研究发展性评价课程。在理论研究的基础上，课程评价被纳入课程开发的全过程，作为整体研究开发的一个组成部分，贯穿于一门课程之中。课程评价考试结果为课程开发提供全方位服务，成为促进课程开发的助推器，同时为课程开发提供有效的质量保证，从而有力地推进课程开发实践。

2. 有利于促进教育评价理论与实践的发展

从现代教育评价的发展历程来看，教育评价的每一步发展都与课程评价密切相关。发展性评价体系具有很突出的实践性，发展可持续评价理论体系要实践与理论相结合，平衡地推动评价理论体系的发展。事实上，从评价研究的结果来看，通识教育很难类比于具体的课程评价。到目前为止，发展可持续评价理论体系最有效的途径是具体问题具体分析，避免"一刀切"行为，然后将具体的问题整合，对整体的问题进行研究。本研究的重点是课程评价的设计与实施，这两个问题同样是教育评价研究的难题。本研究针对课程评价的基础研究问题，结合课程评价的理论基础，形成了新的课程评价体系。这一研究必然对教育评价相关问题的解决提供重要的理论依据和实践支持，并能够有效地促进教育评价理论和实践的发展。

第三节　基本依据解读

一、课程评价的哲学基础

课程评价的最终目的是在学生的教育过程中产生价值，有价值必有哲学基础。高职院校机构通过对教育教学课程的质量和对学生的教育输出质量评价，推动教育教学对学生产生更好的教育结果，这也是它的本质特征。课程评价以为学生提供最好的教育教学为根本，只有这样才能推动课程体系的发展，使教育课程产生更好的教育效果。因此，如何推动课程优化升级这个问题就显得尤为重要。在教育课程的诸多价值中，教育价值的具体表现为程序价值。在教育过程中，教育的最终目标是教育价值。教育价值观是教育这一客观社会现象在人的主观意识中的反映。社会的多样性势必会带来价值观的多样性，教育价值观的差异性表现势必会带来不同的教育观念。与此同时，教育评价的方向也是差异性的，我们要正确把握大方向，营造出多元化的教育环境。不同的教育价值观体现了社会多元化的价值需求，这也导致了评价过程的多元化发展趋势。在推动教育发展的过程中，我们必须站在国家的角度思考，一切教育价值观都是建立在国家之上，制定出具有中华民族特色的教育价值观，协调国家课程理论体系和评价活动的发展。我们要培育出具备理想、道德、文化、纪律、美德、智慧等综合素质的社会主义接班人。这一方针符合我国国情，以马克思主义教育价值观为依据，是指导课程改革和发展的方针，并集国家教育价值观、社会多元价值观和高校自身价值观于一体，为高职院校课程目标的调整提供了理论依据。

二、课程评价的心理学基础

20 世纪 50 年代，美国出现了一系列杰出的心理学研究成果。1954 年，马斯洛提出需求层次理论：生理需求、安全需求、归属与爱的需求、尊重需求、自我实现需求。自我实现需要是最高层次的需要，是一种成就需要，每个个体都具有强烈的自我意识，这种强烈的意识推动了个体的发展。个体把自己的欲望放在重要的或有价值的东西上，努力实现。这种从个体需求角度进行的课程评价也是为了推动课程评价和课程建设的发展，使课程体系的作用最大化，培育出全面发展的学生。需求层次理论作为高职院校课程评价的基础，其意义在于课程评价对学生的学所起到的特殊作用。个体对未来充满憧憬，努力实现某种目标，以获得一定的成就感。在进行课程评价时，其方法、过程等都要考虑到学生的这种需要，同时通过课程评价，优化整合之后的课程也要能够调动学生学习的兴趣，激发个体的内驱力，以实现个体自我实现的成就需要。

三、课程评价的高等教育学基础

高职院校学习课程评价的理论基础是高等教育学。在课程评价的过程中，指导准则是建立在学习活动的基础之上的，包括评价对象、范围、设计和评价等，课程评价不是任意性的，必须满足教学的基本规律和原则。高等教育的意义是培育出全面发展的社会主义接班人，这也是课程评价的存在原因。只有课程评价不断发展，教育课程才能更好地发展，受教育者才能获得更好的教育资源，因此在进行课程评价的同时，必须考虑教育目标。民族教育的总体目标是以高职院校开展教育活动为基础，为高职院校开展教育活动提供总体方向。

四、课程评价的管理学基础

从管理学的角度来看，高职院校的课程评价活动具有管理学的性质，它的管理对象是高职院校的教育课程。因此，在进行课程评价时，我们可以应用管理学的专业知识和思维模式。现代管理学把质量管理放在首要位置，使质量管理贯穿活动的始终。提高管理质量的有效方法是对评价活动进行全面的质量管理，包括评价活动的过程管理和活动结构质量的管理，实行结果与过程的统一管理模式。管理的最终目的是保证教育课程的质量，保证受教育者能获得良好的教育资源。统一管理模式的核心便是提高员工的素质，增强质量意识，发挥员工的主观能动性，全员参与管理，对产品质量进行实时监控。这种管理模式能够及时发现产品的问题和缺陷，以便及时采取解决问题的措施，从而减少不必要的损失。

在课程评价过程中，管理的专业知识的应用势必会带来协同效应，能更好地推动课程评价体系的发展。课程评价体系是由两部分构成的，分别是总结性评价和形成性评价，以形成性评价为主导，总结性评价为补充。形成性评价是从教育课程的研发到教育课程的应用这一过程中对教育课程的评价，是一种连续性的评价。形成性评价尤其重视对被评价对象的诊断、调控和改进，推动教育课程的良性发展。总结性评价是在课程计划实施之后关于其效果的评价，在于考察课程计划对各个方面所产生的结果。只注重总结性评价对现代课程评价来说远远不够，我们应把过程性评价和总结性评价有效结合，发挥协同效应，发挥出课程评价体系的最大作用，推动教育课程的发展；要调动教育课程评价参与者的积极性，最大化地发挥教育课程参与者的作用，协调教师和学生之间的关系，保证课程活动及其结果的高质量和高效益。

五、课程评价的系统论基础

无论是从国家课程评价标准还是从微观的学校课程评价标准来看，教育课程评价体系都可以看作一个教育课程系统。这个教育课程系统是由多个单元共同构成的，包括教育课程的使用者、教育接受者以及教育评价者。教育评价系统发挥的作用并不是各个参与者发挥作用的之和，它会发挥出更大的协同效应，其作用往往大于各部分功能之和。高职院校课程评价将从整体入手，提出不同的要求，协调各部分之间的关系，推动课程评价体系的良性发展。同时，随着教育环境、教育条件的改善，我们势必会对教育质量提出更高要求，因此教育课程评价体系也必须是动态的，而不是一成不变的。我们必须研究社会和教育体制变化的课程，不断完善和改变自己的功能及运作方式，最终达到优化课程的目的。

六、 课程评价的现实依据

现实中高职课程的评价是指基于社会发展的高职院校和高职院校对人才的现实需求的变化做出的课程评价。随着科技的进步和社会的发展，社会对廉价劳动力的需求已经转变为对高素质劳动力的希求。同时，随着教育的普及，高等教育的门槛降低，全民的文化素养提高，毕业生数量不断增加，供大于求的人才市场加剧了人才的竞争。高职院校有必要开展这一变化过程的评价依据，可以选择不同的学校课程，加强课程建设，从而培养出具有创新能力的人才。由于高职院校办学体制的变化，目前中国高职院校出现多元化的发展趋势，除了现有的公办学校以及各级、各类民办高校，学校和其他企业联合办学模式逐渐兴起。由于这类高职院校的教学条件、基本的出发点以及国家提供的教学资源各不相同，教学水平势必会产生差异性。同时，不同的办学主体对自身的定位和培养目标的要求不尽相同，在课程设置和课程目标方面必然存在差异。因此，高职院校开展课程评价，要根据不同类型的现实状况，采取相应的措施，在评价指标、评价标准的制定上有所区别，有针对性地开展课程评价。

第二章　现代课程评价的基本要义

第一节　课程评价的发展脉络

一、测量表征学习成就或学习结果的量数

近代自然科学的理论逻辑被应用到多个领域之中并产生了深远影响，其推动了教育理论的发展，尤其是教育课程评价体系。教育理论为课程评价的过程提供了科学依据。自然科学逻辑应用到教育课程理论的可行性是通过严谨的科学实验论证的，智力定向实验和行为心理学课程实验论证了自然科学在教育课程理论中发挥的作用。兴起于20世纪初的智力测验理论通过将个体智力水平客观化，设计出科学的智力水平测试方法，运用合理、量化的方法测试学生的学习能力，形成课程评价的重要方法——"成就测验"，深刻影响评价实践课程，并已成为世界各国（地区）学校普遍采用的方法。

这种基于测量学生学业成就的课程评价阶段被称为评价的"测量时代"，盛行于19世纪末至20世纪30年代。桑代克曾系统地介绍了统计方法和编制测验的基本原理，并提出一个著名的论断，即"凡是存在的东西都有数量"。之后，麦柯尔又进行了补充，即"凡是有数量的东西都是可以测量的"。这一珠联璧合的论断在"测量时代"极具典型性。

"测量时代"的基本特征为：测量表征学习成就或学习结果的量数，即学习成就或学习结果是有数量的，其数量可以通过测量得到。计量测试是按照科学合理的原则，对具有特定特征或属性的一类人进行测量。"测量时代"发展成熟的标志是大量的测量工具的发明和实践理论的完善。评价的本质是用测量或测试的方法。评价被定义为测量，评价者的工作就是测量技术员的工作，评价应用的理论被定

义为测量工具，对课程体系的评价被定义为测量数据，接受教育课程的学生被定义为测量对象。在测量过程中，教育课程的质量评断是根据测量结果进行的。教育前线的学者通过大量的教育测量反馈信息不断地修正教育课程，推动教育课程和教育课程评价体系的发展，教育前线的工作者也是通过测量的信息进行教育策略的制定。

"测量时代"旨在评价行为主义理论中蕴含的心理学理论，然而，概念化的行为目标并不能完全解释复杂的思考和推理，而且这些成就测验通常是在教学之后使用。成就测验只是对学习结果的一个反映，它并不能反映出学生在学习过程中所表现出来的问题，学生的认知过程是在学习过程中体现出来的，学习过程中的学习能力反映了学生的认知能力。另外，教育者不仅仅要关注学生的学习能力，学生的创造性、学生的情感心理都需要被关注，然而仅仅通过测量得出的数据不能完全反映学生的真实学习效果。因此，仅仅通过测量数据来对教育课程评价是片面的、不科学的、不可取的。而这一行为势必会带来一系列的问题，一味地关注学生的成绩势必会导致应试教育，学生的创新能力、心理情感的发展势必会出现问题，学生的价值观也会受到影响，最终教师教学的目的成为了考试，学生的竞争成为了一张卷子。

二、描述学习结果达成教育目标的程度

美国的"八年研究"是20世纪30年代进步教育协会兴盛和发展的主要标志之一，也是进步教育系列教育实验活动的延续。几乎全世界各个高校都采用这一理论作为课程教学研究的指导理论系统，它不仅是实用性很强的指导理论，还推动了教育课程品质和体系目标模式的发展课程评价发展，进入"描述时代"。目前，美、英等国已经出现了很多针对教育目标分类系统的评价设计，最有影响力的是教育目标分类学，其目的是便于客观评价。

"描述时代"盛行于20世纪40年代，其核心观点是通过对学习结果的详细描述，侧面反映学生的学习能力、创新能力、个人价值观以及心理情况。通过描述结果反映学生的问题和课程系统的问题，然后进行教育课程的修整改进，推动教育课程的发展。描述结果的手段也需要多元化，综合采用量化和质性方法，通过定性找出问题所在，通过定量确定问题的严重性；还可通过建立咨询室、问卷等形式更好地了解学生，侧面反映教育课程的实际情况，使教育课程的发展更符合学生的实际需求。

"描述时代"的基本特征是通过确定关键的、可操作的行为目标，进行动态评价，注重课程的整体性评价。"描述时代"虽然有很多优点，但是有一定的局限

性。首先，它过分地强调了课程评价体系的最终评价的作用，弱化了其在评价课程实践活动和改进课程实践活动中的应有价值。其次，课程评价受到时代背景的限制。课程评价目标的具体化是至关重要的，所有课程评价目标的具体化都有较大的难度。除此之外，这些目标背后反映的是具体的行为。再次，如果对课程实践没有预期，那么课程实践产生的效果势必是不可控的，会出乎人的预料。最后，由于其本身的特质，可能会导致目标的不合理性，使整个教育活动偏离学生发展的轨道。

课程评价不仅要定性测量课程输出的结果，还要描述课程评价的结果，一方面要进行绩效测量，通过具体的数据对学生的学习能力有一个客观的评价；另一方面要关注课程评价结果的描述，观察学生在教学过程中的创新能力，学生的心理情感和价值观，全面监测教育课程，及时发现问题、解决问题，推动教育课程的发展。但是，在课程评价的过程中，我们要协调发展课程评价结果的描述和绩效测试，既不能侧重绩效的作用，又不能一味地进行结果的描述。

三、判断教育过程及其结果的价值

"判断时代"开始于 1957 年，延续到 20 世纪 70 年代。判断教育理论评价实质上是一种价值判断，判断教育的课程评价标准是受教育者接受教育的过程和受教育者接受教育的程度，平衡了学习过程和学习结果的重要程度，做到均衡发展。在教育评估领域非常著名的斯塔林曾说道："对教育课程的评估应该从教育课程的开始贯穿到教育课程的结束，不能片面地评估，只对学习过程和学习结果进行评估，同时对教育课程的评估，应采用定性分析方法，对教育者的接受效果采用定量分析方法。"

"判断时代"的基本特征是判断教育过程及其结果的价值。对教育课程的判断包含多个方面，如教育课程的可接受性、教育课程的方式、教育课程的文化内涵、教育过程所发生的价值以及教育课程对接受教育者产生的影响。不同的评价专家关心教育者的评价方式是不相同的。评价专家通常将自己描述为客观评价者，而教育者则希望课程评价系统进行评估。因此，在对教育课程体系进行评价的时候，判断性评价是很重要的。

第一，判断性评价和描述性评价是不同的。由于判断性评价和描述性评价的本质不同，这两种评价模式在很多方面是有差异的。比如，在对教育课程的评价过程中，这两种评价模式是不同的，描述性评价更多地反映教育课程对接受教育的学生的全面描述，包括学习能力、价值观、创造创新能力；而判断性评价更多地反映教育课程体系对接受教育者适不适合。第二，强调评价的过程。由于目标不是固定的评价标准，评价应该超出预定的目标界限，过程本身的价值应该是评价的重要组成部分，强调评价者与课程实施过程之间的互动，从而使评价者对教育课程体系的认知更加深刻。第三，对教育课程体系产生价值观点的不同。描述性评价认为教育课程体系应该产生多元化的价值观，而判断性评价认为教育课程体系产生的价值观是固定的，追求教育价值的多元化。

四、回应尊重差异的多元价值诉求

1960 年到 1970 年，教育课程评价体系的改革更加深入。教育课程评价体系的专家认为，随着社会的进步，人们的精神文化需求不断提高，前三代的教育课程评价体系是针对学生整体进行的教育课程评价，而新一代的教育课程评价体系应该由对学生整体的教育课程评价转向对个人的教育课程评价，参考每一类学生的独立性。因此，教育课程评价体系要改变原来的发展模式，创造新一代以学生个体差异性为原则的教育课程评价体系，迎来"建构时代"的教育课程评价体系。

1989 年，古巴和林肯对前三代的教育课程评价体系进行积极反思，首次以"聚焦反应"为教育课程评价体系起点，对教育课程评价体系进行创新，提出了"第四代评价理论"。林肯认为，前三代评价理论的缺陷主要表现在以下三个方面：第一，管理层存在问题。对教育课程评价体系的管理，包括教育课程评价体系评价的范围和评价的方式，都是由管理者决定的，这会导致教育课程评价体系存在一定的片面性。第二，无视教育课程接受者的价值，存在管理者特立独行的现象。把管理者的价值评价标准作为唯一的标准，这样的评价方式很难被所有的教育课程评价者接受，会导致教育课程的片面性。第三，过分强调科学性。评价过于依赖数的测量而忽视质的探究，导致教育课程评价古板化，对接受教育的学生很难产生价值观的影响。

第四代评价理论从建构主义哲学的角度来看，其主要特征表现在以下三个方面：

第一，在评价的本质方面，突出了评价中的价值问题。在第四代教育课程评价理论中，教育课程的评价不是管理者的评价，而是教育课程的全部参与者共同评价的，通过所有参与者共同协商进行课程评价。教育课程评价体系的管理者坚持评价价值多元化的理念。以价值多元化为价值诉求，多方参与评价作为评价起点，协调不同价值之间的差异性，求同存异。

第二，在教育课程评价的过程中，鼓励教育评价的所有教育相关者充分参与。第四代教育课程评价理论不应该仅仅以"对组织者和实施者的评价"为主题，而是面向所有教育相关者的理论。

第三，第四代教育课程评价体系的评价方法也有了创新。该理论的评价方法以协同协商为主题，通过教育课程评价体系的管理者和参与者之间不断地对教育课程进行辩论，推动教育课程评价体系的发展，使其管理者和接受者之间达成共识。在教育课程评价的过程中，我们要尊重教育课程评价的差异性，反映需求的多元化，将不同教育接受者的需求统一分类，以此分类为导向，完善教育课程评价体系。

第二节　课程评价的基本取向

一、以观察和测量为特征的甄别取向

自美国著名的教育心理学家桑代克提出"心理与社会测量"理论以来，教育的定量评价理论迅速发展。从 20 世纪初开始，大量的教育和心理学理论面世。其中，学业成绩测试理论发展得最好。该理论的技术基础是标准化测验理论，通过测验收集学生学业成就的客观数据，之后做进一步分析、综合与判断，主要是为了测量学生掌握陈述性知识的多少，关心某个学生群体的平均水平以及学生个体在此群体中的相对水平，对学生予以甄别。它确实激励了少数顶尖学生，但却以牺牲大多数学生为代价，这种分级的教育课程理论是不值得采取的。

还有一些教育课程评价的管理者认为，教育课程评价应该引进科学自然逻辑，使教育课程具备科学性，追求对学生成绩和学术结果评价的客观性。这种评价理论忽视了大多数教育接受者的需求，只考虑接受教育中优秀的群体需求，评估的主要目的是选择这些少数优秀人才。这种模式的教育课程评价理论会导致大多数人失败，会促使那些优秀群体获得成就感和快乐。因此，为了保证教育课程评价的公平性，教育课程评价者必须是独立的、中立的，拒绝评估人员对评估的干预，反对审稿人之间的沟通和谈判，使评估成为机械和对立的过程。

在评价过程中，评价人员对评价内容进行评价时很容易加入自己的观点，使评价不具备客观性，从而很容易和内容生产者产生对立，引起冲突，这不利于教育课程的发展。具体评价时，将学生彼此割离，置于严格的测试环境中，采用测量或实验处理的方式以及相同的测验题目，不允许学生彼此交流探讨，测量目标即对学习者个体进行描述和比较，以建立可比性，使"甄别"更为可靠，但不利于学生养成彼此合作的意识和精神，不符合当代社会生活对人的要求。学业成就测量印刻了教育科学化过程的"经验证实原则"的烙印，观察和测量的方法成为课程评价方法的精髓。观察和测量的结果是表征学生学业成就的教育事实或学习经验，是描述观察和测量到的教育事实或学习经验变化的依据，是可供课程评价者比较的标准量数。标准量数是课程评价中比较或解释学生行为变化的出发点和归宿。可见，科学的观察、测量学业成就的事实或学习经验是客观描述学生习得学习经验的前提。

学生标准数据的对比是比较或解释课程评价中学生行为变化的起点和终点。在教育课程评价过程中，引进科学的自然逻辑促进了教育课程评价系统的科学化。但是，教育课程评价系统仍然存在一定的问题。首先，引进科学的自然逻辑提高了教育课程评价系统的科学性，但缺少了灵活性，通过对学生测验成绩的划分，以此数据反映学生的个人能力是片面的。每一个个体都是多维的，个人能力包括学习能力、创新能力、领导能力、合作能力、抗压能力等，这些能力都是未来对学生人生导向具有决定作用的能力，然而仅仅通过这些教育课程评价方法是测验不出每个个体能力的。其次，人类的某些方面是用科学解释不了的，如人的情绪变化、情绪产生的原因，这些不适于采用取向的数量化形式予以表征。最后，教育课程评价有三个阶段，分别是教学阶段、学生学习阶段以及评价阶段，每一个阶段都是单独存在的状态。通常情况下，教师在对学生完成教学之后，很少会有学生进行反馈，导致教育教学课程评价的不准确。教、学、评三者是相互分离的（图 2-1），这会导致教育教学课程评价的评价过程忽略了一些可能会影响教育教学课程评价的因素。

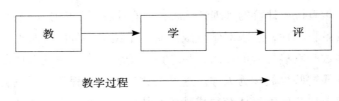

图 2-1 "评价作为甄别"取向的教学过程

二、以监控和管理为特征的过程取向

鉴于"评价作为甄别"取向存在诸多问题，于是课程评价取向从学生甄别转为课程管理，对学生的甄别已不再是最终目的，改进课程管理、提升课程实践质量才是评价的目的所在。教育课程评价系统最重要的是教育评估，通过评估批判教育课程存在的问题，然后进行修正，以此完善教育评价课程，更好地发挥教育课程的作用，服务于学生群体。

"评价作为管理"最早可以追溯到行为客观评价模型。20 世纪 30 年代，泰勒先后在两本书中提出了评价原则和课程原则，形成了一个具有很强操作性的行为目标评估模型，通过对学生行为的大数据抽样，寻找学生行为背后的规律，将这些规律相互联系建立出数学模型，通过模型建立最符合学生需求的教育教学课程。学生行为评价应该是多元性的，不仅要考虑测验成绩，还要观察学生的兴趣爱好、学生团体之间的关系、学生对知识的敏感程度、学生思考问题的方式等，通过大量的观察进行教育教学课程的评价，发现教育教学的优点和缺点，以因材施教的理念模式对学生进行教育教学。美国著名的教育科学家布卢姆明确提出，课程评价是教育决策的基础，分为四个层次：排名决策、形成或监测决策、诊断决策、总结或成就决策。排名决策通过对学生的学业测试对学生的学习成绩进行排名，再通过学生的排名状况对教育教学课程进行评价。排名决策用于评估学生的学习能力，判断学生对教育教学知识的敏感度和吸收能力，以此制定教育教学内容的深度及教育教学内容的多少。形成或监测决策的目的是监测教育教学过程中学生群体和教师群体存在的问题，及时发现、及时解决，防止学生形成坏的习惯以及惯性的错误思维模式和学习方法。诊断决策是为了解决学生学习能力差异性的原因，为学生提供更好的学习方法，使其对教育教学课程能够更好地吸收和消化。总结或成就决策是对教育教学整体进行决策，确定宏观上教育教学课程是否达到了其制定的目标。在教育教学的过程中，教育教学课程的评价者不仅要关注教育教学内容，还要关注学生对教育教学内容的喜好程度，将教育教学内容的实用性和爱好性相结合。随着课程评价理念的发展，教学评价者应向社会讲解课程和教学情况。

　　"评价作为管理"取向的另一个代表人物是 L.stenhouse。他在重新思考和批判行为目标评价的基础上，提出了过程模型，认为课程评价的目的是促进学生和教师能力的共同发展。因此，教育教学课程在关注教育教学课程目标的同时，还要关注学生综合能力的发展，关注教师教学能力的发展，使教育教学参与者全面发展。在教育教学的过程中，我们不仅要注重课程学习的累积性结果，还要注重课程学习的形成性结果。课程评价不仅是衡量预期课程目标、确定课程实践变化程度的过程，还是研究和判断课程价值的过程。此时的评价属于过程取向，即冲破预定目标的限制，强调将教师和学生在课程开发与课程实施中的全部情况纳入评价的范畴，以便根据评价结果做出改革决策。课程评价目的是对课程实践予以理解，逐渐认识到人的情感、需求和价值观等在评价中的重要作用，强调评价者与被评价者的交互作用，强调评价者与具体评价情境之间的交互作用，强调过程本身的价值。

　　"为管理而评价"取向采用量化评价与质性评价相结合的研究方法。通过对课程实施过程与结果的信息分析与总结，描述整个群体的表现，分析处理的效果，做出价值判断，以便实施进一步改革，实现管理功效。"为管理而评价"取向存在以下两个主要问题：一是尽管考虑了学生的主体地位，但对其主体性的肯定仍不够彻底；二是仍旧关注学生群体表现，没有充分考虑学生个体之间的差异。

三、以个性化教育为特征的差异化取向

随着社会的进步，教育教学的关注点已经发生了变化，不仅关注学生的测验成绩，还关注学生的创新能力、学生的情感需求、学生道德品质的培养、学生的团队协作能力等。成长环境和家庭教育的不同势必会造成学生的差异，给教育教学课程的发展带来难题，这也对教育教学课程评价系统提出了更多的要求。传统的教育教学课程和教育教学评价系统已经不能满足教育接受者的需求了，教育教学需要因材施教，每一个个体都应该得到最好的教育教学培养。为实现这一教育目标，课程评价再次将关注的焦点转向学生，而这次转向并非是历史的重演，而是建构一种新型教育形式——差异化教育，其课程评价取向由"为管理而评价"转向"建构差异化教育"，由整齐划一的评价方式转向个性化的评价方式。

"建构个性化教育"取向具体表现为以下三个特点：第一，注重学生个人课程评价的纵向发展。注重学生的纵向发展是指在学生接受教育教学的过程中，学生更多的是自己和自己进行比较，发现教育教学对自身纵向变化带来的帮助，发现这些变化和教育教学课程之间的联系，以此进行教育教学课程评价，而不是和其他个体进行横向比较。教育教学课程评价不再是对一个整体进行评价，更多的是关注教育教学个体之间的差异性，对每个学生提出具体且有针对性的建议，使其在原有基础上获得实质性发展，凸显个性。第二，课程评价不再以群体发展状态代表个体状态，而是关注每个学生作为独立个体的发展状态与水准。其关注点是使学生学会更多的学习策略，为学生提供展示自己所知所能的各种机遇，通过评定使学生形成自我认知、自我教育、自我进步的能力。第三，不再仅仅使用客观性试题予以评价，而是综合采用表现性评价、档案袋评价等真实评价方法。

"建构差异化教育"取向适宜采用定性评价方法。标准化、统一的量化评价方法很难对学生的学习状况进行全面、现实的评价，只会使学生丰富的个性在数据中消失。定性评价方法关注教育教学过程，通过对教育接受者进行测验评价和多层次评价，确定学生在接受教育过程中以及完成教育学习的过程中存在的问题，以此发现每个个体之间的差异，相对全面地评价学习者的各种特质。在这种评价取向下，教、学、评三者处于互动状态，融汇于整个教学过程，教、学、评相互促进，实现统整（图2-2）。

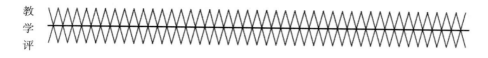

教学评 ⟨ᴡᴡᴡ波形图⟩

教学过程 ⟶

图 2-2 　"建构差异化教育"取向的教学过程

　　"建构差异化教育"取向的哲学基础为解放理性，课程评价不再一味地对教育教学的目标进行评价，而是将目标评价模式转变为多元化评价模式；不再一味地注重教育教学的结果评价，而是更多地考虑学习者的个体差异性，关注学生对知识的灵活运用能力，关注学生的创新能力，注重学生的心理发展。在设计评价时允许不同价值系统的加入，通过讨论产生相对一致意见。此时的课程评价对个体的主体性、评价者和被评价者的关系等重要问题做了重新诠释，确立"建构差异化教育"取向，对评价主体、评价内容、评价标准和评价方法做出了适当调整。

第三节　课程评价的主要模式

一、目标评价模式

　　目标评价模式是在泰勒的"评价原则"和"课程原则"的基础上形成的。此模式要求用明确、具体的行为方式陈述课程目标，评价目的在于找出课程实施结果与课程目标之间的差距，并利用这种差距的反馈信息作为修订课程计划或修改课程目标的依据。

　　目标评价模式是建立在严格的"目的—手段"二分理性基础之上，实现对教育过程科学有效控制。此模式改变了传统的教育教学课程评价的模式，将只评价教育教学课程目标结果转变为评价教育教学课程的全过程，详细地评价教育教学的目标、实施、过程。目标评价模式要求评价者对教育教学课程的实施情况有动态的掌握，及时发现教育教学课程存在的目的，使教育教学课程和教育接受者之间达到一个更好的匹配。泰勒认为，目标评价模式不仅是教育课程评价的起点，还是教育课程评价的一个重要的准则。在教育目标分类体系中，认知领域目标分为认知、理解、应用、分析、综合和评价六个层次；情感领域目标分为接受、反应、评估、组织和定型五个层次；技能领域目标分为领悟、心向、模仿、操作、适应和创造六个层次。各领域目标层次如图 2-3、图 2-4、图 2-5 所示。

					评价
				综合	综合
			分析	分析	分析
		应用	应用	应用	应用
	理解	理解	理解	理解	理解
认知	认知	认知	认知	认知	认知

图 2-3　认知领域目标层次图

				定型
			组织	组织
		评估	评估	评估
	反应	反应	反应	反应
接受	接受	接受	接受	接受

图 2-4　情感领域目标层次图

				创造
			适应	适应
		操作	操作	操作
	模仿	模仿	模仿	模仿
心向	心向	心向	心向	心向
领悟	领悟	领悟	领悟	领悟

图 2-5　技能领域目标层次图

美国学者霍恩斯坦于 1998 年提出全新教育目标分类体系，此体系是对布卢姆教育目标分类体系的超越与发展。全新教育目标分类体系将全部教育目标分为四个领域：认知领域目标、情感领域目标、技能领域目标和行为领域目标（图 2-6）。

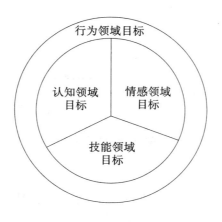

图2-6　霍恩斯坦全新教育目标分类

　　霍恩斯坦认为，行为领域不是一个孤立领域，它是认知领域、技能领域和情感领域的综合领域，将各领域整合成学习者进行完整学习所必需的完整结构。在全新教育目标分类体系中，认知领域目标分为概念化、理解、应用、评价、综合五个层次；情感领域目标分为接受、反应、价值评价、信奉、举止五个层次；技能领域目标分为知觉、模仿、整合、创作、熟练五个层次；行为领域目标分为获取、同化、适应、施行、达成五个层次。各领域目标层次如图2-7、图2-8、图2-9、图2-10所示。

				综合
			评价	评价
		应用	应用	应用
	理解	理解	理解	理解
概念化	概念化	概念化	概念化	概念化

图2-7　认知领域目标层次图

				举止
			信奉	信奉
		价值评价	价值评价	价值评价
	反应	反应	反应	反应
接受	接受	接受	接受	接受

图2-8　情感领域目标层次图

				熟练
			创作	创作
		整合	整合	整合
	模仿	模仿	模仿	模仿
知觉	知觉	知觉	知觉	知觉

图 2-9　技能领域目标层次图

				达成
			施行	施行
		适应	适应	适应
	同化	同化	同化	同化
获取	获取	获取	获取	获取

图 2-10　行为领域目标层次图

将霍恩斯坦全新教育目标分类体系与布卢姆教育目标分类体系进行对比分析，除领域数目和层次数目不同外，不同之处还体现在以下三个方面：第一，布卢姆教育目标分类体系的理论基础为行为主义心理学，而霍恩斯坦教育目标分类体系的理论基础为建构主义；第二，布卢姆教育目标分类体系将人的行为割裂，而霍恩斯坦教育目标分类体系表征了人的行为的完整性；第三，布卢姆教育目标分类体系在客观上体现了学习过程，而霍恩斯坦教育目标分类体系则在主观上更加强调学习的过程性。

虽然目标评价模式经过了系统化的研究和规范，但由于实践经验相对欠缺，其本身存在一定的局限性，具体体现在以下三个方面：一是目标本身的合理性未予以判断；二是受预期目标约束，忽略了未预期的目标；三是实现了可行为化的显性目标达成程度的评价，无法实施难以行为化的隐性目标的评价。

二、CIPP 评价模式

斯塔弗尔比姆提出的 CIPP 评价模式是一种综合评价模式，包括背景评价、输入评价、过程评价和结果评价。第一，背景评价。在课程启动前就应确定几个问题，如课程计划执行机构的背景、目标受众及其需求、满足需求的机会、目标反映需求的程度。背景评价根据评价对象的需要，判断课程目标，分析课程目标是否一致。第二，输入评价。为了帮助决策者选择实现目标的最佳方法，评价各种替代课程计划，即评价课程计划的可行性，需要回答以下问题，包括目标陈述是否恰当、课程目标与学校教育目标是否一致、课程内容与目标是否一致、教学策略是否合适、课程内容和教学方法能否实现目标。第三，过程评价。过程评价主要描述课程实施情况，判断教育教学课程的目标是否按照正常的教育教学课程的方向发展，是否偏离了预期的教育教学目标。过程评价回答诸如活动是否按计划执行以及是否以有效方式利用现有资源等问题。第四，结果评价。在实施课程计划后，应测量、解释和评价结果。收集与结果相关的各种描述和判断，并将它们与背景、输入和过程信息相联系。背景评价和输入评价适用于课程开设和课程设计阶段，充分收集相关信息，以便对课程目标、课程内容选择、课程内容组织等做出相应的决策。过程评价和结果评价则适用于课程实施和效果评价阶段。CIPP模式认为，评价的目的不是对课程进行最终评价，而是从更为客观的角度审视课程，从而为课程的最终决策提供更有效的信息，使评价活动更具方向性和实用性，确保教育活动的正确有效。

实践理性包括两个概念：实践和理性。实践是人类自觉的所有行为，理性是人特有的一种思维方式和思维能力。理性可以使人透过事物的表象看到事物的本质和内在关系，被认为是一种人类独有的精神力量，可以调节和控制个体自身的欲望和行为。理性既是人的一种机能，又是人掌握和控制外部世界的能力。对于教育活动而言，实践理性是指人们采取某种控制和调节手段，使教育活动更加有序和有效。

CIPP模式对教育实践理性的重视主要体现在以下两个方面：第一，CIPP模型将目标纳入评价对象的范围，注重目标本身的合理性，并在一定程度上弥补了其他模式的不足。第二，CIPP模式重视形成性评价，将"过程改良"作为评价的首要任务和基本特征，摆脱了评价的控制性，全面评价整个教育过程。因此，我们可以比较准确地把握课程在哪些方面是恰当的，哪些方面仍然存在问题，充分显示其关注实践、注重过程的特点。由于CIPP模式具有较强的系统性、可操作性和工具性，一些学者认为它更适用于职业教育课程的评价。然而，该模式的操作过程复杂，实施人员通常难以掌握评价技术。

三、自然探究模式

自然探究模式被一些中国学者视为课程评价的新模式，它的基础是现象学、解释学、日常语言分析哲学和符号互动论等理论。自然探究模式认为，人们生活的世界是由人、事、时、地和物组成，形成"意义网"。"科学探究"的方法只是人类诸多求知方法中的一种，评价的最佳方式是"自然探究"，即自然情境中各种活动的实地研究和相应描述。自然探究模式不提倡使用固定的研究方法，强调自然生成；不主张团体整齐划一的评价方式，强调个性化的评价方式。

自然探究模式随着人本主义评价理念的产生和发展应运而生。现代社会具有开放多元、以人为本、尊重个性等特征，目标模式等科学主义评价取向已不能适应现代社会的发展要求，人本主义评价取向成为必然。人本主义评价主张在自然、现实的情境下，通过观察、访谈等方式，全面阐释被评价者的特征，并挖掘其行为背后的深层次原因，促进个体的发展。自然探究模式主要探讨新课程给学生带来的根本性变化以及这些变化的价值和意义，其目的是追求教育的"人文价值"。

自然探究模式有五个"基本假设"：第一，鉴于社会实体是多元的，我们只有从不同的角度，使用不同的方法，才能真正掌握实体的本质；只有采用开放的方法，才能把握彼此的关系。教育现象同样是多元的，需要作为一个整体进行研究。第二，在教育教学的过程中，教育课程的发起者和接受者不是两个单独存在的个体，他们之间是相互联系的，彼此相互促进发展。第三，教育研究不能离开价值问题，任何研究都与价值选择有关，研究的目的是将其导向更有价值的教育。第四，知识是个案化的结果。自然探究并不把研究的目的锁定于普遍化规律的探讨上，而是关注具体问题的解决方案。第五，教育活动受到各种环境因素的影响。

自然探究模式有七个主要特征：一是注重自然情境的研究，而不是形成需要人为操纵的情境；二是注重定性的研究方法；三是注重从事实的归纳中获取理论，而不是通过理论推断假设并通过实验证明它们；四是注重个案分析，而不是广泛调查；五是注重隐性或不言而喻的知识（隐性知识），如"直觉""感觉"等；六是研究和设计是逐步形成的，下一步骤基于前一步骤的发现，而不是事先预定每一步骤；七是研究人员要成为研究情境中的一分子，以便产生移情效应。自然探究收集数据的方法广泛使用了人类学的相互作用和非相互作用的方法，包括观察、访谈、调查、间接测量等，并对研究结果的可信性、推广性、可证实性和客观性等都有自己特定的理解和解释。

自然探究模式也存在一些局限性，如主观判断缺乏客观性；强调情境中的非典型和异常情况，难以将评价结果应用于其他情境；没有充分考虑定量评价方法，科学化程度不高。

四、差距 (discrepancy) 评价模式

（一）差距评价模式的缘由

20世纪60年代后期，美国课程方案评估出现了许多非标准现象。那时，很多评价模式只关注课程方案之间的对比，不注意课程方案由哪些部分组成，课程之间是否有可比性，课程评价的本质是什么，等等。由于这种情况的存在，课程

评估和课程改革很难进行。

1969 年，美国课程理论专家普罗沃斯发表《公立学校体制中正在进行的方案评价》，在文中提出了课程差距评价模式，并确定了"方案评价"的基本理念。

（二）差距评价模式的内容

差距评价模式的基本取向在于揭示计划标准与实际表现之间的差距，并将其作为改进课程计划或方案的依据，并决定是否继续、修改或终止课程计划。差距评价模式由四部分组成：确定课程标准；确定课程表现；标准与表现的比较；确定是否存在差距。在具体的评价过程中，必须经过以下五道程序。

1. 设计阶段

即定义课程方案的标准，以此作为评价的依据，起到一种尺度的作用。因此，一个完整的课程方案的标准应包含课程方案的目标、实现目标所需要的前提条件（如人员、设备）、师生为达到预期目标所从事的教学活动。

2. 装置阶段

即评价具体课程评价内的各种资源分配与上述设计之间是否存在差距。装置阶段也就是在课程实践过程中寻找差距的过程，包括是否符合计划目标、是否达到实现目标的要求等，从而为处理课程方案提供依据。

3. 过程阶段

即检讨课程实施过程中间的各种活动和目标是否达到标准的要求，重点在于检查教育活动是否产生预期的结果。过程评价还可以了解为实现目标所提供的人力、物力等，能否满足师生开展教学活动的需要，以及是否能达到某种学习结果，从而对这些因素做出调整。

4. 结果评价

即把计划的预期目标与实施结果加以对照，并判断课程计划的最终目标是否达成的过程。这是对课程计划进行的整体和终结性评价。

5. 成本效益分析阶段

即从整体上评价该课程设计与其他类似设计在效益上的异同，从而判断哪种计划或方案最经济而有效地实现了课程预期目标。

（三）差距评价模式与高等职业教育课程评价

差距评价模式考虑到课程计划应该达到的标准和各个阶段实际达到的程度之间的差距，并探索造成这种差距的原因，以便及时做出修订，这是其优点所在。实际上，该评价模式的前四个步骤都可视为形成性评价。形成性评价的意义在于及时发现问题，这对高职教育课程评价具有重要的参考价值。在这个瞬息万变的信息社会和多元化的教育环境中，课程计划必须根据社会和教育的需要随时调整，以便顺利实现课程目标，体现出课程评价的完整价值。因此，差距评价模式的优势也是显而易见的。

然而，正如一些评论家所说，差距模式强调预定目标和明确的评价标准，并没有摆脱目标模式的范畴，这在一定程度上限制了课程实践的能动性和创造性。这对高职教育课程评价的借鉴之处，是高职教育课程评价在确定目标时要能体现出更大的灵活性，甚至可以在不同时期制定出相应的阶段目标。同时，有必要协调各阶段目标与总体目标之间的一致性，以便将它们有机地结合起来，从而使课程计划的评价实现最大化的效益。

五、CSE 评价模式

（一）CSE 评价模式的缘由

CSE 是美国加利福尼亚大学洛杉矶分校评价研究中心（Center for Study of Evaluation）的缩写。CSE 评价模式是自目标评估模式之后，在 20 世纪 60 年代出现的一种评价观。由于 CSE 对新的评价模式进行了大量的理论和实践研究，因此 CSE 评价模式逐渐得到普及。

（二）CSE 评价模式的内容

CSE 评价模式具体包含以下四个步骤。

1. 需要评定

就是要调查人们对教育的需求，即教育要完成哪些任务，以确定教育的使命。同时，找出预期得到的与预期不想得到的东西之间的差异，以确定教育目标，这是其核心所在。对课程评价来说，就是要确定明确而又科学的课程目标。

2. 计划选择

重点是评价各种计划成功实现目标的可能性。这包括对课程计划的内容与课程目标的适配性程度以及实现目标所需的资金、设备和人员配置情况的分析和研究。

3. 形成性评价

这一时期的重点是发现课程计划在实施过程中的成功和不足。形成性评价可以在课程开发过程中收集相关证据，为课程开发者提供定期、详细和具体的信息，为如何修改课程计划和确保目标的实现提供依据。

4. 总结性评价

此阶段的目的在于对开发出的课程的质量做出全面的价值判断，它关注的是课程的整体效果。进行总结性评价要确定课程计划的继续、修订或终止，因此必须严格控制这一阶段的评估活动，以提高评估的准确性和科学性。

（三）CSE 评价模式与高等职业教育课程评价

CSE 评价模式是在 CIPP 模式基础上进一步发展而形成的一种综合性评价模式，其特点和优势也更加明确。首先，CSE 评价模式的目的是为课程规划改革提供服务。这种评价理念对高职教育课程评价具有重要的借鉴意义。它使高职教育课程评价的目的更加清晰明了——进一步推进高职教育课程改革和课程建设，使高职教育课程的功能更加全面，最大限度地满足社会、学生等对课程的需求。其次，CSE 评价模式使评价的形成性职能和总结性职能实现了统一，这也是高等职业教育课程评价必须达到的目标。高等职业教育课程评价只有把形成性评价和总结性评价结合起来，才能更好地完善整个课程评价体系的信息反馈机制，使评价过程中收集到的信息在评价主体和客体之间更顺利地互换交流。再次，CSE 评价模式也是一种动态的评价模式。由于评价活动贯穿于课程改革的全过程，从课程目标的确立到课程最终质量的检查验收，它都可以根据课程改革的需要为评价参与者提供各种信息服务。这对高职教育课程评价也具有参考价值。它可以加强和保证整个课程评估过程中信息的畅通，以及课程决策者、教师和学生之间的沟通，使课程决策者了解各方面需求的变化，快速调整课程计划，提高课程改革的效率。CSE 评价模式的这些优势对高职教育课程评价具有一定的指导意义。因此，在课程评价过程中，高职教育应该汲取其精华，推动高等职业教育课程改革和课程建设。

六、回应（responsive）评价模式

（一）回应评价模式的背景

20 世纪 60 年代，随着课程评价的快速发展，在继承和批判传统客观评价模式的基础上，逐渐出现了各种评价模式。1967 年，斯太克在对当时主流目标模式的缺陷进行批判的基础上，提出了评价的全貌模式（对策模型）。他批评了目标模式的许多缺点，目标模式把预定目标作为评价的标准，其最明显的弊端是对课程计划目标本身的合理性及其变化、目标之外的教育价值、其他人的意图等都不能加以反映。因此，提出了结果因素、实施因素和先在因素三个重要的概念。但全貌模式在某种程度上还留有目标模式的痕迹，直到 1973 年，斯太克发表了《方案的评价：特别是回应性评价》。回应性评价模式也由此产生，这种模式摆脱了传统目标取向的评价模式的藩篱，掀起了课程评价领域的一次革新浪潮。

（二）回应评价模式的内容

与传统的评价模式相比，回应评价模式更注重课程评价的活动和过程，而非课程的目的和结果；更注重非正规的自然的交流与评价，而非正规的、标准化的评价。斯太克认为，要使评价结果产生效用，评价人要关心活动的决策者与实施者所关心的问题和焦点，同时强调评价必须从关心这一活动的所有人的需要出发，通过信息反馈，使活动结果满足大多数人的需要。因此，回应模式也常被称为"以委托人为中心"的评价。正如其后继者古巴和林肯所说，所谓回应模式，就是以所有与方案有利益关系和切身利益的人所关心的问题为中心的评价。他们还对回应模式的评价过程特征做了归纳：①要关心方案的活动而不是方案的意图；②注意反映与方案有关的各方面人的意志，而不仅仅是一部分人的意志。

以下是由斯太克总结的回应评价模式的具体评价步骤：① 评价者与评价对象有关的人接触，获取他们对评价对象的看法；②根据获取的信息，确定评价范围；③对方案的实施进行考察；④针对考察结果，比较实际成果与方案的期望目标；⑤在理论上，尽量去修正那些评价中需要回应的问题；⑥在此基础上设计评价方案；⑦根据不同要求，通过不同方法收集信息；⑧对搜集来的信息进行加工处理；⑨将处理后的信息按需要回答的问题进行类；⑩把分类评价结果写成正式报告，分发给有关人员；⑪根据分类评价的报告，对方案做出全面判断。

（三）回应评价模式与高等职业教育课程评价

正如有些评价者所说，回应评价模式的出现是评价领域的一次革新和进步。不仅是课程开发对评价的需要，还代表着课程评价的发展趋势。甚至有人说，回应评价模式是迄今为止所有评价模式中最全面、最有效的评价模式。纵观回应评价模式的评价过程，的确有许多值得高等职业教育课程评价借鉴之处。而分析回应评价模式的全过程，足以发现一些可借鉴之处能够应用于高等职业课程教育评价。

第一，回应评价模式不再只从理论出发，而是从关心评价结果的相关人员的需要出发，同时不再把评价定位在目标达成程度的描述，而是为课程计划的修订提供有用的信息，并向课程决策者、实施者及相关人员提供服务。高等职业教育课程的目标是为实现教育目标、适应社会需求和满足学生身心发展而提供服务。回应评价模式恰恰正是从与课程密切相关的客体（教育、社会、学生等）出发来开展评价活动。因此，正适合高等职业教育课程评价的需要，其借鉴价值无须多言。第二，回应评价模式强调"多元现实性"和价值观念的发散性，它更适合一个多元的、复杂的、客观的现实社会和处于不同地位、持不同观点的评价听取人的需要，因而它的结果也具有相当的弹性和应变性。在价值取向多元化的信息社会中，我国的高等职业教育课程评价无疑更应该汲取回应评价模式的这一优点，课程评价更应收集各方面的信息，以满足高职教育的特殊需要。第三，回应评价模式提倡自然主义的、动态的评价运作方式。从回应评价模式的评价过程看，评价人员是在评价过程中通过与其他参与者反复沟通和即时反馈，使评价问题不断明确的，课程计划也随之调整，从而使评价逐渐关注有关人员所关注的焦点问题。这也是我国高等职业教育课程评价在实施过程中所必需要做的，正因如此，回应评价模式值得我国高等职业教育课程评价借鉴。

第四节 现代课程评价的策略探讨

一、现代课程评价的理念

"理念"，源于古希腊语（eidos），最初的含义是"形式""外观""形象""通形"等，在苏格拉底之后，出现了"观念""类型""条旨"等含义。随后，又被赋予了"理想""信念""精神""使命""认识"等含义。依据"理念"的含义，现代课程评价的理念可以理解为人们对后现代思维下课程评价活动的理性认识、理想追求及其所形成的评价思想，是评价主体在评价文化、评价思维活动及其评价实践的交流中所形成的课程评价价值取向与追求，它体现了人们对后现代思维下课程评价理论与实践改革的期待，具体表现如下：以人为本，面向发展；尊重差异，倡导多元；民主平等，协商对话。

（一）以人为本，面向发展

受解释学、现象学、存在主义等哲学思想的影响，后现代主义主要关注人存在的开放性，主张构建非理性主体。在吸收了后现代主义的主体意识思维之后，"以人为本、面向发展"的新理念开始出现在现代课程评价中。这种理念提倡一种人性化的、发展性的评价过程，认为课程评价是一种关于人的合理性发展的过程，是一种关于人成长成才的过程，这里的"人"主要聚焦为评价者和被评价者，即教师和学生。在课程评价过程中，应重视学生的全面发展和教师整体素质的提高。

一般而言，学生是课程评价中被评价的对象，明确对学生评价的目的与功能相当重要。对现代课程进行评价并不是为了对学生进行选拔或者甄别，而是为了了解学生的发展状态及其发展水平，进而促进学生自我认识，为其展示能力和个性提供机会，为学生提供成长的空间。其一，评价者就应该从多方面对学生进行了解，并认识到不同学生之间智力、非智力因素的差异，帮助学生认识自我、欣赏自我，主动找寻适合不同学生学习和发展的课程评价方法，尽可能地挖掘出每个学生的潜能。其二，为评价营造一个平等和谐的氛围，并收集学生在课程评价方面的意见、建议等，使其在这些方面的反感、抵触情绪淡化。同时积极鼓励学生参与评价的全过程，让学生大胆表达自己的感受与观点。这样做，有利于学生接受评价结果，有利于转变学生消极等待被评价的角色，实现学生的参与自觉和发展自觉。其三，应加强对学生情感、态度和价值观等方面的评价，促进学生在认知、情感、态度和价值观等领域的全面发展，提高学生的综合素质。总而言之，学生处于不断发展的过程中，教育的意义在于引导和促进学生的发展和完善。因此，在评价过程中，教师要树立"一切为了学生发展"的评价理念。学生的发展需要目标、导向和激励，评价要考虑学生的过去，重视学生的现在，着眼于学生的未来。通过评价促进学生在原有水平上的提升，挖掘学生的潜能，了解学生发展中的需求，实现帮助学生认识自我、建立自信的目的。

教师既是学生成长过程中的引路人，也是课程评价中评价者的代言人。评价是课程理解的一个重要环节，它直接关系到课程理念的更新、课程目标的选择和课程内容的设置等问题。因此，教师把握课程评价对自身发展的价值与意义也很重要。在现代课程评价中，为了提高自身素质，教师首先应进行正确的角色定位，将自己作为学生成长道路上的引路人，将关注的重点放在怎样利用自身的良好素养和所教学科的特有优势，在教学、评价中实现与学生的交流与沟通，在体验中享受喜悦，增强自我效能感，为教育教学能力的改进提供内在动力。其次，教师要善于进行自我评价，营造民主评价的氛围。在评价中，教师要不断地促进学生民主意识和批判精神的发展，使学生明确自身的主体地位，增强自我发展的主动性和积极性。要达到以上的目的，教师必须以身作则，虚心接受学生的评价，并做好自我评价，及时分析和反思自己的教学行为、教学态度、教学内容、教学方法、教学目标，为自身的发展和改进教学工作提供具体的反馈信息，加速自身的专业化发展，不断提高自己的教学质量和教学水平。这时，对于教师来说，评价所具有的意义就是"为我评价""为发展评价"。

（二）尊重差异，倡导多元

德利兹认为，差异无处不在，因为"存在就是差异"。差异是人存在意义形成的基础，我们必须承认并尊重人与人之间的个体差异。后现代主义思维崇尚差异性，现代课程评价就含有倡导尊重学生之间的个体差异，关注每个学生的不同起点和特殊性的评价思想。有学者说："如果我们能够在教育改革中真正贯彻'尊重他者，倾听他人'的后现代理念，那意味着成万上亿的孩子的生命将因而得以张扬。在这张扬的生命中，所孕育的是无穷的好奇心、想象力和创造力。"❶教师在对学生进行评价时应时刻提醒自己，学生之间存在遗传因素、环境影响、教育影响等方面的差异是正常的，而这些差异正是学生发展的内在动力。教师应树立从侧重"优秀"转向侧重"发展"的意识，关注学生成长的过程，培养学生良好的道德修养、自我发展的意识和能力。因此，现代课程评价主张从每个学生的实际情况出发，从多角度对学生进行观察和理解，肯定其优点，指出其不足之处，帮助学生实现弱势潜能向优势潜能的迁移，发现和发展每个学生自身的爱好和特长，努力促进所有学生在原有基础上获得最大限度的发展。学生的这种发展是一种差异的发展，是建立在学生自我和谐、与他人和谐、与环境和谐的基础之上的差异发展。从这个意义上来说，学生的全面发展必定是一种存在差异的发展，对课程及学生就有坚守差异性评价的必要了。

开放多元的思维方式是后现代主义倡导的。而差异性的发展进一步凸显了现代课程评价中的多元化要求，其多元化主要体现在评价内容、评价标准、评价主体等方面。

在评价内容方面，现代课程评价认为课程是一个开放的、复杂的系统，课程

❶ 韩琳 . 发展性课程评价体系的建设 [J]. 辽宁经济职业技术学院学报 ,2010(06)：103-104.

目标具有生成性和发展性。因此，课程评价内容需要关注不同的课程旁观者和参与者，坚持多元整合，既要对学生掌握的基本技能和知识进行考查；又要引导学生建立正确的情感、态度、价值观，挖掘学生的多方面潜能，还要注意到一些与课程发展、教师发展有关的促进因素，如教师教学能力的考评、课程的合理性探索从而促进课程整体的优质发展。

在评价标准方面，现代课程评价强调异质多样性，认为每个学生都是独一无二的个体，评价标准也不再是不容置疑的，而是在教师和学生参与中相互作用而生成的具有指引自我行动的向标，它不仅包含社会的、权威的价值，还能体现个体的价值，并且这种内生性价值能够指引个体更好地享有现实机遇，以及获得个性的发展。也就是说，评价标准要与教师和学生的发展相一致，体现他们的价值追求，注重他们的个体要求、感知能力、兴趣发展等。它是内在的、参与性的，而不是外在的、决定性的。任何一种评价标准都不是"唯一"的，它会随着课程活动的展开情况而不断变化。

在评价主体方面，现代课程评价是一个开放的系统，评价主体是多元化的，主要包括教育行政部门、研究工作者、中小学校长、教师、学生、家长、社会等。其中，尤其要扩大教师和学生对课程建设的评估权，他们是课程发展的最大受益者，也是课程评价最亲近的主体，他们的评价意见直接影响着课程发展。当然，也要积极吸纳教育系统外部人员对课程建设有益的意见与建议，补充具有时代特色的新内容，拓展课程建设的内涵与本质。这种多元主体的评价形式不仅有利于改善教师与学生的关系，还能够提高评价结果的质量，促进课程的持续发展。

（三）民主平等，协商对话

德里达认为，差异是一个过程，差异并不是某种自我封闭的实体性的东西，而是一种永远不能完成的功能。这种差异的过程其实是自我理解的真正实现过程，主要包括四重行为，即对他人开放、与他人交流、某种包含自我更新的自我反省、重新与他人交流。后现代思维认为，事物的生成性、开放性和复杂性等特性只有在对话中才有可能实现。因此，它特别强调以"民主平等"作为主旋律，尊重人与人之间的差异，重视人们的多元价值观和多种意见。现代课程评价为不同层次的、异质性的人提供了分享教育的机会，追求的是在协商对话中"求同存异"，强调评价者与被评价者的交互作用，共同构建评价的意义。评价者的权威被淡化，评价者不再是高高在上的主宰者，被评价者也不再是诚惶诚恐的服从者，两者都是拥有主体性的人，彼此之间是平等的、互惠的对话关系。

倾听和协商是对话过程中沟通和理解的基础。不管身为学生还是教师，在倾听时都需要保持同情和批判的态度，并从中发现不同观点，开阔自己的眼界，实现自身的转变和发展。只有在倾听的基础上，才可能获得理解，明白对方的意图；只有在理解的基础上，才能更好地对话。这样，才能实现评价的价值和目的，使教师与学生在对话中不断探索未知领域，彼此的独特性、主体性都能得到发挥，能动性和积极性都可得到调动。这就将课程评价的概念从静态的、预设的方案、计划扩展到动态的、创生的师生对话，课程评价的内涵也由此而得到拓展，而教师的任务则是"保持对话的持续性"。

谈到协商，我们一般会想到"民主""解放""平等"等思想。在协商课程中，我们强调"共享课程权力、重建课程角色、转向实践的课程语言和追求民主的课程行动"。在现代课程评价中，"协商"作为对话的基础之一，只有为评价双方创造一种轻松的交流氛围，为师生的自由和解放构建一种宽松和谐的评价氛围，才能在评价者和被评价者之间建立一个平等、信任的对话平台，保证被评价者与评价者分享评价的权力，创造更有实际意义的评价话语，进而协商决定课程评价应包含哪些因素以及各因素在评价中所占的比重，为评价者制定具体的评价指标和评价标准提供参考意见，提升评价的实际效果和价值。这种基于民主、平等与协商的对话评价是一种持续的过程，课程的每个环节、每个阶段都充盈着评价，评价双方进行沟通与交流，达成一致的评价结果，进而协商下一个阶段教学改进的意见和建议。

总而言之，在整个课程评价过程中都充斥着"协商对话""民主平等"的思想，课程评价是评价者和被评价者之间消除异议，构建评价意义的进程，是所有的评价参与者之间交流对话、协商共建的过程。

二、现代课程评价的策略

策略一般包括以下两种释义：其一，注重方式方法，讲究斗争方式；其二，根据形势发展而制定的行动方针和斗争方式。由此可得出，评价策略比评价方式方法高一个层次，且不仅包含方式方法，还会涉及评价目的与功能、评价对象、评价内容、评价标准、评价主体等多种要素的灵活运用和安排。所以，本研究对现代课程评价的理念与意蕴进行了综合考虑，并从评价内容、评价标准、评价主体、评价方面等方面对现代课程评价的策略进行了探讨。

（一）注重评价内容的有机性

后现代教育是一种有机的教育，即一种有根的、整合的、和谐的、容他的、感恩的、创新的和审美的教育。这种有机教育打破了现代教育的机械性思维，将知识视为一种兼顾多方面的动态整合体，将人看成一个身心和谐发展的有机整体。作为后现代教育的"得力助手"，现代课程评价肩负着促进课程参与者发展与转变的使命，是一种开放的、人本的课程评价。因此，后现代评价内容作为课程评价活动的载体，指的是评价对象所具有的某些具体特质和要素。在确定课程评价内容时，必须实行有机性的策略，以开放的心态对课程本身、教师、学生以及教学过程等评价对象展开多方面、多层次、多阶段的整体性评价。

1. 关于课程本身的评价

课程本身是复杂的、多元的，主要包括课程目标、课程内容、课程结构等要素。在对课程目标进行评价时，我们应秉持发展性、创造性理念，关注学生的身心发展状况，关注时代发展的要求，关注地方和学校本身发展要求。在对课程结构进行评价时，应从纵向和横向两个方面展开，对国家、地方和学校的三级课程进行评价，对不同学段的不同课程类型、不同教材分类等进行合理性探讨。在对课程内容进行评价时，应考虑与课程理念和课程目标保持一致，注重其对学生发展的意义。总之，在进行课程评价时，应将课程目标、课程结构、课程内容统一于一种核心发展理念中进行有机的整合评价，从而促进课程本身的和谐发展与创新发展。

2. 关于教师评价的内容

教师作为课程评价的对象，其包含多方面、多层次的评价内容，应针对教师个体与教师群体进行纵向评价与横向评价。就教师个体评价而言，不能只注重通过学生的学业成绩（主要指分数）来衡量教师的教学质量和水平，而要更多地关注教师个体基本素养、治学精神、日常的工作情况等。就教师群体评价而言，不仅要对教师群体所具有的特征进行评价，还要尊重不同教师所具有的不同的课程理解、教学个性、教学风格等，提供教师发展的平台。通过对教师的有机综合评价，鼓励教师自觉地反思自身的优点与不足，主动选择适合自身发展的计划与路径，多方面提升教师的专业素养和人格魅力，促进教师全面发展。

3. 关于学生评价的内容

后现代学生评价排斥狭窄的评价内容，反对只重视通过分数等量化的方式对学生的知识与能力进行评价，提倡不仅要注重学生对知识与技能的掌握和运用，重视对学生发现问题、分析问题和解决问题的能力培养，还要特别注重学生对学习过程的体验、对学习方法的灵活运用以及学生情感、态度和价值观的确立，实现学生智力因素和非智力因素的有机统一。总体而言，对学生的评价，要重视探寻和挖掘有机的评价内容，促进学生的健康和谐发展。例如，我们可以从四个方面确立学生评价的发展性内容，即道德品质、学习能力、交流与合作能力、个性与情趣。道德品质具体表现为道德认知、道德情感与道德行为；学习能力主要包括学习思维方式、学习方法、学习习惯以及学习动机等；交流与合作能力是指能够尊重他者，通过各种交流方式与他者进行思想观点的讨论，进而就某一目标达成共识，共同合作与努力；个性与情趣即学生在学习和生活中获得自立、自强的积极情绪体验，当遇到挫折和困难时，能够积极面对与克服。

4.关于教学过程的评价

教学活动是由教师的教和学生的学组成的，在进行教学过程评价时，既要重视教师的教学活动，也要重视学生的学习过程，以及教师与学生之间的互动过程。我们可以从四个方面对学生的学习过程进行评价，即对学生学习状态的描述、对学生学习能力的解释、对学生学习本身的评价和学习评价的主题方面。具体到课堂教学过程的评价，既要考察教学任务的实施情况，又要对课堂教学的整个过程进行评价；既要重视教学目标的流动与生成，又要重视课堂教学对教师发展和学生成长成才所具有的影响。

（二）实行多元流变的弹性评价标准

现代课程评价过于追求对评价对象的预测与控制，过分强调评价的甄别与选拔功能，对精确和量化的评价目标十分依赖，它将课程看作一种静态的计划、方案，课程评价具有同质性，这与评价对象的差异性之间是不匹配的，对学生潜质的开发和全面发展是不利的。在后现代视域中，课程是一个开放复杂的系统，也是一个多元流动的过程，关于课程的评价不仅涉及课程本身的发展，还涉及课程中"人"的发展。关于现代课程评价的目的，既要统筹课程的发展、学校的发展，也要兼顾教师和学生的发展；不仅要提供课程决策、学校课程设置与教学安排的依据，还要为教师和学生提供欣赏自我和享受喜悦的机遇。相应地，评价范围广泛，评价对象具有复杂性和开放性，评价过程具有流动性和情境性。因此，评价标准不能只是依据预设的、可量化的目标，还应该充分考虑课程展开过程中不同情境的变化，尤其要正确对待课程系统中的偶然事件、突发状况、错误与干扰等。正如多尔所言："错误不再只是需要更改的欠缺，它们也为发展和转化能力提供洞察力。"换言之，我们必须承认现代课程评价的目的与标准具有多元化与流变性的特质，而课程评价的本质是一种价值判断，我们还需要在评价过程中促进一系列价值主张和利益因素的互动，即价值协商。通过价值协商促进多元的评价目的之间、评价标准之间的相互融合。因此，在进行现代课程评价时，需要把握两个步骤：一是建立多元流变的评价标准；二是实现多元流变评价标准的融合。

1. 建立多元流变的评价标准

（1）关于教师评价标准的多元化。教师评价是以教师为评价对象而展开的评价活动。现代教师评价基于一种"工具人"的假设，将教师视为提高工具即以人为基础，教育教学质量的手段和工具。这种评价观忽略了教师个人的发展性与独特性，虽然标准整齐划一，但是比较固化僵硬。后现代教师评价标准坚信每个教师在职业素养、个性心理、教学经历、教学能力及教学风格等方面具有差异性，教师专业发展的轨迹也各不相同，我们不能用同一把尺子从同一个角度去衡量教师，应当综合教师的个体特点、目前的工作性质与内容以及教育教学的环境等，确立个性化、多元化的教师评价标准。另外，我们还可以根据教师职业生涯规划、教学内容以及教学绩效的点、线、面等区分维度制定不同的评价指标，进行区分性教师评价。

总之，在确立教师评价标准时，应根据教师个体在职业生涯发展周期中不同时期所表现出的不同角色意识、角色特征和专业发展需求，或者因为教授不同的学科而产生的学科知识结构的差异，以及不同的教师群体之间的差异，制定多元流变的评价标准。

（2）关于学生评价标准的多元化。学生评价是课程评价的核心领域，它是以学生作为评价对象、以学生在教育过程中的发展变化作为评价内容的活动。以前的课程评价推崇统一、呆板的评价标准，禁锢了学生多方面的才能发展。实际上，每个学生都具有无限发展的可能。现代课程评价十分强调差异，教师在对学生进行评价时，应当重新省察学生与学生之间的差异、学生与周围环境的关系以及学生个体内部各阶段、各方面发展的差异，构建多元化的评价标准。

2. 实现多元流变评价标准的融合

在现代课程评价看来，建立多元化评价标准就意味着使评价对象获得了多方位发展的自由与可能，但也有可能因存在多元标准而迷失评价方向，不知该依据"哪一元"或"哪几元"标准进行评价。对此，有人提出："实现共性与个性的协调统一是解决高等教育多元化评价标准的选择两难问题的关键，共性关注的是评价客体的共同价值取向，个性关注的是评价客体的个体价值取向。"这种共同价值与个体价值之间的协调即一种价值协商的过程，它凝聚着一种内化价值的标准，在充分尊重价值主体自身价值诉求的基础上进行协商，达成多元价值的共通和融合。这种价值协商的过程不仅为我们提供了评价内容，还能引导我们如何进行评价。评价本身并不是课程活动的终点，而是促进课程共同体发展的起点。因此，对教师的评价、学生的评价应关注并确定多元主体的多元价值，在协商基础上实现融合，进而制定符合评价利益相关者发展诉求的"有根"多元评价标准。

（三）建立多方参与的协商评价机制

后现代思维主张人的存在是一种关系的存在，"自我"是通过他人进行界定的，在这种主体间性的关系中，个体与他人是一种平等交流、友好合作的关系，每个人都能畅所欲言。映射到课程评价中，就是鼓励参与评价的人员将自己的观点、见解大胆地表达出来，这就涉及课程评价主体多方协商参与的问题。这种评价主体多元化的思路打破了现代课程评价中评价者与被评价者的线性关系，扩展了评价者的角色期待，提高了具有多元价值标准的评价结果的质量，以及扩展了多元评价结果的使用范围。建立评价主体多方参与的协商评价机制需要思考三个基本问题，分别是多方参与的课程评价主体有哪些、它们之间的关系如何以及如何协调它们之间的关系。

1. 确定多元的课程评价主体结构

关于多元的课程评价主体结构，研究者已基本达成共识，主要以教师为主，学生、家长、学校管理部门、教育行政部门、课程专家等不同阶层、不同利益团体相结合。作为课程编制与设计的参与者、实施者，教师是距离学生、课堂、教学最近的因素，在现代课程中居于"平等中的首席"地位，他们熟悉课程的每个环节，了解每个学生的发展情况，能够通过自己的课程实践与行动研究（如教师日志）第一时间感知课程系统的实施效度，发现课程本身、学生以及自身存在的问题，然后展开批判性的反思，根据自己所具有的相关课程知识和经验，提出促进课程与教学改革的建设性意见，之后把这些反思意见运用到实际课程中，再展开研究问题—发现问题—反思问题的过程，于是新的循环又开始。由此可见，教师对学生发展、课程发展及自身发展的作用是不可替代的，理应成为引领课程评价的主角。虽然学生的评价能力、知识储备不及教师或者评价专家，但他们是学习的主动参与者，对教师的优点与缺点体会最深，对课程与教学的适合程度感受最深，并且最了解自身的发展状况。因此，不仅要将学生作为课程评价的主体，还应鼓励学生进行积极的自我评价、自我反思，提高学生的学习主动性和积极性，使学生自觉对学习过程、学习结果等进行价值判断。家长是最关心学生成长成才的人，如果他们更加了解课程的相关因素，就能够帮助子女进行有效的学习；如果家长能够将他们的教育需求与期望、有关学生发展的意见与建议及时反馈给教师和学校，就可以帮助学校做好评价、反馈工作，为我们的课程建设与发展提供重要的决策信息，进而促进教育质量的提升。因此，应将家长参与课程评价作为构建多元评价主体的重中之重。总体而言，教师、学生、家长与课程评价对象的关系最为密切，应成为课程评价中常见的评价主体。

2. 确定多元评价主体之间的关系

由于不同评价主体的关注点不同、价值观念不同，因此在课程评价过程中会出现各种千奇百怪的看法，彼此之间的关系在不同情境中也会产生变化。目前，关于多元课程评价主体之间关系的讨论，不同学者持有不同的观点和态度。有学者认为，"评价者与被评价者之间具有人格平等的关系，但人们容易将这种人格平等关系与知识平等、评价权利平等相混淆；评价者应该是多方面人员组成的集合，不能只是少数的所谓权威，但在现实中人们恰恰是基于一定的权威和中心对评价制度进行制定"。换句话说，评价主体在多元参与课程评价的过程中并不能够做到"去中心""去权威"，平等也只能是人格上的平等，不一定能真正分享评价的权利。但也有学者持相反的观点，指出"多元化实质上是一个整体、一种关系，评价主体之间存在着'交互主体性'或'主体间性'，彼此之间是一种平等的交流与合作关系，而不是多个'一元'简单的叠加关系"。❶获得参与权的多元评价主体之间必然会存在某些权威，但即使是权威者，也需要具有容他意识和开放的心态，积极倾听他者的声音，而不是摆出一副高高在上的姿态。

3. 建立多元评价主体协商参与的机制

在明晰评价主体结构，确定评价主体之间的关系后，需要考虑如何协调评价主体之间或紧张或和谐的关系。多元蕴含着民主、平等和协商的思想，在评价主体多方参与的评价中，积极运用这些思想是明智的选择。关于教师的评价，存在教师主管部门、学校领导、教师同事、教师本人、学生等多元评价主体。需要注意的是，在这些多元评价主体参与的评价活动中，如何才能实现一种轴心价值理念。如果对教师的评价是为了考察一门课程设置的合理性，评价主体集合应该以课程接受者学生、课程执行者教师以及课程知识丰富的课程专家三者为主，其他评价主体作为补充。如果对教师的评价是用于对其进行职称评定，评价主体则应以教师本人、学校领导、教育主管部门为主。在对学生进行评价时，则需要以最

---

❶ 沈琪美. 课程评价的研究模式与鉴赏模式之比较研究 [D]. 长沙：湖南师范大学，2012.

了解他们学习情况的教师作为评价主体，并充分调动学生参与自我评价、他人评价。由此可见，多元评价主体之间的利益协调、价值观协调应该充分考虑评价的情境性，并以多方全面参与、民主协商为基调，以评价内容为核心，对评价对象进行"主体化"转变，从而在此基础上建立多元评价主体协商参与的机制。

（四）倡导多元化的质性评价方法

课程评价方法多种多样，可分为量化评价和质性评价两大类。量化评价力图把复杂的教育现象和课程现象简化为数量，进而从数量的分析与比较来推断某一评价对象的成效。虽然它能够在一定程度上提高评价效率，体现评价的客观性，但是忽视了对课程情境的真实理解，忽视了人作为一种主体性存在的复杂性和开放性，将一些不可视的东西量化了。质性评价充分体现了现代课程文化的情景体验和偶然生成，将其运用于课程评价领域，符合课程评价内容的有机性和开放性、评价标准的多元性和流变性、评价主体的多方协商参与性等要求。它不仅强调评价者和被评价者的多元互动参与，还重视对个体的独特体验和行为意义建构进行解释性的理解，它在理论与实践中越来越受到人们的重视和广泛运用。例如，对成果的评价可以采用观察与访谈、问卷法、测验法、实作评价、档案袋评价等方法；对过程的评价一般采用苏格拉底式研讨评价法、个案评价、故事评价、描述性评价等方法；对背景进行评价时，一般运用文献法、诊断性测验、座谈、访谈、调查、系统分析等方法。

每种评价方法都有优缺点，也有运用的领域和范围，不存在好不好的问题，只存在适合不适合的问题。现代课程评价具有很强的包容性，在大力倡导质性评价方法的同时，不排斥量化评价方法，只是需要区分其适用场合、适用情境，并对其进行慎重选择，但"主流"还是多元化的质性评价方法。因此，下面对档案袋评价、苏格拉底式研讨评价、鉴赏与批评三种比较典型、使用比较广泛的质性评价方法进行探讨。

1. 档案袋评价

档案袋评价是一种动态的评价方法，形成于实践之中，有以下五个基本特征：一是学生主动参与作品的选择；二是学生不断进行反思、自评和同伴互评；三是学生参与档案袋创建过程的制定和评价标准；四是注重定性的评价结果；五是评价者熟悉档案袋对象的学习及学习环境。上述五个特征符合后现代主义知识的文化性、情境性及不确定性对评价方法的要求，符合现代课程评价多元化、差异性与开放性质的基本理念，使评价成了以发展与转变为目的的形成性过程。在进行档案袋评价时，必须明确两个主要问题：

（1）档案袋评价的内涵。这个问题自提出以来就被国内外的学者争论不休。有人将此理解为一种教学档案袋评价，并将其定义为"在某一时期内的不同情境中产生的有关师生工作信息的系统收集，它通过反思而构建，通过合作得以丰富，最终目的是促进教师专业发展和学生学习进步"❶。有人基于学生角度进行考虑，将其视为依据档案袋对学生进行的客观的、综合的评价，属于"学生成长记录袋评价"或者"文件夹评价"。本书尝试将档案袋评价理解为在某一特定时期内的不同情境中，对教师的教学情况和学生的学习情况进行相关信息的系统收集和分析，进而对师生的发展状况展开评价的过程，它以一种具体的、动态的和连续的方式完整地呈现与反思教师的专业素质发展、学生的成长与进步。

（2）档案袋评价的类型。不同学者对档案袋评价都有不同的分类。约翰逊将档案袋评价分为过程型、精选型、最佳成果型三种类型。格莱德勒则根据档案袋评价的不同功能，将其分为课堂型、评价型、文件型、展示型、理想型五种类型。基于国内学者的观点，本书将其分为综合型、过程型和成果型档案袋三种。这三种档案袋评价各有侧重，综合型档案袋主要兼顾成果型评价和过程型评价，或者呈现对多个主题的评价；过程型档案袋评价侧重展现师生在课程与教学过程中的努力、探索、进步和反思；成果型档案袋评价侧重学生的学习成果与教师的教学成果的相关作品的展示。

2. 苏格拉底式研讨评价

苏格拉底式研讨评价是一种典型的质性评价方法，它着眼于将学生在"班级参与"和"课堂讨论"中的行为表现视为学生学业成绩评价的一个重要组成部分。这种课程评价方法具有灵活性，在开始时并不十分强调对评价问题的假设、对评价结果的预设，而是根据研讨的进程对问题情境不断地进行调整和分析，进而确定下一步的评价方向。由此可见，这种评价是一项共同参与的活动，属于一种连续评定和反馈模式，是一个连续的动态过程。这个过程主要体现的是师生之间的平等，即人格而不是知识的平等。在这个过程中，教师平等地对待学生，用自身的经验、知识为师生之间、学生之间搭建一个共同交流的平台，以实现共同进步与成长。

在实践中，苏格拉底式研讨评价主要有以下三个重要步骤：其一，弄清楚讨

---

❶ 孟娟娟，夏惠贤.档案袋评价：关注学生学习与成长的评价[J].外国中小学教育，2011（2）：20-24.

论的目的，选取适合的文本；其二，教师提出的问题，师生一起讨论；其三，选择记录研讨过程的方式或设计记录表。在第一个步骤中，教师可以根据自己丰富的专业知识，预设在课程参与和课堂讨论中所要达到的目标，选择有利于开发学生多方面潜能的课程内容、课程文本，并在讨论活动中不断丰富和调整预设的课程目标，将预设与生成相结合，促进学生的全面发展。在进行第二个步骤时，教师应该提出建设性的、开放性的、能引起学生兴趣的问题，引发学生积极思考并进行活跃的交流与讨论，实现思想火花的碰撞。在讨论的过程中，教师要能够对师生之间、生生之间的讨论情况进行准确的把握，成为讨论继续的维持者和引领者，而不是"权威发言人"。在第三个步骤中，师生要对研讨活动的展开过程和相关内容进行全面的记录，使其在一定程度上能够真实地反映师生在研讨过程中的参与情况。

3. 鉴赏与批评

自艾斯纳提出教育鉴赏与教育批评的概念、模式以来，学者不断对鉴赏和批评进行相关研究。有学者将其作为一种评价模式，系统探讨了教育鉴赏、教育批评的内涵及其相互关系，以及教育批评的构成要素、信度、效度和概括化等问题。还有学者将其与课程评价的研究模式进行价值取向、评价标准、评价方法等方面的比较。鉴赏与批评是艾斯纳从艺术中借用的两个评价概念，它们主要用来拓展和调整课程评价的概念和实践。鉴赏是一种私人的欣赏行为，它指向的是评价对象的一种内在美，而批评是一种公共的描述和评判行为，它是把组成课程计划和课程活动的那些必要的、不可言喻的特质翻译成有助于他人更深刻地理解这些计划和活动的语言。这两种评价行为都具有开放性、生成性、内在性和多元性等特征。因此，我们可以将鉴赏与批评视为一种具有后现代思维特征的质性评价方法。这种评价方法充分体现了评价的内在价值与外在价值的统一，通过鉴赏的眼光明确评价对象的内在价值，并通过批评将这种内在特征表现出来，促进人们对评价对象和评价内容的充分理解。在这个过程中，评价者成了艺术鉴赏家，评价对象和评价内容成了艺术品。

综上所述，档案袋评价、苏格拉底式研讨评价、鉴赏与批评等质性评价方法是最符合后现代主义所具有的宽容、开放、多元、无限、异质、不确定、非中心等思维方式，应根据不同的课程与教学情境，注重多元化质性评价方法的选择与使用，若有必要，可适当搭配量化评价方法，实现评价方法的多元化和适切性，共同促进教育教学的发展。

三、现代课程评价的启示

（一）重视课程评价的反思研究

反思的本质是一种内省思维，是一种高级的认知活动，即元认知，还是一种对特殊问题进行思考和解决的一种方式，批判性为其内在的特质。纵观当前我国关于课程评价的研究，主要存在以下问题：一是固守现代封闭的、单一的研究思路，缺乏与时俱进的创新性评价研究方法；二是一味借鉴国外先进的方法、理论，缺少本土化的课程评价研究。在后现代思维中，任何真理和合法性的东西都可以被质疑、被批判，对元话语的信任感进行摧毁，挑战、扬弃传统的思维模式。后现代主义的核心、精髓就是批判、反思现代化。所以，后现代思维要求对课程的评价应该跳出过去的套路和权威，秉承反思、批判的思维，站在所处的新时代，重新评判过去一些不合理的、阻碍课程评价研究的事物，并对此进行深入研究。反思主要从以下两个方面进行：其一，坚持以怀疑的态度对待评价现状，其中不乏对国外一些精髓的继承、引用，加快本土的课程评价模式和方法构建，正确对待课程评价研究和课程领域的其他研究、其他学科的研究等的差距；其二，课程研究的评价者批判反思其自身的研究方式和水平，促使自我自觉地发展。总结起来就是不断反思、批判才是评价研究不断进步的动力。

对课程评价的反思性研究重点是对研究方法论的反思与批判。方法论是指在某一门科学中采用的研究方式、方法的综合。方法是指解决思想和行动等问题的程序、门路。研究方法论是研究策略、研究范式、认识论的总称。所以，课程评价研究是一种元研究，是针对课程评价的研究，其方法论则指关于课程评价方面的研究范式与策略，还有一些相关的认识论等。现代课程评价研究的方法论主张在科学的基础上，选取量化的研究方法，在单一封闭的系统中限制研究的方法论，破坏了方法论本身的反思和批判特性。而后现代主义倡导异质性的且开放的思维，激励人们对新事物进行思考。在课程评价研究领域，课程评价研究被视为一种复杂的认知活动，而以往的研究范式过于封闭和单调，在实证与人文之间徘徊，两者具有非此即彼的对立关系。但是，复杂多样的课程评价现象中，一元线性思维已经远远不能满足课程评价发展的要求。费耶阿本德提出了多元主义的方法论，强调思想多元论是这种方法论的基础，同时提醒人们在看待课程评价问题时，从多角度考虑评价研究方法论的多元化，将实证主义、人文主义、后现代主义进行整合。人文主义研究范式着眼于质性研究，而后现代的研究方法论是后实证主义或反实证主义的，包含着内省的反客观主义的解释和解构，强调研究的质性、包容性和多元性。

（二）倡导多元化课程评价实践

课程评价助推课程改革，课程变革离不开与之相对应的评价变革。这就是评价变革在实践方面的意义。目前，在我国的课程评价中，量化评价依旧是主导性的评价方式，将评价内容事先设定好，而后收集相关信息，借助统计学方法进行推论，即使存在质性评价，也只是短短的现象描述而已。因此，课程评价改革迫在眉睫。我们应秉持着多元化的差异性思想变革课程评价实践。

1. 定量评价与定性评价相结合

这两者之间的结合就是要保证其能够实现优势互补。虽然量化评价易于操作且精准，具有很强的说服力，但是课程的复杂性使量化不能清楚地表达每个课程的现象，而是需要将定性的课程评价加入其中，对某些层次较高的抽象化评价对象或没有典型价值事实的评价对象，要结合模糊评判方法和定性研究方法分析其具体状况，才能使教育教学质量得到公正、客观、全面的评价。

2. 整体性评价与局部评价相结合

整体性评价主要体现在其评价视角的动态化和全面化，对课程系统进行的评价具有综合性、多角度、全面性等特点。局部评价主要指对评价对象具体的某一时段或者某一特定方面的评价。多个局部评价进行有机整合就是整体评价，而不能只是简单地相加，两者的关系应是彼此依存、彼此作用。缺少了整体性评价，就没有全局的透视、综合的结果；缺少局部的评价，就会使评价表面化、肤浅。因此，需要将两者进行有机结合。

3. 静态评价与动态评价相结合

静态评价是当前课程评价的主要方式，具体而言，就是对一些具体的、相对稳定的课程目标以相应的评价标准和原则进行结果的考核与评定。这种课程评价虽然考虑到了课程的结构特点，但忽略了动态的课程过程。在这个动态过程的评价中，一般比较关注的是评价标准的多样化与流变性，关注教学过程中学生生命价值的体现，并且于特定的实际背景下评判、理解学生。动态过程的评价是一种基于发展眼光的、课程全过程的评价实施方法，也是对单一静态评价的一种突破，只有动静结合，两者之间相辅相成，才能使课程评价更加公正。

（三）着眼促进学生全面发展的课程评价

后现代主义转变了对学生甚至对人的理解和认识，认为人体就是一个生态系统，不仅需要各生态因子有合适的度，也要求各方面共同发展。基于此观点分析学生的发展，其就是各生态因子共同发展，成绩、分数等仅是一种外在的发展体现，不是自身原本的内核。每一个体不仅具有内在的系统性，还有外在的特殊性，正如世界上没有两片完全相同的树叶，也不可能具有完全相同的两个学生。因为每个学生的生活历程、家庭状况、所处环境、遗传等各不相同，所以其心理世界也不相同，其爱好、性格、外貌、智力、特长、兴趣、需求等也不同，各有其特殊性。这些独特的个体生命具有不可估量的创造潜能，课程能够激发学生的潜能，使学生生成各自的生命意义。

因此，课程评价的作用要由选择甄别转变为促使学生发展。之前的课程评价只为了对学生进行等级划分，而之后的评价是为了实现其全面发展。课程评价不是仅考虑分数或者成绩，而是学生内在生命和价值的表现；也不仅局限于知识或者技能的掌握，而是个体方方面面的和谐统一，借用生态学词汇可描述为生态系统的平衡。课程评价应注重学生的全面发展及个体差异性，注重有机的评价内容以及多元化、流变性的评价标准的实行等。

第三章 高职教育课程评价审视

第一节 高职教育课程评价的价值取向

一、高职教育课程目标的确定

基于国家、社会的角度，教育目的不是菜单式或具体式的，而是高度概括性的和总体性的。教育目的是为社会培养人才的总要求，它源于受教育者的身心发展状况和不同社会的技术、科学、文化、经济、政治等要求，是教育工作的出发点和最终目标，也是确定教育内容和方法的具体依据，一般在各种学校或者其他教育单位都能够适用。例如，《中华人民共和国宪法》所确定的学校教育目的是国家培养青年、少年、儿童在德、智、体等方面全面发展，这一目的在高职教育中也是适用的。但由于地区和学校的不同，教育目标的具体实现方式也不同。为实现教育目的，必须根据具体的实际情况进行具体化，即出现了各教育机构和单位的不同培养目标。

培养目标是比较具体的要求，是对教育目的的具体化，也就是各级各类学校的具体培养要求。它是以国家教育目的、学校的性质及任务为基础，对特定的培养对象的要求。高职教育的培养目标为培养具有一定的理论知识，并具有较高技术技能的生产与服务第一线的从事管理、维修、直接运作的技术型和高级技能型人才。从高等职业教育的这个培养目标的论述来看，它并不涉及具体的学习领域，所以用这种话语作为课程发展的依据，显然是太概括了，为了使高职课程的发展工作切实有效，我们必须将高职教育的培养目标具体化，也就是说要确定课程目标，通过课程的设置来实现培养目标。

类似于其他教育类型课程的发展，高职课程发展的关键是确定课程目标，课程目标是课程评价的标准，也是课程实施的归宿，若是目标不够明确，学生就无法从高职课程中做好后期的职业生活准备。这些可测量或不可测量的高职课程目标都有其存在的必要性，当然，可测量的为大多数，以确保在关键的高职教育领域学生的能力由客观的操作能力测量来确定，这可使毕业生的能力成为评估职业教育培训计划的一项重要指标，也有助于课程评估时的高职教育效能的核定。

我们可以借助不同的方式来陈述高职课程目标，如行为目标、表现性目标和展开性目标等，包括各种可测和不可测的目标。综合运用各种表现形式阐述高职课程的目标，才能使表述不至于宽泛、笼统，而是清晰、准确的。

确定高职课程的目标，必须重视以下三个方面：一是内容，所选取的课程内容、课程目标应该一致。二是学生，课程目标发展阶段应该关注学生的差异、特点和个性等。三是可用的资源。课程目标的实现需要资源的支持，否则会影响课程目标的达成，最终导致目标的重新选择。

教学目标的达成过程就是其具体化的过程，教学目标就是将教学意向通过明确的语句进行表达，阐述对学习者的要求，对课程完成后的预期水平程度进行完整的叙述。当学生完成预期课程后，借助一定的方法、指标对其各项素质进行衡量。高职教育更加关注技术技能，技术技能更具有可测量性和可操作性，所以对技术技能教学目标应该表达得更加明确、具体、规范、直接，以便于对其进行测量。高职教育的课程目标，对教师、学生的一些行为表现应该更加关注，重视其注意力。例如，在教学环境中，教师的注意力集中于他们将要做什么，学生重视要达到的要求（一般是资格考试或专业技术等级考试中的应知应会知识点等），这些要求就是他们的学习要取得的成果。此外，可以将测量学生学习成绩的标准公开化。

按照构成要素可以将课程目标分为三个部分：一是结果，也就是最终应该获得的进步或者可以达到的一些成效；二是成就或水平，即和其成就优劣相关的判断准则、标准等，就是根据什么进行有效的判断；三是完成的水平，即达到目标的过程是完全自然的状态还是有控制的。

高职课程的目标表述相较于其他教育类型有相同之处，也有不同之处，特点也是非常明显的。它不仅有专业课程，还有文化类课程，更包括实践类课程，因此其表述也应该涵盖各种不同的课程种类。对于文化类课程，一般进行普通的教育描述，而专业类课程与其他的高等教育专业课程表述有相似之处，最大区别的是实践课程，其表述应该异于其他的理论类课程，借助一些可测量的、更加规范的准则或标准进行表述，只有如此，学习者才能明确其应采用什么技能和活动能更好地达到目的。从霍夫与邓肯的分类法中我们可以得到相关表述的一些启发，根据内容的不同，相应地采用不同的表述方法，其方法如下：其一，知识与认知领域，包括智力等方面；其二，技能领域，需要对工具和物品进行熟练的应用；其三，情感领域，包括情绪、感情、态度和价值观念等。

在这三个领域中，情感领域是一个非常重要的方面，但其也是一个最不适宜采用一些具体方法或规定语句来表述的领域，但我们不能因此而忽视它的重要性。但是在高职教学过程中，大家也经常碰到一些问题，就是有些内容往往是相关的几个领域的组合，如开动机器的能力，它可能很简单，但往往有些人不敢碰机器，这就是因为它涉及了知识与技能两个方面，技能方面它可能很简单，但是有些人在这方面没有知识，因不懂而不敢下手。

一般而言，课程目标可以进行分层，高职课程目标一般分为以下几层：任务目的、单元目的、动作目的、职责目的、培训目的等。而就高职学生而言，其某项技能一旦经过培训，那么必然会有可衡量或者观察的素质，否则就无法对此课程计划的预期目的进行评定。若教学目的不够明确，那么课程就得不到有效的评价。在这方面，高职课程因为其特殊性的存在，在表述上更加严格。

二、高职教育课程内容的确定

（一）高职课程体系的构架

高职课程体系构架一般包括三个层次：一是体现在教学计划方案的专业定向性结构，它反映在一定学制年限内学生所面对专业范围的变化与专业方向的选择，如宽基础活模块的课程结构；二是全部教学科目中不同性质和不同教学内容要素的各科目在纵向与横向的排列组合结构，如传统的三段式；三是指一门或若干门相关科目中具体的课程内容根据某种方式或准则的编排结构，如综合课程中的具体内容结构等。

在高职教育课程体系中，课程观和价值观的核心一般是职业素质教育和创新创业教育。社会不断变化，知识观和课程观也相应地随之进行着根本性的变化。知识是过程，而不是结果，是开放性的、复杂多变的现实的一种解释。知识是在学习者与环境相互作用中发展的结果，是对社会、自然、人类的一种综合性的解释。高职教育就是使师生共同参与探求知识的过程，高职教育课程的发展过程是一种具有灵活性与开放性的过程。高职教育的课程目标不再是预定的，且不能更改，课程组织不断发展，更加注重创造性的知识和发现。

新的高职课程体系是一个集灵活性、弹性、综合性、开放性于一体的动态发展的过程，重在体现学生个体的感知和体验在课程发展中的作用，培养其独立创造和探索能力。由这一原则得出高职教育课程的重点是核心课程、交叉课程与相关课程等形成的课程体系。不同类型的课程可以有不同的形式，如公共基础课程可以采用学科式课程，而一些相关的专业课程可以用核心课程或专业方向课程等。这种多维结构的课程体系可以加强课程之间的相互沟通，又可以增加与外界的联系，形成一个"活"的课程体系，以更好地适应社会的变化。

（二）理论教学内容的确定

为了适应科技进步带来的操作、生产工艺的变革及改进需求，也为了完成各种生产与专业操作等任务，技术人员一般都需要拥有一定的技术理论和认知知识，也就是专业理论知识。高职教育要培养具有一定的理论知识的技术人员。所以，高职教育要重视相应的理论教学，包括文化理论课程与专业理论课程。

就培养目标而言，对一名高职学生的要求不应该仅停留在生产操作的层面或者一些固定程式的操作，学生具有更深层次的技术知识，才能更好地在现代工业社会发挥作用。目前的一些企业经理表示怀疑、不信任高职教育培养的人才，在其看来，这些技术人员不一定对其所选择的专业具备就业或工作上的基本知识和技术理论，更有甚者表示出蔑视，认为这些技术人员的知识和能力层次相对低下。为改变这种偏见，提高高职社会地位，就需要重视高职教育的实用性和实践性，还要重点关注理论高职内涵的发展，要注重理论知识教学，提高学生的能力与素质，提高学生的社会竞争力与发展潜力。

一切教育计划或方案都是为学生步入职业界做准备的。但如果不向学生提供相应的基本知识，用以支持在车间或实验室学到的"方法"，这种计划就不能算是一种教育计划，至少不是一种成功的教育计划。"School to Work"计划是由美国和欧盟国家实施的一种计划，它联系了实际生产和理论知识，是促使学生由学校成员过渡为社会成员或者企业的工作人员的一项成功的计划。这不是要将高职教育变成学术性的教育，但是我们认为一个工种专业的技术与操作人员如果不能掌握本行业的技术知识、基础理论与背景情况，就不能成为熟练的技术员，也就是说达不到高职教育的培养目的。目前，企事业用人单位对毕业生的要求越来越高，除了强调职业技术与操作能力外，还强调基础知识，因为基础知识是他们在工作过程中获得发展的一种潜在的推动力。因此，高职教育不仅要重视专业技能与操作能力的教育与培训，还要重视一些基础的文化与技术理论知识的教学，甚至还要有一些文化课程。

高职教育过程中有关技术理论知识的教学是对行业必不可少的知识的教学，包括关于工艺规程的教学。学生掌握了工艺规程，就能加速在实习过程中学会职业技能、操作工序，有利于对操作工序在理论上的理解，能够更好地理解不同工序之间及同零部件之间的关系、专业名词、专业词汇、资料或数据的来源以及本行业中的概念。有关的技术教学还应当包括适用于本行业的各个学科的原理。学科的种类依行业的性质而定。将相关学科的知识在本行业中进行应用是教学重点，让学习者了解相关学科的原理是教学的目的，让他们在未来的职业发展过程中能理解本行业中可能出现的变革。

各种行业的境况变化很快，但是关于这个行业的基础科学或者其他学科的理论知识发展得却极为缓慢。因此，随着技术的不断变革，在就业培训中，必不可少的就是对这些学科原理的理解。只有将这些原理应用于实际的操作实践，才能透彻理解这些原理。

情感也是相关技术理论教学的内容。对技术知识和职业技能的传授只是高职教育中对学生就业责任培训的一部分，而与成功就业关系密切的一些因素，如人际关系、安全知识、劳动态度和习惯，也是培训中必须重视的内容。在情感方面，社会行为、关系重大的人际关系等都可以在职业分析范围内进行确定，并且在职业分析中也能够反映相关的语言、修饰和服装等。关于情感方面的其他要求则囊括了一些公众对工人应具备的一些素质的要求，如诚实、善良、有责任心、办事牢靠、准确等，这些内容就需要依靠班级管理、教师态度、教学方面的作用来体现，但这些不是具体的教学内容。

职业分析提供给课程设计人员的信息资料包括以下相关事项：①信息资料——范例、技术概念、操作方式；②数学——数量系统；③科学；④安全事故；⑤设备、工具、工作对象、原材料等。

职业分析中，一些相关的线索、误差、情况判断、操作知识等的分析都是有助于课堂教学的资料。

在确定了职业教育中理论知识教学内容后，就需要选择、安排这些内容，这些内容主要从职业分析中获得。职业分析可提供给课程大纲所需要的工作任务，也可以为相应的理论教学提供内容。教学进度和目的、职责和任务的分组、确定课程大纲的范围和教学顺序、选定工作任务编入教材等决定了如何选择范围内的理论教学内容并编入教材。对理论教学内容的编排基础是工作任务的分组和教学进度。

对于一些技术工种或专业来说，其所具有的理论内容量很小，程度也不深。这类专业工种的技术人员在实践生产的岗位上学习就可以了，但要进行相近专业或职业的知识与技能的教学，以便将来能更好地适应产业结构变化带来的冲击，为将来的发展打好基础，增强竞争能力。而大多数还是需要运用各个学科的原理，采取班级教学方式进行教学。要使理论教学与实践实习在时间上充分配合是不易做到的，这主要靠的是教师从职业分析中选择对学生最重要的技术理论内容，排入教学周期的前期，而与选择的技术理论内容有关的工作任务可能在教学周期的后期才能进行操作实习。

职业教育是培养人们参与就业的计划，而不是一门单独的学科。凡是职业就一定会涉及技术理论知识。若技术人员能够掌握各学科的原理，就可以在工作中借此解决一些实际问题，提高完成工作的能力，否则只能阻碍其在技术上的发展。一些相关技术理论教学可以使人了解一些新的产品、工艺过程、原料和发展状况，这些新技术和新事物一直都影响着学生对专业的选择。只有对相关技术理论教学内容进行妥善挑选、组织安排，才能确保教育或培训的质量。

（三）高职实践课程内容的确定

重视实践是高职教育的特点，也是其不同于其他教育的重点。高职教育强调对学生操作能力和技术的关注，因此实践课程在高职教育课程体系中占有重要地位。一般而言，实践教学应该与课程内容、理论教学相适应、相联系，这主要是由于实践需要理论进行指导。

关于实践课程，高职教育和中等职业教育一般有所不同，在课程内容方面，其深度和结构不同，而且高职教育与一般工科类专业也不同，其与入职前的职业培训、职业资格证书考试和技术等级考试培训等类似。

高职教育的实践课程有以下几类：一是校内的和校外的；二是创造性的和再生性的；三是模拟性的和现场的。一般情况下，实训课程属于校内的，各种生产实习属于校外的；验证实验是再生性的，而毕业设计、工艺设计等属于创造性的；社会调查研究、顶岗实习属于现场性的，模拟操作、仿真实验则是模拟性的。由于实践类课程不同，其目的和作用也就不同，所以要根据科技发展现状、学校或社会条件（如厂家、校外实习基地等）和专业领域的理论知识等确定高职教育的实践课程，要有发展的眼光，而不是受限于传统的模式或被计划所控制，在确定实践课程的内容、课程评价方面要有开放的、能动的规划。

高职实践课程内容的选择也要与所确定的课程目标相符合。由于高职教育具有专业性强、操作性强等特点，所以其实践课程就要紧扣这些特点，注意课程的专业性、操作性、应用性等，加强高职实践课程的效能。首先，高职实践课程的内容要将当前专业领域中或生产企业中正在运用的先进科学技术作为内容选择的目标，不能因循守旧，或抄袭前人的内容和方法。高职教育针对的主要是一线的技术人员，由于教育的"滞后效应"，其内容必须超前，即传授的技术必须先进。

但是先进的科学技术不是高职实践课程内容的唯一选择目标，实用性也是其必须考虑的因素。从目前高职教育培养人才的方向上分析，高职教育是为本地区的企事业单位培养技术人才的，因此在课程内容的选择上还要考虑地区因素，考虑到本地区企事业单位的技术先进程度，如果忽略这一点，就不可能培养出本地所需要的人才，这样高职教育的培养方向就出现了偏差，也使高职教育的资源产生浪费，对高职教育的发展产生不利的影响。此外，高职教育的课程内容还应该与一些技术等级考试或资格等级考试联系起来，结合实践课程、实际操作，将评价结果标准确定为相应的等级制，从而提高教师教学的针对性，明确学生学习的目的性，师生做到心中有数，同时要考虑到为学生就业增加一些资本，使学生多一些就业的出路。

实践课程是为了培养高职学生的实践能力，提高学生的技术操作能力，使学生能更快地适应工作岗位。实践是以一定的理论为指导的，因此在选择实践课程内容时，还要注重理论知识，使实践和理论知识相协调，进而增强学生的实践能力。

如今，大部分高职教育都强调对实践的重视，但现有的实践课程大多附属于理论课程，单独设置实践课程的系统性较差，实践项目设置目的性不明确，没有发挥出其应有的作用。因此，必须设置相对独立的实践课程体系，并形成与之相匹配的系列实验室、实训基地、实习工厂等，营造良好的职业实训环境。同时，扩大实践课程在教学计划中的比例，逐步培养学生的专业技术应用技能、基本操作和实践能力，锻炼其将实践于综合能力有机结合，彻底改变长期以来实践与实验教学以验证理论知识为主的现状。设置实践课程时既要考虑到学生创造性思维的培养与智力的开发，也要注意学生的共性要求；既要注重横向知识的相互渗透，又要注重纵向知识的系统性，增加选修课程的数量，增强课程结构的弹性，并增强实践课程与理论课程之间、专业课程与基础课程之间的彼此渗透、融合，使学生的学习优势和特长得以发挥。

综上所述，高职教育课程内容选择是一个系统化的工程，必须经过全局的考虑，围绕培养目标，尽可能提升学生的知识、技能等。课程内容选择的基础是学生职业生涯的终身发展和社会经济、科技的发展。

三、高职教育课程评价的目的和意义

课程评价基于一定的评价标准，将定性、定量两种评价方法相结合，针对课程实施的条件和结果进行价值判断，并分析专业课程体系构建是否合理、科学。这里对课程评价的界定一是指课程价值的判断，二是指课程建设的评价。所以，课程评价的目的如下：其一，判断课程的创造性、实用性及有效性，即课程是否适应学校、教师和学生的实际情况与需要，能否促进学生在认知、情感、技能等方面的全面发展，是否符合学校的人才培养目标，相较于其他方案是否更具表现力、更有特色；其二，为课程改革做准备，借助课程评价发现课程教育存在的问题及缺陷，分析原因，并对课程进行改进。

从我国社会和经济发展状况以及发达国家的发展阶段来看，大量培养生产、建设、管理、服务第一线需要的高素质技能型人才和技术应用型人才，是我国高职教育的重要任务。针对这一培养目标，高职教育课程体系、教学内容、教学方法还远不能适应人才培养的要求，高职教育需要进一步改革。高职课程体系、教学内容、教学方法也应独具特色。高职教育的课程评价具有的特殊意义体现在以下四方面。

（一）有利于优化课程结构，促进课程目标顺利实现

课程结构就是把学生在校学习时间分成几部分，在不同的时间进行不同类型课程的安排，并由此形成特定的课程组织体系。目前讨论最多的课程结构类型主要有必修课与选修课、学科课程与经验课程、显性课程与隐性课程。它们在高等学校课程安排的时间和重要程度因不同的需要而有所不同。同时，课程结构又被种种因素所影响：①课程的功能。结构决定着功能，特定的功能也必然要求相应的结构。②课程流派。不同的课程理论思潮和流派代表着不同的课程价值观，对课程类型和相应的组织结构的要求也不同。③课程开发的层次。课程开发层次不同（如学校层次、课堂层次），所要求的课程结构也不同。课程评价能够综合分析课程结构的各种因素，协调它们之间的相互关系，优化各种课程之间的比例结构，使课程结构实现最大化的效用。

课程目标的实现主要依托具体的课程实施，课程目标主要是由课程安排的科学性决定的，所以课程结构非常重要。根据课程目标和教育方针的要求，制定课程评价的指标，进而对学校的课程结构进行全面的衡量，确保课程教育沿着正确的方向发展而不至于偏离目的，使教育方针与培养目标得到全面落实。

（二）有利于促进高等学校课程的开发，并使其朝着特色化课程发展

课程开发是决定课程及其所依据的各种理论取向。其影响因素包括经济、政治、文化、哲学及心理学等，其关注的重点问题是学习的目标、经验、内容、组织、课程的评价及改革等。与此同时，课程开发是专家和权威互相作用的过程、

国家或地方政府政治决策的过程，这不仅是课程专家、教育学者的工作，更需要社会各方面的共同合作。

课程评价就是要借助对这些活动的调查分析完成对教育的价值、效果的分析，为课程开发提供一些有效信息。课程评价可以预测教育的需求，可以判断社会需求人才的规格，从而使课程管理者根据需求培养能适应社会变化的人才，促进课程的开发。

此外，课程开发不仅包括国家一级的开发，更需要以地方和学校为出发点的开发，以保证课程的特色。这也调动了教师和学生的积极性，加快了课程开发系统的确立和整顿。课程评价的概念也不再局限于对既定目标达成程度的描述，而更多地强调改进课程，并反馈给课程开发相应的有效信息，实现了课程开发和课程评价之间的良性循环。

（三）有利于促进课程管理和决策的科学化

课程决策和管理的科学化包括以下内涵：一是课程管理和决策的过程遵循一定程序、规则以及科学的方法、逻辑；二是课程管理和决策的标准体系具有合理性及科学依据。总而言之，课程管理和决策的目的就是为了更好地开展、运行课程。

由于课程评价具有诊断作用，所以通过课程评价能够发现课程管理的缺陷，也能监督课程管理。在科学的理论指导下，按照既定的程序顺利进行。同时，课程评价还能促进课程管理和决策民主化。由于课程管理和决策需要教师、课程专家、学生以及教育行政部门等的广泛参与，最后由决策部门统筹决策。课程评价其实也可以看作协调各方价值观和立场的过程，以及如何处理在课程建设中能够最大限度地体现各自的观点，这也必然能够促进课程管理朝着民主化的方向发展。课程决策就是规划下一步的课程目标，制定的课程目标既要基于前一阶段的目标，又要在此基础上有所创新，课程评价恰恰能满足课程管理和决策的要求。课程评价一方面能够检测出课程实施中存在的不足之处，如课程目标是否恰当，课程编制是否科学，另一方面为下一步课程目标的制定提供直接的依据。因此，课程评价也必然有利于促进课程管理和决策的科学化，使其更好地为课程建设和发展服务。

（四）有利于深化高等学校课程改革，提高课程与教学质量

课程评价是对信息进行有目的性、组织性、计划性的收集和反馈的过程，也是完善、修正课程活动的过程。借助多层次、多元化的评价，确立客观性、科学性的

评价标准、实施方法，为课程改革提供科学合理的依据，使改革者了解改革的效果和状况，并掌握一定时期的课程改革方向、目标发展方向，从而做出合乎逻辑的课程改革调整，保证改革的科学性和良好效果，促进课程质量的提高。与此同时，评价对象的实际状况和水平能评价得到客观的反映，通过课程评价还能指出评价对象的优缺点与存在的问题，从而使课程的实施者进一步强化优点、克服缺点，努力做好课程的建设。总之，在课程质量的提高、课程改革和建设方面，课程评价所起到的推动作用不可忽视。

四、高职教育课程评价的作用

（一）诊断作用

有科学主义价值取向的人主张，课程评价是通过实验处理的方式诊断课程。在其看来，课程评价的目的就是对实验处理后的结果进行了解。对课程之外的各种变量加以控制，提高评价的结果的效度和信度，从而减少实验处理与实验结果之间的差距。同时，对各种材料进行定量收集、科学性的比较和分析，并以此为基础，实行课程计划改革。

另外，课程评价还考察学科教学目标是否能够涵盖课程计划所规定的培养目标，并判断各学科的教学内容是否能够实现课程目标，也通过实时的课堂教学监测和进度判断等方式诊断教学效果，从而诊断教学大纲。

（二）修正作用

由于课程计划和教学大纲在课程建设中具有非常重要的地位，对课程质量有着重要的影响，所以课程评价的修正作用主要表现在对课程计划和教学大纲的修正。由于课程评价能够诊断课程计划和教学大纲的缺陷，并找出原因，进行改进，以促进课程建设。修正课程评价的具体内容：①对课程编制指导思想的评价，即对课程设置价值取向的评价，它关系到整个学校教育的发展方向问题；②对课程目标的评价，课程目标是教育工作的指南，是课程及教学活动的蓝图，也是衡量课程最终质量的标准，体现了特定的教育价值观，反映了一定的教育思想；③对课程设置的评价，包括课程结构合理性的评价、课程设置与课程目标一致性的评价、课时总量及其分配合理性的评价；④对课程实施的评价，即对课程建设及整个课程开展过程的评价；⑤对课程质量的评价，即对人才培养效果的评价。对教学大纲的修正主要是对教学目标和学科内容两个方面加以修正、评价。具体包括学科内容的一些可学性与时效性、课程的教学目标和计划的一致性、课程目标与学生身心发展程度的衔接性、学科内容满足学生需要与兴趣的适当性等。

（三）鉴定课程的价值取向

在评价领域，关于"价值"问题的讨论在 20 世纪 60 年代以后，随着社会批判思潮而兴起。此后，评价开始对评价对象的特点和价值进行判断。依据教育目标中两种价值取向，我们对课程的价值取向做出推理、概括，即以人的需要为主的价值取向和以社会需要为主的价值取向。这两种价值取向的主要区别是课程目标或课程编制的目的主要是为了满足学生身心发展需要，还是适应社会需要。这种模式主要强调目标的意义，认为评价的核心和关键是教育目标，从预定目标出发开展评价，评定学生的学习效果，从而对学生是否达到预定的教育目标进行判断。以人的需要为价值取向的课程评价重点关注的是所有评价参与者的一些看法与观点，是对评价参与者的价值观的直接反映，评价应为参与评价者服务。根据马克思主义的价值观，价值观念因主体的不同而不同，所以价值取向就会表现出多元性。但从人类社会历史发展看，价值取向又存在必然的统一性。因此，课程的价值取向也必然是一元性和多元性的统一体。课程评价能够对两种价值取向做出鉴别，协调两者的关系，引导两者更好地为教育目标服务，而不偏离教育目标，实现两者的统一，从而充分发挥课程的功能。

（四）预测高职教育的需求

一定的教育服务于一定的社会。在拟订课程计划之前，应该对学生、教师和社会的需求进行了解，并以这些需求为课程开发的直接依据。教育能否达到既定的培养人才的目标，是学校教育价值能否得到体现的关键。在信息社会，社会对人才规格的要求也变化多端，课程应该培养什么样的人才，课程评价恰恰能够为此提供依据。通过课程评价可以了解社会对人才的要求，并可进一步预测未来社会发展需要什么样的人才。只有充分了解社会对教育的这些需求，教育决策者才能为课程改革确定正确的价值取向。同时，课程评价可以判断学生学习的需要与目标，分析学生目前的发展状况和本阶段所要达到的目标之间的差距。基于这些特定的学习和发展目标，通过观察、测验等方式了解学生的具体表现。另外，课程评价还可以判断学生的个性特征及其学习需要，从而制定学生下一步的学习目标。

（五）确定课程目标的实现程度

课程目标作为一种教育价值观的体现，也是一种对课程进行最终衡量的标准，是指导整个课程编制过程的原则与要求。对课程目标的评价要注意：①课程目标实现的可行性，即课程目标是否能够在工作中得到实现、是否具有客观条件保证、是否符合学校的客观基础。课程目标的确定离不开对社会、学科、学生等的大量研究，也离不开分析、考察和判断学校的课程要求。②课程目标总和与培养目标的一致。任何一所学校离开了课程都无法达到其人才培养目标，因而课程评价要对课程目标进行分析，看其是否可以覆盖学校的培养目标。"需要评估"是当前确定课程目标最常用的方式之一，是对信息的收集和分析的过程，其主要目的是识别社会、群体、各种机构等的种种需要。高等学校的课程目标就是要培养适应社会需要的高层次人才。开展课程评价，目的是要检测高等学校编制的课程是否培养出社会需要的人才，或者在多大程度上培养出某种规格的人才，这也是衡量课程目标能否实现的一个尺度。

五、高职教育课程评价的价值取向

课程评价是对课程的形成、实施和绩效的全方位评价，但在本质上是对课程的价值判断，价值判断包括课程的现实价值（可用性）和发展价值判断。

（一）真实性

课程（课程体系）能真实反映工作（产品）过程；

课程情境能真实体现职业（技术）情境；

职业与技术实践项目（任务）具有真实性；

学习绩效具有真实性。

学习绩效就是对学生知道什么、能够做什么进行描述，而不仅看考试分数。比如，通过一个真实的任务记录学生的学习过程和结果，而不只是用一个分数或等级来评定学生的学习效果，这种真实的任务正是与职业教育特点相一致的。通过这样的评价，力求真实地反映学生的学习状态、应用能力和个性品质。

（二）实效性

1. 课程（课程系统）的可实施性

高等职业技术教育课程系统由基础课程和专业课程组成。基础课程提供给学生必备的基础知识，专业课程的设置应适当宽泛，专业性技术的课程目标是满足就业岗位需求。无论是基础课程还是专业课程，都应具有可实施性，以满足多个相近技术岗位的能力要求。

2. 课程目标的有效性（可实现、可测量）

高等职业技术教育课程与学生的就业目标密切相关，课程的内容必须反映当时、当地产业或企业的岗位工作要求，课程目标应与岗位能力要求相一致。这种动态化的课程目标是可实现的，并且是可测量的，更要求其需要对企业中相关的技术岗位要求和人才类型进行了解，并有针对性地制定课程目标。

（三）发展性

1. 课程持续改进

课程的发展过程应该是持续改进的过程，课程评价要使这种持续改进可被测量。另外，课程合格性内涵本身也是要随着社会政治、经济、文化的变化而变化的，要随着科学技术发展、职业准入标准的变化而变化，要随着用人单位对人才要求的变化而变化，与时俱进。

2. 课程发展前景

所有课程都应追求共同的发展前景，争取成为精品课程。因此，在课程评价中，应关注课程的基础内涵，挖掘已经形成的和可能形成的特色与示范性。

3. 学习绩效的发展性

学习绩效的发展性首先是学生课程学习的知识与能力的发展性，即学习的过程能被证明是知识和能力形成的过程；其次是在满足就业的前提下，学生已掌握的知识和已具备的能力有助于其再就业后若干年内达到职业与技术岗位的新高度，或能够接受新的挑战。

第二节　高职教育课程评价内在规定性

评价的内容、宗旨和标准这三个方面是高职教育课程评价内在规定性的体现。明晰高职教育课程评价内在规定性，即构建高职教育课程评价的理论模型，既可以为实证研究的理论预设提供理论元素，为揭示经验事实提供理论基础，也可为高职教育课程评价实践体系的构建提供理论支撑。本节从高职教育"理实一体"课程评价的视角进行探讨。

一、"理实一体"课程评价的"二维"标准

（一）"理智性"与"情意性"：完整职业实践理性

现代工业发展对高素质技术技能人才的素质结构提出了新的要求：具有整体的思维，新工具的使用，技术知识的持续增加，复杂背景下的团队紧密合作，熟练应用普通、创新的方法应对未知的、复杂的问题，以达到技术与社会系统的和谐。这种人才素质结构要求高职教育"理实一体"课程具有规定性，应该理性地完成专业实践活动，具备完整的专业实践理性，对学生与工作世界的关系不能忽略。

在本书中，职业实践理性指的是在职业实践中，感性活动主体形成的一些科学性的认识，包括对工作领域的本质性把握，并以此为基础，合理处理个体与工作世界、个体与他人的关系，完善自我的知识，提高自我的能力，是对个体与工作世界、他人的关系"应该如何"和个体自身"应该怎么做"等问题的把握和解答，以达到目标为根本标准。专业实践理性是由理论向实践过渡的中间环节，是实践掌握方式的超前预设与建构，是人们对专业实践活动产生的结果及其实施路径的观念模型，决定专业实践价值的实现。专业实践理性具有价值性，主要体现在以下两方面：一是对职业活动能否实现预期目标和在何种程度上实现目标的价值判断；二是人们对专业实践活动是否符合社会行为规范等做出的社会价值判断。从专业实践理性活动过程看，它不仅仅是功利、效用目的对象化的观念建构过程，还是职业人或准职业人的职业情感、意志等本质力量发挥与运用的过程。因此，将专业实践理性分为"理智性"职业实践理性和"情意性"专业实践理性。

"理智性"与"情意性"的有机结合形成完整的职业实践理性。"理智性"职业实践理性是指主体在职业实践活动中，为了实现给定目标对合乎技术规则的最适当手段进行合理选择，以保证行为的正确性和有效性。"情意性"专业实践理性是指主体形成良好的职业意识，即职业文明意识。高等职业教育理实一体课程目标是使学习者成为真善美相统一的职业人，"理智性"与"情意性"应成为高职"理实一体"课程评价的标准。"用心做事"可以实现"理智性"与"情意性"评价标准的融合，体现完整的专业实践理性。"用心做事"是将高尚的职业价值理念内化为学习者的精神，使其自觉形成良好的职业行为表现。"用心做事"是以"学会做事"能力为主，又综合了学会学习、学会生存、学会共处三种能力，是高等职业教育"理实一体"课程的核心评价标准。

（二）"理智性"：职业实践能力

"理智性"职业实践理性是指主体在专业实践活动中，选择适当的手段，使行为正确、有效，获取经验，最终形成一定的职业实践能力。职业实践能力是指从事与职业相关的职业实践活动必须具备的本领，是对成功进行职业实践活动必须具备的知识、技能、判断力等的整合，是与职业相关的能力特征。职业实践能力直接影响职业实践活动的效率。

"理智性"职业实践理性现代经济社会发展的不可忽略的重要因素。现代社会已完全按照技术的要求与规范来设置和运行，离开了现代技术，社会便不复存在。具体体现在以下三方面：一是在制度层面，现代科技具有完备的社会保障系统一般覆盖于从开发研制直至生产应用的全过程，进而加速了科技的传播、扩散并使科技为广大民众所接收；其二是意识层面的考虑。现代科技改变了公众对一些如发展观念和财富本质等事物或现象的认识；其三是功能层面的考虑。第一生产力——现代科技已经成为经济增长的决定性因素。实践主体有效、合理改造实践客体的重要环节与条件就是合适的实践工具、手段和方法。

"理智性"职业实践理性对于高职学生的职业实践能力如技术知识、职业技能的习得能力等的提升有着莫大的帮助。其中，"理智性"职业实践理性对职业技能的习得能力的提升尤为重要。高职教育"理实一体"化使个体获得策略层面的技能。而这项技能来源于自觉化的反思和情境互动；这也是一种在任务、项目或案例的完整行动过程中，以所获经验为基础并对其进行反思而逐步生成"操作系统"，最后能在新情境中予以迁移的技能。自觉互动主要指个体在工作过程中与学习经验的"质性"接触。同时重视学生对自身知识、情境、经验等进行反思，并借此挖掘出个体与工作空间的内在关联，习得学习策略，形成策略技能。

（三）"情意性"：职业实践态度

"情意"，即情感、意志。情感是人类特有的心理现象，是一种建立在社会性需求基础之上的个体的主观感受，也是个体对客观事物的行为反应和相应的态度体验。美感、理智感、道德感等属于人类高级的社会性情感，而"情意性"职业实践理性具体体现在以下三方面。

第一，职业文化意识。其主要有主观职业文化意识和客观职业文化意识两方面。主观职业文化意识是指个体对于相关的职业文化和自身联系的认同，是一种职业文化活化过程，主要用于使个体和职业文化相结合，使之有责任传递社会文化，如诚实、道德、情感等。在这些文化中，道德源于规范，而规范不仅可以支配个体，迫使其按规定方案行动，还可以限制个体的取向，以防止其越界。它主要关注的是人与自然、人与社会、人与人之间的和谐与统一。客观职业文化意识主要指对社会文化基础和基本单元就是职业文化的认可，以及对职业活动的社会文化意义的认可。职业文化源于古代的学徒制，经过文化的传承以及社会、家庭、国家等伦理层面的修养，从而达到天人合一的境界。

第二，生态自由意志。这是人类文明发展到一定时期个体接受抽象理论训练后所具有的一种理性思维能力与思维方式。此外的"自由"从实践论视角看是一种在对规律的认识、利用的基础上而获得的自由。人具有自由意志就是指人可以自己决定是否去做一件事。将这种权利赋予个人，体现了"人之所以为人"的根本出发点，也是"以人为本"思想的具体体现与表达。只有承认这些，才能承认哲学意义上的抽象而又普通的正常个人，具有自觉自愿地予以判断的内在意志和精神能力，个人的内在价值才能得到体现。总而言之，自由意志是理性行动者根据自己的意愿去决定是否做某事的能力，更是对自身行为的控制和选择的权利，不是行为的任意性。有自由意志的个体应该是理性和感性的统一体。

第三，个体生存意识。其中心思想就是对自我价值的肯定，对自身感受和内心真实体验的关注，以及个体生存境界的提升，个体生活境界不仅仅包括谋生计，也包括个体人生价值的实现。以职业教育为例，职业的意义和价值不仅仅在于促进社会经济发展和使个体获取赖以生存的物质资料，还在于使个体认识自身价值，获得幸福感。正如杜威所表达的看法：唯一能够使社会服务和个体才能之间相互平衡的事情就是职业。而依此类推，获得幸福感的关键就是能够找到个体适合做的事业并将其实行。

高等职业教育所带来的幸福感主要体现在使个体获得稳定人群关系和为个体提供施展才华的平台上。一方面，职业具有相对稳定性的特点，这是建立个体的社会支持系统的必要条件。另一方面，个体的工作业绩会使个体得到精神上的满足，随着个人的生活目标、职业组织目标和社会目标整合程度的不断提高，个人的潜能不断得到挖掘，个人的需要进一步得到满足，个人的幸福感进一步增强。这也是现代社会不断发展所驱动的。

职业人必须具备"理智性"和"情意性"，这两种实践理性要求职业人要同时具有专业实践能力和良好的职业实践态度。随着历史的发展、经济的增长、技术的更新和物质的丰饶成了这一时期社会发展的新坐标，与此同时，人们对精神情感、主体地位和自由意志的追求越发强烈了。和整个人类发展依靠两翼——科学和艺术极为相似，职业人依靠"理智"和"情意"的两翼腾飞。二者同等重要，缺一不可。因此评价理实一体课程需在注重"理智性"职业实践理论的同时，也要考察其"情意性"，二者都是重要的评价标准。

二、"理实一体"课程内容评价的完整取向

（一）偏向"理实一体"课程内容的工具价值

一个事物对其他事物所具有的价值或意义就是工具价值。毫无疑问，"理实一体"课程内容的工具价值是指课程内容在促进个体职业能力发展方面的价值，满足职业岗位所需知识与技能的有用性，归属客体取向，强调功效、准确和客观。

不同的学者从不同的角度对理实一体课程的价值进行了深刻描述。例如，洛克从国家的角度出发，认为"理实一体"课程关系到国家的福利和繁荣；怀特从整体上分析了"理实一体"课程与个人幸福、个人自主、美德或利他主义公民培养和经济发展相关的目标之间的相互关系；巴罗则从功利主义和对公众幸福的促进的角度提出一个"理实一体"课程框架；希腊著名哲学家柏拉图认为，人们应该构建一个有利于个体生活的和谐公正的社会；德国古典哲学家康德认为课程的直接价值就体现在人文的实现上；英国哲学家约翰·斯图亚特·穆勒认为，每个人的幸福和快乐都是价值的体现；法国思想家卢梭则从世界和社会和平的角度提出价值不可缺少；杜威持课程价值是促进个体不断生长的观点。

按照课程的价值取向，很多学者对课程价值进行了分类。

美国学者米勒将课程价值取向分为学科取向、认知过程取向、社会取向、行为取向、发展取向、人本主义取向和超个人取向七类。此外，普瑞特提出五种基本的课程价值取向：学术理性取向、认知过程取向、人本主义取向、技术学取向、社会重建主义取向。虽然二者的划分有些许不同，但都为课程价值取向勾勒出了全景，二者从不同角度关注课程实践中课程的内容。

也正是这种在关注角度上存在的差异，促使高等教育"理实一体"课程在内容上出现了偏向"理实一体"课程内容的工具价值、指向"理实一体"课程内容的内在价值以及融合"理实一体"课程内容的工具价值和内在价值三种不同取向。

工具价值注重课程内容的实用性，强调以用为本，学以致用。随着经济全球化步伐的加快，国内产业的国际化趋势也不断增强。在经济发展方面，我国在这一时期逐渐从大国向强国过渡；在社会发展方面，逐渐从工业社会向知识社会转型。一方面，产业结构发生转变，涌现出新的职业、技术、工艺等，还出现了众多新兴行业，知识产业产生了新的内涵。另一方面，职业技术不断综合化，劳动分工不断复合化，因此社会对具有高素质、综合能力和心智技能的新型技术人才的需求大大提高，高等职业教育就是专门培养这种能解决实际生产问题的实用性人才的摇篮，它可以为个体将来进入工作岗位做充分的准备，使职业者具备劳动

所需的必要知识和技能。因此，高等教育的目的首先是要将学员培养成融汇科学理论知识和情境经验技能的优秀人才，此外，"理实一体"课程还要依据行动体系逻辑进行动态序化，以确保学生获得工作世界所需的充分的知识和技能。这样的目的要求在"理实一体"课程内容评价时必须考虑课程内容是否与工作结构相匹配，是否来源于产业现场，是否能够体现出职业发展的需求，而且课程内容还必须与现实经济社会、未来经济社会的需求相适应。

无论从社会的角度还是从个人的角度来看，"理实一体"课程的内容偏向工具价值，这对提高学生就业率具有重要促进作用，从一定程度上缓解了经济社会人才紧缺的现状。但过分偏重工具价值而不与时俱进，很容易导致偏执，这会使理"实一体课"程评价偏向工具价值，即为了达到既定目标而选择有效内容，效率成了价值判别的唯一标准。这种唯一标准会影响人们对"理实一体"课程内容的看法，人们会觉得"理实一体"课程内容的学习是模式化学习产品的社会化大生产，从而对其的评价势必产生等级的划分，追求对学习效果进行简单测量。此外，"理实一体"课程内容评价过度偏向工具价值会导致人们过分追求工具化和技术化，在秉承共性原则的基础上，质的多样化将会还原为量的纯一性。虽然这对于人生具有一定的积极意义，但不能用可操作的定义来界定知识，因此不能纳入评价的范畴。最后还有一点，偏向工具价值难免会让部分人假借科学的名义，实际却奉行技术至上的原则，换句话说就是刻意追求价值中立。那么，对"理实一体"课程内容的评价就变成了从理性假设到事实资料收集再到检验的工具性作用的过程。这种表面上遵从价值中立原则的评价实际上只是充当了分类、筛选的作用，只注重事实和科学规范，会导致学习者个体的主体性被淹没从而使其丧失职业理想，职业精神、情感都无从谈起了。偏向工具价值导致的最终结果就是个体异化，因为个体如果对自己的人生意义失去了关注，那么本质上个体仅仅是没有思想感情的存在物，因此个体与个体之间的关系就转化为简单纯粹的物与物之间的关系了。

（二）指向"理实一体"课程内容的内在价值

所谓内在价值就是指事物存在的意义或价值，那么"理实一体"课程内容的内在价值就是课程内容在促进个体职业态度发展方面的有用性，归属主体取向。

如今科学技术带来了技术理性也随之带来了人文精神上的危机。在很大程度上，现代人的世界观受到实证科学的支配，且为科学带来的"繁荣"所误导，导致了人情的冷漠和对人性价值的不关注。这种单纯注重事实的科学塑造了单纯注重事实的工具人。美籍犹太裔哲学家和社会学家马尔库塞在其《单面人》一书中提到，科学技术的解放作用使事物工具化，同时也使人工具化了。由此可见。"理实一体"课程的内容如果过度注重科学知识必然会给人文精神带来危机，即这类课程在教会人们知识技能的同时也将人的精神品格削弱，最终导致"单面人"、非道德的人的出现。正是在此背景下，"理实一体"课程内容评价指向内在价值。

现代课程理论与指向"理实一体"课程内容的内在价值是一致的。现代课程的培养目标是促进人的和谐发展。这种理念具体表现在以下三点：一是把人看作完整的个体，尊重个体存在的独特性质和自然状态，提出全人发展的理念从而将人从技术理性中解放出来，从此非理性成分在"理实一体"课程内容中得到体现；二是恢复了个体对精神和人生价值的诉求，这直接表现在将人从物化的境遇中解脱出来，应该将道德和理想教育纳入"理实一体"课程中，使课程真正引导学习者走向精神乐园，并将功利和效率放在第二位；三是课程内容重视人与他人、人与自然、社会与宇宙的和谐的观念，强调对他人、自然、社会和宇宙的尊重，注重对边缘主体的关注，这样广泛的和谐与尊重使我们在生活的世界中拥有了归属感和温暖。

为了胜任工作岗位的要求，每一个劳动者都必须具备过硬的综合能力，具备专业的知识和技能。职业角色规定了高等职业教育目的的定向性，这种定向性也体现在高等职业教育培养的质量规格上。通常定向性不仅仅表现在人才具备一定的专业知识技能方面，还会以具体的职业人格、职业文化认同和职业精神的形式体现出来。反映现代工业文化的现代职业教育传承了绿色工业文化，它是现代文明的产物。在现代工业社会中，人们在长期而平常的工业劳动中逐渐综合价值观念、整合行为习惯，从而诞生了现代绿色工业文化，绿色工业文化的理念是职业人对其职业角色和职业规范的认同。人们在追求职业规定的权利和效益时也应该积极承担应该承担的职业责任，主要就是要有职业使命感、荣誉感和自觉的职业认同感。现代的劳动者已经不是简单意义上的劳动人民了，除了需要具备现代职业岗位所必需的专业知识技能外还要有足够的工业文化素质和专业的实践态度。这种要求直接反映到高职"理实一体"课程内容上就是，课程内容要求职业者在成为专业职业人员前首先要成为一个负责任的公民，并学习职业教育观念，传承职业行为方式和良好的职业习惯。课程内容还包括职业人格的自觉认可与塑造，充分反映工作世界所需要的核心态度与职业精神。这些都指向"理实一体"课程内容的内在价值。

（三）融合"理实一体"课程内容的工具价值和内在价值

工具价值和内在价值在高职"理实一体"课程的内容中相互依存，互为补充，正确处理二者的关系是价值论中一个十分关键的问题，也是合理评价的依据。内在价值是高职"理实一体"课程的根本，在此基础上才有工具价值。换句话说，内在价值为个体确定自由解放的价值目的性，工具价值则为个体的自由解放提供客观物质上的支持，可见二者同时具备价值属性。这两种价值属性相互融合，不可分割。在飞速发展的经济形势的带动下，人们的文化价值观的转变也在很大程度上积极促进了人文主义与科学主义的有效融合，这一点渗透到高等职业教育中有效促进了对人的完整、和谐培养，这样看来高等职业教育也归属于"人格本位"教育。

所谓"人格本位"的教育理念就是培养学生完善的人格。这在具体实践中需要将教育的关注点由学生专业知识技能领域拓展到与之相关的学生的专业实践态度等非智力、非技术领域，以达到职业教育完美的人职匹配的目的。在注重满足经济发展需要的同时，"人格本位"的职业教育也注重"个体本位"，它的价值取向是塑造真善美的完满人格，其中的内在价值和工具价值都直接聚焦到职业人上。不同于"社会本位"教育，"人格本位"之所以能突出个体价值就是因为顺应了个体的自然发展，同时还关注经济社会的发展。单纯的社会本位教育仅仅强调受教育者获得工作所必需的知识和技能从而忽视了个体本身的价值。积极促进个体的知识技能的发展并不属于"个人本位"教育，属于"人格本位"教育，是介于"个人本位"和"社会本位"之间的教育模式。

现代的高等职业教育"理实一体"课程内容的价值不仅是教授学习者必要的职业技能，更为重要的是培养学习者的专业实践态度和良好的职业理念。高等职业教育"理实一体"课程注重培养学生专业技能和知识的同时还会充分考虑学生的资质，注意挖掘学生的个体潜能和智慧，帮助学生在职业生涯中获得满足感、幸福感和成就感，以更好地实现人生的价值和理想。这就要求高等职业教育"理实一体"课程内容的评价必须综合其内在价值和工具价值，既要照顾客体指向也要考虑主体指向。"理实一体"课程的着眼点主要是在引导学生超越自我，这在很大程度上比适应更有意义，其工具价值在"理实一体"课程中表现为教导学生以适应职业岗位的需求，内在价值则倾向于关注学生是否能够健全发展、超越自我。无论是理论还是实践都表明，超越自我所实现的价值都会远远大于简单适应实现的价值，超越的结果一方面也实现了更好的适应。如果"理实一体"课程过分偏重工具价值，那么学生在效率、理念等方面将会有明显的缺失，所培养的学生不过是机械的工具。同样的道理，"理实一体"课程如果偏向于实现其内在价值则会导致学生学不到或学不好执业过程中所必备的知识和技能，从而使学生眼高手低。这两种相对比较极端的情况都不能培养出创造财富的优秀现代化职业人才。因此，在评价"理实一体"课程内容的时候需要同时考虑技术理性和人文精神两方面的因素，既要看重对学生直接指示技能的教授，也要培养学生的适应能力、应变能力和思维能力。总而言之，评价"理实一体"课程内容需兼顾其内容的内在价值和工具价值，不仅要看学生是否会做事，还要看学生是否能用心做事。

三、"理实一体"课程评价的宗旨

（一）以学习者为中心的人本导向

将学习者放到最重要位置的以学习者为中心的人本导向课程评价侧重关注每个学习者的成长，这样充分尊重了学习者的主体性和差异性，既能挖掘学习者的本质潜能，又能满足每个学习者的合理需求，同时这也体现了对每个学习者生命意义的尊重和关怀。

这种源于人本化教育思想的人本导向在很大程度上反映了现代马克思实践人学的内涵，它将实践人学的人类解放理论付诸实践。面对现代社会的各种挑战，所谓人本化教育思想认为教育必须引导学生形成完美人性，并充分发挥个人潜能和智慧，使个体在自己的身体、精神、情感和理智等各个方面都达到内部有机的整体化，并且在协调内、外部世界的关系时达到和谐一致。这种导向不拘泥于人文主义传统，而是能对教育领域中的主知偏向或主情偏向问题予以纠正。这种着重研究人的情感、本能冲动和价值理想的整合问题的教育思想提倡"软课堂"模式，在课程内容的选择方面注重因人而异，提倡学生选择适合自己需要的课程来学习，体现学生的思维开发与学术技能，并且注重培养学生的人际交往能力，这种教育能够体现出人的思维、情感以及个人价值的相互渗透作用。

各界学者从不同角度都得出教育的出发点和归宿是人这个统一结论。例如，从哲学的视角来看，教育应该把终极目标设定为塑造和培养人的至高道德人格，哲学家、思想家康德在其实践理性的自我立法中阐明了人不是工具和手段而是目的的观点。人的理性和生命都具有二重性，前者可以划分为理论理性和实践理性两类，后者则分为感性生命和理性生命。教育的起点正是基于二重性的存在，人类的发展进步离不开教育。教育在一方面教育人要发展向善的一面并进行自我发展与挖掘，在不断地纠正与学习过程中形成善良品格，而且康德认为，人只有通过教育，不断学习进步，才能得以发展完善，因此康德也认为人是教育的产物，而教育的追求就是培养全面发展的人。教育在另一方面表现出约束个人的、防止人性蜕化的非人性化成分。再从教育学的视角来看，课程注重以学习者为核心，教育教学的施展都围绕提高学生的兴趣这一点。杜威在活动课程理论中提出儿童个体的兴趣就是有机体的行动和技能的体现，而兴趣又对学生的学习活动具有重要意义。课程以学生为中心，倘若学生在外力压制和强制进行的情况下活动，那么课程的意义就不大。杜威还提出活动性质的课程对于学生个性的形成具有重要作用。从现代社会学视角看问题，社会的自由民主、公平公正以及多元化都在直接或间接地控制着学习的成效和学习的社会环境。斯滕伯格则坚定地认为，个体具有某些方面的成功智力，且个体达到其预定目标后就是社会中平等的一分子。

教育界、社会界等众多学者对高等职业教育的相关内容都有相当精辟的论述，并且普遍认同高等教育的出发点是人这一观点。同样的道理运用到"理实一体"课程中也是如此，"理实一体"课程作为高等职业教育的重要载体，其内容的评价应体现学习者为中心的人本导向。当然需要注意，这里所说的人本导向不同于个人本位，更不能直观地理解为社会本位的对立。作为具有高度社会属性的人类，既要考虑每个个体的价值选择，又要充分考虑社会发展需要和社会普遍价值体系的基本要求。对于前者，每个个体可有自己不同的抉择；对于后者，每个个体必须做出与之相适应的选择。

高等职业教育的"理实一体"课程评价要关注个体的实时处境和需求，重视个体发展过程中的各类问题，尊重个体差异，激发个人潜能，在保证个体适应社会经济发展的前提下实现原有水平上的突破，进而实现自身价值。最后，要实现以学习者为中心的人本导向必须要求学生以主体的身份参与"理实一体"课程评价的全过程，强调教师与学生之间、学生与企业专家之间、学生与课程专家之间的交互主体关系，这些关系都是民主、平等的。

（二）亲历实践的活动主线

高等职业教育"理实一体"课程的评价以学生亲历实践活动为主线，这种评价以直接经验为主，直接经验是通过感性直观的实践活动而习得的。

杜威认为，活动是社会和学习者的共同需求，活动也是学习者认识世界的主要途径和主要特征。事实上学习本身就是改造经验或重组经验，正如杜威的观点一样，一切学习都来源于直接经验。例如，学生通过"做中学"的学徒制教育在实践过程中获得的知识和技能是很难通过纯语言描述的形式而获得的。由此可见，感性的、直接的实践活动是直接经验获得的最主要方式，也是最可靠、最有效的方式。而作为高等教育"理实一体"课程实现的载体，专业的实践活动反映学生的实践理性，并敦促学生实现由理念到行动的转变。学生在实践活动中直接获得经验，掌握必要的知识技能从而培养良好的实践态度。

1. 个体实践活动是知识建构的重要渠道

自古以来，哲学家对知识这一概念都有各自不同的认识。西方早期哲学家柏拉图认为，知识就是真理，他认为任何感觉或经验性的东西都不是真正意义上的知识，知识是理性的作品。随后，伟大的哲学家、物理学家笛卡儿认为经验是知识的前提、基础，足够的经验形成了相应的知识。然而依靠感官直接获得的知识是杂乱无章的，也是人和其他动物所共有的。只有从思想的高度获得的知识才是清晰的、有条理的，并且是可靠的，当然，也是人类所特有的。在 16 世纪和 17 世纪，以英国爆发的工业革命为标志，社会生产力取得突破性发展，孕育和催生了资产阶级生产方式和相对应的物质意识形态。这一阶段涌现出如培根等现代经验主义思想家、洛克等理性主义的代表人物。他们在自己的哲学立场上深刻批判了社会中形而上学的绝对论、终极论和抽象论，提出人类知识的获取来自对事物的感觉经验，是人对外界的反应的观点。这些论点都支持了实践是人类掌握知识的最重要手段这一观点。

构建主义理论认为外在的信息需要经过个体的主动构建才能转化为自己的知识。知识不是外在于个体的，而是个体以自身的原有经验为基础，在对话性实践中主动构建起来的。就像哲学中的表述一样，知识如果脱离了知识主体与客体的能动关系就谈不上存在了，在人类看来知识本身就是一种行为，它是通过人的实践获得的，而不是通过学习获得的。本质上来说这一观点的核心就是人通过实践活动才能构建知识，实践的主体只有亲身实践、参与和体验才能获得知识。

高等职业教育以实践活动为载体，将专业技术知识传授给学生。高等职业教育"理实一体"的课程内容主要是技术知识和提供相关服务所需的知识，包括用于理解技术过程的技术理论知识和直接用于控制技术过程的技术实践知识。其中，前者不仅仅局限于纯粹的文字符号等，更为重要的是必须与技术实践活动的情境紧密结合。而且很多实践经验往往是技术理论学习的基础，因此具有更加重要的意义。同样的道理，技术理论知识和技术实践知识要紧密结合。若没有技术理论知识的支持，只能呈现出简单的机械操作活动。由此也可以看出，技术理论知识和技术实践知识是不可分割的统一体。以专业实践活动作为载体，将二者有效结合对知识的获取具有事半功倍的效果。离开了社会实践活动，学生所学的理论往往空洞抽象，并且他们很难对所学理论知识进行深刻领悟，从而将技术理论知识与技术实践知识分离，无法实现技术知识的构建。

首先，实践是获得隐性知识的最主要手段；其次，隐性知识内容在高职理实一体课程中所占的比重很大。隐性知识是主体在实践过程中的经验积累，并且通过实践传播。隐性知识与工作环境和任务内容息息相关，因此比较适合采用"做中学"的学习方式，其习得是对特定任务情境的直觉把握，是个体在实践活动中的行动倾向。基于专业工作实践活动，"理实一体"的课程学习包括在实践活动中让学生审问、慎思、明辨、笃行，同时也包括学生们相互分享交流这种隐性知识获得的过程与心得。

2. 个体实践活动是技能形成和发展的路径

技能的获得需要大量的实践，俗话说熟能生巧，在技能学习的过程中主体必须要采取一系列心智、动作方面的操作。费茨的自动化理论提出技能获得需要主体经过认知、程序化、自动化三个步骤，这三个步骤正是实践的步步推进。主体只有不断重复实践中的操作程序才能将断断续续的离散单元串联起来形成统一整体，最终使其达到自动化的水准。伯恩斯坦提出技能的发展包括操作自由度的提高和非肌肉力量的开发。技能的提高主要体现在两个方面：一是活动成效稳定在高水平；二是内在活动指令和控制系统更加富有弹性和灵活性以适应新环境及新变化。人的活动就是概念化活动和身体化活动的结合，波兰尼就是这样认为的。所以无论是身体化层面的动作技能的形成还是概念化层面的智力技能的应用都依托于实践活动。我国著名学者高岩提出，技能是通过个体实践活动形成的，是将个体在实践活动中的主观感受和直觉体验不断积累内化的结果。综合以上分析，可以肯定地说，实践活动是技能获得和发展的最有效、最主要的方法。

3. 个体实践活动促进专业实践能力的提升

专业实践能力是将专业技能和专业知识融为一体的综合行动能力，它不等同于单纯的专业技能或单纯的专业知识。为了适应工作世界的方方面面，学习者积极主动参与实践活动是必要的，并且需在实践过程中认真学习真实工作世界的方方面面。个体参与专业实践活动可按照情境学习的理论观点认真体会实践过程的意义，体会真实的角色和情感，并且逐渐由合法边缘参与者转变为实践中的核心成员。个体还可以相互交流、传播实践过程中的经验和体会，分享价值观和社会规范等，以此更好地实现专业实践能力的构建。

通常，一个完整的项目才能成为高等职业教育"理实一体"课程的有效载体。学习者在项目进行的过程中需对工作对象、所使用的工具和工作方法、劳动组织形式和相关要求有明确的认识。个体在实践活动中势必会与其他元素或个体产生碰撞，这就导致思想、思维、行动策略的交流和融合，在这个过程中个体的专业实践能力一定会在一定程度上得到提高和发展。需要注意项目的进行一般有搜集信息、制订计划、决策、实施、检测结果和评价 6 个主要步骤。事实上，这是致力于创造一种让学生通过参与实践活动的过程来获得经验、从经验中学习的情境。这种方式可以保障学生在获得知识和技能的同时，收获深层次的理解并体会其中的应用价值，最终达到促进专业实践能力提升的目的。

4. 个体实践活动促进良好职业素养的生成

19 世纪，德国著名教育家第斯多惠提出个体发展必须将学生视作主体，学生通过亲身参与实践活动完成学习客体和主体间的双向构建。1916 年，杜威在《民主主义与教育》中提出，实践活动对智力和道德品质的塑造是一个改造和改组的过程，这种塑造工作并不只是先天的塑造。马克思明确提出，实现人的全面发展的根本途径唯有实践活动。也就是说，个体通过实践活动改造客体从而实现改造主观世界的大目标。一方面，主体在改造客体的过程中使客体具有价值或提高价值，以满足主体之需求，且对客体满足主体之需求程度予以评价；另一方面，在实践过程中，客体作为实践对象也影响主体，客体以其自身的功能满足主体需要，并逐渐改变主体的需求和能力。实践活动过程是相互的，主体改变客体的同时，客体又会反过来影响主体，个体在实践的过程中促进了自身的发展，使生产者又锤炼出新的品质，通过生产活动改变和发展着自身，产生新的力量或观念，也可能产生新的交往方式、新的语言等。

马克思主义实践观还指出，实践活动能够实现人与世界的和谐统一，从而促进人的全面发展。个体的实践活动本质上是人在一定程度上调控世界关系的一角。在这个看似无足轻重的活动中，人发挥主体作用改造自然、社会和自身以达到改变人与世界关系的终极目标，这个过程实际上实现了世界的完善化，同时实现了人自身的完善化，从而二者达到统一。

职业素养一般是在与其相关的专业实践活动中逐渐养成的。首先，学习者必须在相对真实的工作环境中切实体验职业角色，了解特定职业的作用和长远价值，并且体会职业活动的程序、步骤，在这个过程中逐渐增强职业认同感。与此同时，学习者还需要用心学习职业规范和相关职业操守，按照适合自己的理想职业角色的相关规范，在实践过程中自觉地约束职业行为，并逐渐养成良好的职业素养。任何事物都不是孤立存在的，职业也是一样。职业从本质上来说是特定社会文化中众多元素相互作用而形成的自然产物。职业在很大程度上综合反映了特定社会形态和社会价值以及人们的观念和生活生产方式，如劳动的价值、生活意义、个体理想和教育作用等。人对于实践活动的认识必定不能停留在表面的实践知识技能的学习积累，更为重要的是要深层次学习和体会实践活动中的价值观念和现实意义。学生通过亲身参与实践活动可以在这些专业性的活动过程中学到专业知识和技能，能够逐渐构建起广泛意义的社会观念和价值观念。在这些过程中学生不仅能提高综合素养，还可以陶冶自己的情操。专业的实践活动为学生提供了相对真实的职业环境、工作情境，因此学生可从中体会相对真实的工作程序和工作方法。这样有利于学生产生与真实工作世界相同的主观精神和感性经验，以此将自己作为完整主体进行自我培养或自我塑造，从而在真正意义上学习和收获知识，提高专业素养，培养实践态度。

（三）"理实一体" 的完整经验载体

对于活动课程，杜威认为其结构属于开放结构，且是社会性的。活动课程的教学内容与真实的社会生活息息相关，因此学校所设置的课程内容应当满足吸引学生主动学习的要求，还要体现社会的真实情境。因此，杜威一直提倡用"活动作业"的形式来重现社会生活和工作中的方方面面。正是由于高等职业教育的宗旨强调让学生回归真实的工作世，所以"理实一体"的课程内容注重培养学生的工作思维。作为"理实一体"课程教学的重要载体，专业实践活动必须具有完整性并能体现完整的实践经验。通常，我们讲究从经验中学习，实质上是一种将认知层面和行动层面的活动相结合的学习方法，而成功将这二者结合的载体就是实践项目。一个成功的载体项目必须考虑四点因素：第一，项目要以相对独立和完整的事件为单元，来源于真实生产活动，或者同企业的实际生产过程有直接关系；第二，项目应该将理论知识与实践技能有机融合；第三，在项目的实施过程中学生要以独立或合作的形式采集与之相关的信息，设计活动计划并组织实施计划，最后还要对以上全部过程进行检查评价，以此真正提高自己的专业实践能力；第四，在完成项目后应该展示所取得的成果或心得体会，还可以对项目完成情况进行综合评价，包括实施方案的优劣、实施过程的顺利与否、方式方法的好坏等。实施项目的本质目的就是创造从经验中学习的情境，以此来更加有效地激发学生对学习的内在欲望以达到促进学生深层次理解的目的。

设计系列项目时依照从易到难的顺序，依照学习规律将一个零件的具体加工过程、排除故障的方法以及设计服务等内容都列入其中。项目还可以进行微型化设计，只要满足完整性要求，能充分表征工作任务和所需要涉及的知识技能、让学生能接触到相对独立的产品和服务就可以。通过以项目为参照，将实践项目贯穿整个"理实一体"课程教学的始终，学生在以项目为载体的实践中能够体会综合性情境和完整的学习过程，以此获得相关知识技能和心得体会。值得注意的是，在设计项目时，项目实施所必需的设施和工具、项目运行的基本原理和相关概念、项目实施过程中所采用的方式方法、主体的工作心态和动机、自我指导和监控的体现以及主体对知觉与操作活动的特别要求等都是需要慎重考虑的因素。

杜威在《经验与教育》一书中提到，作为经验连续体的一部分，教育经验是促进个人成长的必要元素。杜威还特别强调，无论是直接经验的情境和意义还是人为制造的经验机会，经验的连续性都具有十分重要的意义。经验是前进的力量，只有将其放到前进方向上让它沿方向前进并达到某种结果才能考量经验的价值。通常，经验的产生都是由于作用主体与当时所处环境发生了相互作用。个体首先在环境中学到知识和技能并将其作为处理问题的工具来帮助主体处理情境中的各种问题，然后将这些相继发生的经历串联就形成经验，如此就能形成统一的人格。学生通过课程连续学习可以获得连续性经验，课程内容的教授又以实施项目为载体，因此单一入门项目、一个作品、一个过程或系统构思、一个设计或项目实施运行的计划都是经验获得的重要元素。作为载体的项目，其序列必须以主体理论为基础，因此设计项目时需要依据职业成长的规律进行，必须符合人的思维和行动逻辑。即符合所谓的动机原则，这是一种支配人的欲望变化的心理法则。动机原则的意义就在于随着个人能力的逐渐提高，个体将学会运用所学到的能力和技能并且尝试拓展这些能力和技能，这就导致主体倾向于选择复杂活动来试验自己的新技能。人们之所以愿意接受紧张的学习和实践，可能就是因为我们在过去获得知识技能的过程中收获了快乐，并且这些已有的经验引导我们去继续实践和学习，获得更多的知识技能，以满足自己的内心需求而获得满足感。一般人的职业成长过程可分为初学者、提高者、能手和专家四个主要阶段。与这四个阶段相对应的课程内容也有四个范畴，即与职业工作任务相关的定向和概括性知识、与系统工作任务相关的关联性知识、与蕴含问题相关的特殊工作任务的具体和功能性知识和与不可预见工作任务相关的基于经验的学科系统化深入知识。

（四）理智性与工具性经验一致

学习者为了达到预期的目标在实践活动中的经历都可以归结为经验。经验的内在要求是合乎实然（事实）和必然理智性经验，必然理智性经验是存在的法则，是基于事实情况（实然），又依乎理（必然）的专业实践活动的有效开展。

此原则要求专业实践活动必须符合相关技术领域的规范要求，以此确保实践目标的实现。通俗的解释就是需要把握好事与理的关系，开展任何专业实践活动时，只有把握好二者的关系，才能顺利地计划安排活动内容，才能准确判断进行活动的方式方法，对目标的实现予以保障。随着社会的发展，我们逐渐淘汰了传统的哲学思想，这就是因为传统的哲学观点往往忽视经验的有效性且对事与理表现出漠视，社会的发展引导人们的思想去理解历史前进的本质。要知道，被设计的未来不是简单的沉思和科学预见的产物，而是情境性介入的实践理性的结果。

所谓工具性，顾名思义就是看重工具的作用，以术当家，以用为本。工具性经验往往诉诸介于手段和目标之间的因果关系。如同人的技术活动，工具性经验本身的价值是中立的，它不仅取决于主观意志还聚焦在所处物质世界的自然规律、智力资源以及社会条件等因素上。值得注意的是，工具性在本质上与技术的本质属性是一致的。技术的本质属性有真实性、知识性和过程性三方面。首先，技术在现实世界中以真实可感的人造物体或对象的形式存在，如器皿、装置、机械工具等；其次，技术也是知识，是关于"怎么办"的指导，如技巧、格言、规律总结、理论以及规则等；最后，技术是实践活动和过程，如具体设计、制造、使用和维修某个技术物体的活动和过程。时至今日，无论哪个国家或社会形态都不能离开技术，且都在自觉或不自觉的过程中步入现代化进程。现代化进程中最具代表性的特点就是以科技为主要支持的工业化。技术本身有理性的规律，科学也有其自身的理性力量，所以既能让工业化生产的效率保持高水平又能实时解决各种问题。也是基于这样的缘由，世界各国都对科学技术孜孜以求。

总结以上的论述，有效原则由理智性经验体现，理性和效率的体现则诉诸工具性经验，二者相互依存，相互补充且在本质上是一致的。因此，不能偏向任何一方面，如果对学生的学习进行有意控制一定会在很大程度上抑制学生的独立个性，这就势必会忽视学生的情感和意志，以这样的方式培养的学生如同社会大机器正常运转所必需的零件的预备。美国课程理论学家派纳（W.F. Pinar）指出，现代课程往往使学生受到别人的观点的限制，容易使学生从自我导向的人格转为他人导向的人格，这种偏重智力培育的教育疏忽了学生的情意和自我教育。

（五）情意性与价值性理性融合

基于解放理性的哲学思想的情意性专业实践理性具有一定的价值诉求。情意性专业实践理性会深深影响个体的专业实践态度，此外，专业伦理向来遵循向善原则和正当原则、它也是影响专业实践态度的重要因素。第一，正当原则。专业伦理的正当原则是就情意性专业实践理性形式层面而言的，它的内涵在于合乎价值原则和实践规范。所谓正当就是指专业实践活动中涉及的伦理方面的内容要符合传统的道德观，并获得社会普遍的认可。由于现代社会越来越多元化，各个领域又存在很多差异，因此社会伦理观念已从传统的道德性伦理观转变为专业性伦理。具体来说，恪守规则，遵从正当原则，一方面是适应社会的多元化和社会秩序，另一方面是个人作为社会的一分子得到社会的广泛认可。以责任分辨为特点的专业伦理本身就是规则，它在一定程度上属于一种责任伦理，此时所说的专业伦理不是整体性质的目的伦理，而是受到职业或专业限定的伦理，并且其目的性需要在一定范围内的职责中去探寻。第二，向善原则。从情意性专业实践理性的实质层面出发，向善原则的宗旨就是实践过程满足实践主体的心理和物质需求。这种需求的满足体现出价值在实质意义上的最终实现。具体地说，主体的合理需求一般包括基础层面的物质需求如维持生命的需求，也包括终极层面的需求如实现个人的全面发展。无论是正当原则还是向善原则，其本质都体现出价值性。

价值理性体现的是人对价值的追求，其代表的是系统的生活态度。价值理性所关注的是人的内在特征和需求，强调自主自觉的个体发挥。价值理性生成的前提是价值主体尊重自己、尊重他人、尊重社会、尊重自然环境。同样，这个过程是要遵循道德善的伦理原则的，在道德意义上是应该的、善的。与此同时，经过了这样一个过程，除了主体自身会得到提升和发展外，他人甚至整个社会都会得到相应的发展。当下人们充分利用现代科学技术来创造物质财富，以此来满足自身的物质欲望，人们在关注价值性的同时，工具性也得到了发展。随着社会的发展，价值性不仅体现在满足个人欲望方面，还体现在促进工业社会的绿色发展、维护自然界生态平衡等方面。具有伦理规范和文化底蕴的欲望满足对价值性和工具性的共同发展有极大的推动作用。同样的道理，如果是游离于文化底蕴和伦理规范之外的欲望满足势必会将工具性和价值性异化，从而无法体现价值所在。

职业人的主观能动性体现在个体认识工作世界的能力与活动、个体改造工作世界的能力与活动以及个体认识和改造工作世界中所具有的专业实践态度上。这也使情意性专业实践理性体现出正当原则和向善原则，且价值理性体现出道德善的伦理原则。理实一体课程作为教授学生工作知识技能、培养学生优良良好职业态度的重要载体，主要体现出价值性特征。此外，对于"理实一体"课程内容而言，既具有情意性又有价值性。由于二者在理性层次上具有高度的一致性，所以要实现"理实一体"课程的评价宗旨，需对二者进行理性融合，忌讳随意理解二者的关系或偏向某一方。

第三节　高职教育课程评价的形式探究

根据不同的评价目的、不同的评价内容，或者从不同的角度，通过采取不同的划分方法，高职教育课程评价可以划分为许多不同的类型。

一、诊断性评价、形成性评价和总结性评价

课程评价分为诊断性评价、形成性评价和总结性评价，这是依据评价的功能进行划分的。经典的布卢姆评价体系曾将这三种评价作为主要手段以完成预定教育目标，并且这三种评价分别被运用于学生学习的不同阶段，以促进学生有效地学到相应的知识。

（一）诊断性评价

诊断性评价是在课程实施开始之前，为了使对课程开发的预测更准确、实施更可行而进行的测定性评价，其中包括对课程实施所需的基础条件的评价。诊断性评价能够很好地了解课程实施的背景及其发展前景，并可以通过社会需求对课程改进提出有利建议，以便依据诊断性评价结果确定课程实施的目标、内容以及方法。此外，诊断性评价还可以为课程设计中存在的隐性问题尽快找到解决的方向，还能为发现潜在问题和修订活动方案收集资料并提供依据。

（二）形成性评价

在课程开发和课程实施还处在发展阶段、课程具体实施项目还不完善的情况下所做的基础测评就是形成性评价，其目的是保障实践活动在实施的过程中能够得到及时的修正和调整，从而提高实践活动的质量。其主要内容是收集课程教学实施过程中的局部和整体材料，并为进一步修订和完善课程计划提供真实可靠的依据。

（三）总结性评价

在课程开发或课程实施完成之后对课程活动做成效鉴定的评价就是总结性评价。这一评价的对象主要是课程活动的成果，主要评价手段是收集成果资料，然后做出评价报告并将报告呈送给相关人员。其目的是为进一步推广和采用课程计划或者不同课程方案间进行比较提供依据。

二、量化评价和质性评价

根据评价方法，课程评价可分为量化评价和质性评价。

（一）量化评价

顾名思义，量化评价就是将丰富而复杂的教育现象和课程现象进行简化，类似于数学建模，用简单明了的数据表现教育情况。分析量化评价结果可以比较准

确地了解教育的具体情况，以此制定量标，且可以按照量标来评价某一具体教育课程的成效。这种评价方法建立在科学实证主义认识论的基础之上，量化的数据是具有科学依据的，依据这些数据得出的结果也是可信的。量化评价具有简单、直观的特点，其结果可以直接反映被评价对象的本质特征。这种评价方法适用于某些单纯的课程现象。

（二）质性评价

质性评价与量化评价相对立，它是指对评价对象进行自然调查，通过定性描述调查结果，总结评价对象的各种特点和属性。这种评价方法的基础就是自然主义认识论，其评价方式主要是实时访谈、调研和查阅文献。这种方法反映的教育状况具有全局性特点，对教育改进和课程建议具有大方向上的指导作用。其评价结果真实可靠，是教育教学的必要材料。但由于质性评价是对不同评价对象做出定性结论，因此这种评价方法无法对各类评价对象进行精确比较。

三、相对评价和绝对评价

根据评价的基准，课程评价可分为相对评价和绝对评价。

（一）相对评价

依据某一门课程的评价结果在所有参评课程中的位置来确定其优劣的评价方法就是相对评价。这种评价方法的最大特点就是考量的不仅仅是被评价的对象，还有与之同等级的其他对象，但不考虑该课程本身是否达到某种具体目标的要求。这种评价方法由于采用常模参照性测验被叫作常模参照性评价。由此也可以知道，相对评价的基准是由所有被评价对象的整体水平决定的。由于评价结果随整体水平的变动而变化，所以不同的被评价对象形成的集合之间的基准就可能存在差异。因此，这种评价方法只适用于产生基准的集合。其优点就是可以非常准确明了地体现出该课程在同类课程中的水平，且便于比较结果，以此激发出课程建设的竞争意识。相对评价虽然存在基准的相对性，其评价结果只能代表一个具体范畴的情况而不能反映课程建设的真实水平，但这种评价方法在课程建设方面具有重大意义。

（二）绝对评价

绝对评价与相对评价是相对的，绝对评价有其相对统一的基准，即将课程效果用目标参照性测验进行评定。绝对评价的基准是依据教育目标和课程整体水准制定的，这种评价不以评定课程间的差异为目的。基于这样的情况，绝对评价又被称为目标参照性评价。绝对评价由于有相对统一的标准，因此比较客观，它可以非常明确地评价被评价对象与标准间的差距，十分有利于课程开发。但其存在一个较大的缺点，即统一标准的制定比较难，由于地域、经济等社会因素，很难制定能够评价出课程优劣的统一标准。

四、课程设计评价、课程实施评价和课程系统评价

根据职业教育课程系统的结构功能，课程评价可分为课程设计评价、课程实施评价和课程系统评价。

（一）课程设计评价

课程设计评价指对课程设计方案是否符合目标情况进行评价，并检测这个方案能否取得预期结果。但由于评价课程设计时还没有进行课程实施，所以评价过程缺少可直接观察的行为标准，于是就给评价带来了一定困难。基于这一点，该评价一般采用专家反思、经验直接评定的方法。当然，这并不是否定了这种评价的意义，相反，它是课程设计的有效总结，同时还是课程正式实施的基础。

（二）课程实施评价

以课程实施过程及结果为评价对象进行的教学评价就是课程实施评价，这也是国内最为普遍的一种评价方法。可依据评价目的的不同采用不同的方法。

（三）课程系统评价

课程系统评价相对于前面介绍的评价方法更加系统全面，一般来说其评价对象是课程系统的机构、运行效益、功能等，如评价课程体系中各个组成部分的合理性，课程系统有效实行的内外条件、成本效益等。这类评价通常需要邀请各方面的专家共同进行。因为着眼面宽，评价范围广，注重长远目标，所以还要综合考虑正面和负面双层影响。

除此以外，课程评价分为自我评价和外部评价，其依据是评价的主体不同。自我评价的主体是课程设计团队或者课程具体实施的团队。自我评价是组织或群体对自身行为的指导思想、活动过程以及结果的评价。这种评价方法有助于课程设计者了解课程设计方案的合理性，并对其理念和技术处理有更加深刻的印象。其评价结果可用作课程方案完善和修订的依据。但是，评价者可能受到自己传统思想的影响导致评价结果缺乏应有的客观性。与自我评价相对应的是外部评价，

它是指除课程设计者或课程实施者以外的其他人对课程进行的评价，这种外部评价相对来说比较公正客观，其实际效果取决于评价主体的参与程度和评价本身的科学性和公正性。外部评价相对来说为课程建设开拓了更为宽广的视角，也提供了更具客观性且更让人信服的评价结论。

课程评价还可以分为宏观评价和微观评价，这是以评价涉及的范围为依据来划分的。所谓宏观评价就是对影响课程未来发展前景和方向的各方面因素进行的评价，评价内容主要包括教育的宗旨或目的、课程设置、教育制度、教学方法以及课程的社会效应等。这些内容对教育活动过程的影响是总体性的，对课程活动的范围能产生全局性的影响。因此，宏观评价影响教育课程建设的全局，对教育课程的优化具有宏观指导意义。与之对应的是微观评价，微观课程评价着眼于某一个具体的项目或实践活动，具体到某一项课程的开展情况。这种评价对某一门具体课程的发展具有直接引导意义。此外，还可以采用微观评价方法对高等职业教育的课程设置、课程实施中具体教师和学生进行评价。

第四节 高职教育课程评价的困境阐析

一、高职教育课程评价的现状分析

无论哪种方式方法的课程评价都对未来课程建设具有重大意义。课程评价包括课程设计、实施情况、实施结果等阶段的具体评价和综合评价，还包括对整个课程系统的评价。

作为课程创新改革的窗口，课程评价一直扮演着助推器的角色。课程评价对于整个教育体系的建设与发展来说作用巨大，它具有激励、监督、质检、管理和甄别的功能。对学生而言，课程评价可促进学生自主发展、全面发展；对教师而言，课程评价可以提高教师教学质量和教师综合素质；对于家长来说，课程评价可以让家长清晰教育教学的细节，了解子女的受教育情况；对于学校来说，课程评价可以监督学生、教师双方的受教育情况和教育情况，总体把握教育水准，并有利于学校完善教育教学制度等；对于政府而言，课程评价可以促使其重视教育，加大对教育的政策、资金支持；对于整个社会来说，课程评价可以吸纳更多组织机构关注教育事业，了解学生的成长成才需求；对于整个国家来说，课程评价有利于普及终身教育理念，提高国民综合素质。总而言之，课程评价是整个教育事业发展改革的核心方式方法。

现行的大多数课程教学评价在评价观念、评价方式、评价内容和评价过程等方面存在许多不确定的因素，这些不确定的因素影响了课程教学评价的客观性、科学性、公平公正性。

（一）多实行奖罚性评价制度，没有从教师个人发展的角度来评价课程教学，难以引起被评价对象的共鸣

现行的评价制度主要通过将教师课程教学的业绩与预期标准相比较来判断教师表现的优劣或是否合格。

但教师的酬金大多由其完成的教学工作量决定，导致考核结果缺乏激励奖惩价值，难以达到预期目的。

奖惩性评价的标准以横向比较为主，没有考虑教师的发展背景和知识基础，不注重教师教学水平和学术水平的提高过程，其目的是评优或淘劣，而不是促进教师个人的学术进步和职业发展。

（二）评价信息会出现偏差，评价标准过于简单，没有考虑不可比评价差别

传统课堂教学评价是管理者自上而下的评价，如专家评价，听一次课或几次课，就评课评分，容易出现"以点代面"的情况；同行评价易产生经验冲突，以自身经验为标准衡量他人，并且掺杂人情因素；学生评价可能对教师带有感情色彩，其关注点不会集中在课程教学的质量和水平上，导致评价结果比较主观。

评价指标体系和评价标准是模式化的、统一的、相对不变的，但不同班级之间有着明显的差别，教师难以选择和控制；不同课型、不同课程之间有不同的教学特点，存在太多的不可比性，如讲授课、练习课、实训课、实验课、理实一体课等教学过程相差很远，难以对比。

（三）评价过程及方式不合理，评价成为一种特殊的活动

传统课程评价指标大多关注教师的教学技能和教学态度，而课堂上师生的双向沟通、学生学习质量以及教师教学内容等方面的指标却不是重点。启发式教学、行动导向教学、案例教学等许多先进的教学方式难以在课堂教学中被普遍采用，影响了教师的积极性，影响了教学质量的提高。

评价主要针对工作结果展开，缺乏发展性、行动性指标的设置，忽视了对教师教学过程及进步状况的考查。

（四）缺乏评价反馈、沟通机制

现行评价方式缺乏有效的评价反馈、沟通机制。因为没有及时评价反馈，被评价者就不知道自己的工作是否得到肯定，或和期望还有多大差距，对评价结果乱加猜测，必然会影响工作。如果没有评价反馈，学校就会失去对教师进行评价分析和鼓励提高的机会。

二、高等职业教育课程评价存在的问题

我国对课程评价进行了不少研究，但是效果平平，当前的课程评价还存在一些误区和不足之处。

（一）评价主体单一

评价的方向一直是政府部门评价学校，学校评价教师，教师评价学生，因此学生成为单纯的被评价对象而完全被排斥在评价的主体之外，这就导致评价体系本身缺乏多样性。以教学内部人员组成形成性评价的主体，教育专家等组成总结性评价的主体，更加大了评价体系的片面性、独断性。现阶段我国的教育体制受社会经济体制的影响，呈现出集权化的特点，课程设计与评价的主导权掌握在国家机关和政府手里，绝大多数教育机构没有主动权。我国的教育课程评价呈现评价主体单一的特征。

事实上形成性评价和总结性评价的主体都应该以直接与教育教学相关的教师为主要对象，结合相关课程专家、教育行政人员、学生、家长、社区等不同集体的相关人员。评价主体走向民主化，有利于各个团体发挥评价优势、综合各方意见建议，以使不同阶段有与之相适应的课程体系。课程评价主体的多元化有利于课程自身完善和发展。

（二）评价方法单调

受传统考试制度的影响，被评价的对象逐渐窄化，这让很多人往往将课程评价与考试等同。考试只是检验学生学习情况、知识掌握情况的方式之一，并不是客观甄别学生、评价教育课程的万能钥匙。

在当前的社会发展水平下，社会普遍认可的相对公平的教育考核机制是考试，人们普遍接受通过考试来筛选能力与教育机构相匹配的人才，以此来显示考试的公平、公正、公开，但事实上，考试制度在某些方面是不科学的。这种考试奉行"胜者为王、败者为寇"的观念，体现的是优胜劣汰的意识。因此，与之对应的课

程评价事实上是实行精英主义，是一种片面的一元论。由此也可看出考试作为评价方法的不合理、不科学。

综上所述，具体的评价需要依据评价的主体、对象、阶段选择恰当的方式方法，采用口试、笔试等多样化的评价手段，并且测试内容也要视情况选择，不可墨守成规。有些特殊情况还可以采用跟踪评价的方式。

（三）评价标准呆板

当前的课程评价体系存在偏重相对标准、忽视绝对评价和自我评价的问题，评价体系本身存在片面性。相对评价标准因对象种类不同而存在差异，绝对标准是预先就规定好的单一标准，自我标准以评价前后不同阶段的表现为依据，缺乏客观性。相对标准的评价在一定程度上可以调动被评价对象积极性，可以在普遍意义上体现被评价对象的整体水平，因而被经常采用。但是相对标准的评价会引发被评价对象间的矛盾，不同地域经济文化水平发展不平衡的情况下这种更加严重。即使同一学校的不同班级或年级间也会产生矛盾或差异，这是相对标准的最大局限性，这也导致这种标准的评价方法很少被采用。

对于这些情况我们需要深思，需要依据不同评价背景、不同课程阶段、不同被评价对象来选择最合理的一种或几种标准综合进行评价。

（四）评价目标过于量化

现今的评价对象仅仅局限在学生的学业成绩上，以至于误导评价主体认为将对象的成绩量化才是客观公正的。造成评价过于量化的因素还有科技理性和信息技术。随着社会的科学技术发展，科技理性逐渐占据上风，科学意识形态泛化，使教育评价达成了目标量化的一致结果。电子信息技术日新月异，计算机成为现代普遍的数学工具，这在很大程度上加快了评价目标量化的速度。

对于以上所分析的原因，我们要意识到避免科技意识形态对教育产生不利影响、对课程评价带来负面效果很重要。课程教育须重视非智力因素的影响，例如学生和教师的情感等。教育课程评价需要定性与定量相结合。

（五）过分注重总结性评价

我国的教育评价大多采用总结性评价，总结性评价的主要依据就是学生的考试成绩，这就使得原本概括性高的总结性评价具有很大的局限性。事实上，学生的成绩、个人水平不能只看他的卷面分数，还有很大部分在于学生的课外实践等方面，因此评价学生只单一看考试成绩是不合理的。著名学者斯达顿说过，分数除了能表征卷面成绩外没有其他的作用，这种用于记分册上的数字对学生的未来没有任何预测的作用。总之，过分依赖分数作为评价手段是不对的。另外总结性评价很容易产生"一棍子打死"的现象，极易挫伤学生主动学习的积极性。

对于以上所述的情况，我们应该调整评价体系，综合运用多种评价方法去真实了解掌握学生的受教育情况、教师的讲课情况等。此外除了考虑评价对象的因素还应该考虑教育教学环境等因素，充分了解教育的方方面面，以便及时发现和挖掘学生的学习潜能以及教师的教育潜能。这样才利于学生的全面发展，同时也有利于课程建设和课程改革。

（六）评价过程的"独白"化

现实中，评价的主体与对象是固定的，二者不会颠倒。自我评价中，无论是教师自评、学生自评还是学校自评都存在主体对客体把握的固化思维，使评价过程缺乏客观性。因此，我国评价机制中出现的评价对象总是处于被动地位。这种"独白"化课程评价很大程度上打击了评价客体的教育学习积极性，此外，出现的"一叶障目"的评价普遍现象导致评价本身的意义丧失。随着教育的发展，需要及时转变课程评价中的不良因素，因此倡导课程评价逐渐由"独白"向"对话"过渡，以此纠正教育评价中的不良问题，保证评价过程的客观公正。同时要更加重视各种评价方式的综合运用，真正实现教师自评、学生自评和学校自评，从而使课程评价更加科学合理。

除此之外，我国还有很多学者认为，当前的教育课程评价还存在着很多问题：①偏重评价结果，以结果论优劣，忽略背景因素和过程；②评价方法单一，评价过程简单，量化严重，缺乏新颖的评价方法和观念；③评价的标准不合理，过分强调统一和一般原则，忽视不同评价对象团体间的差异性；④评价的主体单一，评价方向单向，大多数情况忽视了评价主体的多样性；⑤评价的内容局限在单一考核学生的学业成绩，忽视其综合能力和全面发展方面的测评；⑥评价的方式过分看重甄选和选拔的功能，忽略了测评的本质目标是激励和改进教育机制。

三、高等职业教育课程评价问题归因

（一）课程评价研究滞后

随着教育的良性发展，高等职业课程专业实践的理性化程度越来越高，以前可以简单通过经验来判断的问题如今则要用专业课程理论进行教育指导了。因此，有必要对高等职业教育课程评价进行系统的研究。

我国的高等职业教育课程评价理论研究严重滞后于教育课程评价实践。对于这方面的理论研究还停留在对评价方法、评价过程的概括性描述上。课程研究偏向某一类具体问题或某一类问题的局部，对高等职业教育整体性的课程评价缺乏深入的理论研究，更不能依照学术规范和自然逻辑形成完整的评价知识体系。现实的评价实践临时性强、作用效果短，而准确性和权威性又不足。我国现阶段的教育课程评价体系不系统，技术方法也有很大的局限，导致教育课程评价对教育实践的解释、指导和预测作用不明显。

我国高等职业教育课程评价研究滞后主要体现在以下四个方面：

第一，对国外教育课程评价体系学习吸收较少。我国的课程评价兴起得比较晚，理应学习借鉴西方先进的教学课程评价体系中的优良之处。我国的课程评价体系多直接引进国外职业教育评价的理论，而这些理论适合国外社会经济发展，不一定适合我国的具体情况。因此，立足于我国社会经济发展状况的课程评价体系少之又少，适合我国国情的课程评价理论模型还没有建立起来。

第二，我国的课程评价体系缺乏价值理性。现阶段的教育课程评价往往只是采取简单的测量措施，而这种方式往往还被理解成客观的比较。由于忽略引导专业实践活动，课程评价只关注评价对象的操作性而忽略其价值属性，过度关注评价过程的程序性而未考虑其固有的复杂多样性，并且过分偏重评价结果的客观性而失去了评价的增值意义。

第三，评价主体的专业化水平普遍低。现代课程专业化水平越来越高，如果评价主体不具备与之对应的专业素养将很难做到评价的客观合理。此外，评价团队也不能仅限于专业人员，还应该组合其他方面的专业人员。课程评价的专业种类可大致分为设计者、教育专家、案例工作者、协调者、信息专家、沟通专家、技术专家、研究专家和元评价专家九类。另外，我国教育机构很少设置心理测试相关课程，导致这些院校毕业的教师没有课程评价的理论基础，即使有相关基础也都停留在表面。很多教师仅仅在课程结束后才进行教学评价工作，而忽略了教学过程中的评价，使评价缺乏及时性、实效性、真实性，这种现象直接造成了教、学、评的"三家分立"。大多数评价停留在简单的文字描述或数据描述上，很少运用多元统计的方法，难以探究到教育中的深层次隐患。

第四，评价工作表面化，课程实践不够深入。课程评价的生命力与课程评价的深度成正比。为了加大课程评价的力度和深度，不断完善课程评价理论，需要对课程实践进行深入理解与参与，需要对课程实践进行反复的调查验证。目前的课程评价还停留在单纯的理论演绎，存在眼高手低的问题。评价工作脱离了高等教育评价的初衷，对课程实施过程的影响因素了解甚少。由此也使得课程评价的结果很难得到课程实践人员的认可，进而导致课程评价理论难以进步。

综上所述，课程评价的理论研究亟待加强，这对推动未来职业教育更好地、健康地发展具有重要意义。

（二）课程意识淡薄，反思能力不强

教师需要对课程体系和课程实施细节进行反思，以改善课程建设的质量。教师对课程的思考是对课程意义的深入认识，是一种课程体系自觉进步的体现，这种行为又称为课程思维，因为它是围绕教学过程进行的。课程思维具有上位性和溯源性，与其恰恰相反的是教学思维的属性是下位性和实操性。课程思维侧重点是为什么教、教什么、教到何种程度。教学思维的关注点只有教育实施方式方法。只有教学行为而无课程行为，必将导致课程思维贫乏。

国内的调查表明，教师本身对课程相关的问题比较淡漠，反倒是教学管理人员、专家对此比较感兴趣。分析其原因有以下三点：

第一，长期以来教师的权利分享不足，与相关专家的合作少，再有院校行政支持工作不到位直接造成教师权利失衡。长期处于课程设计与实施的绝对权威失衡状态使得教师的课程意识淡薄，阻碍了课程反思能力的发展。第二，教师个体素养不够，没有形成课程思维。教师没有对影响高等职业教育课程质量的因素进行思考，而是逐渐偏向关注如何教学使学生更好地学到知识和技能。忽略学生所学知识技能而仅关注高等教育课程设置，致使课程评价不能实现内外评价相结合。目前的现实是，我国的高等教育课程评价、课程内容和课程目标都已经远远滞后于社会各行各业的发展需要。因此，即使课程实施的质量很高也达不到教育本身应该具有的效益。第三，教师个人对课程理论的认识不够，对课程相关理论理解不深导致教师在实践、哲学、心理、社会等层面不能对高等职业教育课程问题进行客观反思。

教师的课程意识淡薄使得教师不去反思自己的教育教学过程，导致了教师以及社会普遍对课程评价的狭义理解。将对学生学业的简单检测认为是教学评价，这本身就是一种课程标准和课程实施过程评价的缺失。受到主观因素的影响，课程评价很难保证真正意义上的公平客观。教师的注意力主要用在了课程的开发设计上，直接造成课程评价的方法多依赖于非正式的形式，如问卷调查、访谈等。现在的高等职业教育本身还不成熟，课程设计处在探索的阶段，因此只有借助评价手段加以引导，才能帮助课程建设逐渐步入发展的正轨，逐渐进入课程发展的常态。

（三）课程评价主体角色定位不清

现在国内课程评价存在错位和缺失的情况，其主要原因是评价的主体和被评价对象存在对立的评价思维模式。其他原因包括课程评价的主体如教师、学生、企业团队等定位不清，专家对各类课程间的切合点挖掘不够等。在中国的教育课程评价中政府参与过多，导致课程评价行政色彩浓厚。评价主体在进行课程评价时总会带有偏向主体利益的一些元素。教师或企业团体组织学生进行课程评价，实施教育课程，使学生在此过程中内化教学内容并对高职教育课程提供创新的源头。教学管理人员和相关课程专家则主要负责监督审查高等职业教育的课程内容和教学宗旨。当前，课程评价主体角色定位不清，没有形成和谐的高等职业教育课程评价文化理念，具体体现在以下三个方面：

第一，教师的角色定位模糊。教师的角色随着教育的不断革新逐渐从原来的课程工具转变成了主体角色。作为最了解课程发展、实施和宗旨的教师，需要利用课程评价解决实践中的问题。教师需要自觉将知识、技能和态度与高等职业教育的目的相结合，合理自主选择添加、删减课程相关内容，挖掘课程资源，创设课程情境等，将课程目的贯彻自主评价课程实施过程的方方面面。教师应与时俱进，根据高等职业教育发展的需求做相应的转变。这对教师自己专业素质的提升、课程资源开发、课程改革等都有有利影响，也有助于提高教育实施的成效，促使学生的学习发生积极转变。教师是最了解学生学习情况的群体，教师参与课程评价中可以系统详细地观察学生对高等职业教育的真实反应和感受，以便更好地引导学生积极进步。

第二，学生角色定位不清。事实上，学生已经从原先单纯的被评价对象转变为课程主体。学生是高等职业教育的主要受益者，是高等教育实施的对象群体。学生对教育课程实施的成效最具发言权，也应该有最客观真实的评判。特别是已经毕业的学生在经历了社会工作的洗礼后更会有深切的体会。由此看来，学生的定位不准将直接导致评价主体拥有绝对主体地位，被评价对象变成了受控制的客体，这就颠倒了主客关系。在本质上这是有悖教育精神的。

第三，企业专家及相关教育专家定位模糊不清。现代高等职业教育面临的职业岗位种类繁多，要求自然也会很多，因此要求课程开发过程有专业人士深度参与，以制定出满足社会职业需求的教育课程。课程实施的过程需要企业的全方位支持，如专业兼职教师、实践实习场所和设备等。尤其是生产现场的协调育人环境需要学校和企业共同构建。如果没有认识到企业专家对高等职业教育的重要性，将对课程实施和学生专业实践能力的培养极其不利。企业专家对课程实施后学生是否达到专业要求最清楚，企业专家参与课程评价具有相当大的职业导向性和实效性，企业专家及相关教育专家定位不清将延长反馈周期，难以保证教育课程评价的实效性。

　　教育课程评价的主体缺失与错位的另一个重要原因就是多元主体间的协作评价意识淡薄。现阶段国内大多数人对教育课程评价的意义认识不够，对合作性质的课程活动没有深刻理解，往往机械地认为课程评价是一个独立而封闭的体系。希尔达·塔巴在 30 年前提出，和课程的实施需要多种活动的合作一样，课程评价是一种合作性的活动，这是必要且必需的。合作性的评价对设计整个计划具有很大帮助。站在主体及交往实践的角度，单一主体进行的"价值判断"会产生无论哪一方作评价主体都会损害另一方利益的问题。因此，评价活动必须权衡多元主体的利益诉求，切不可简单地根据某一主体的利益诉求进行价值判断，而应该允许多主体进行协商、对话和交流。此时的课程评价是在交往基础上的多向交流、理解并达成共识，是在已有规范性评价基础上的超规范评价。

第四章　高职教育课程发展性评价审视

第一节　高职教育课程发展性评价的基本理念

教育理念作为一种理性认识，是对教育实践的理性构建。一方面，教育理念立足于教育实践，建立在教育现实反思和分析的基础上；另一方面，教育理念又被人类的想法加工，展现了人类的目的和价值取向。总体来讲，长远的、有前瞻性的教育理念将会成为教育行动的思想先导，可以更好地引导教育目标的实施。课程发展性评价作为课程评价的一种方式，代表未来课程评价的发展方向。我们基于人的主体性发展理论、课程评价理论和交往实践理论的理解，梳理了课程发展性评价三个方面的基础理念。

一、以学生发展为本的理念

学生本位发展课程观有很深的社会背景和哲学理论。人们通过对主体性问题的探讨和研究，对人的发展问题基本达成一致，即在教育教学中把学生放在主体地位。为了满足不断进步的社会需求，教育需要不断地进行改革，这些要求课程评价以学生发展为根本目的。

学生发展的观念同时说明了课程价值的发展走向。以美国为例，20世纪初，杜威在传统教育和自己观点的基础上，把我们平时生活的现实情况，结合儿童的爱好在课程中显现出来，并提出了基于儿童经验的"主动作业"的课程形态。但是，因为进步主义者让其走向了极端，在20世纪20年代时提出并且执行了三种方法，即"文纳卡制""道尔顿制""设计教学法"。通过课程的安排设计提高儿童的学习兴趣，所以遭到了要素主义者和永恒主义者抨击和批评。在20世纪50年代末，美国因为受到苏联卫星成功发射的震动开始了大规模的课程改革。布鲁纳就是这次改革中的一位领导者，布鲁纳通过结构主义理论分析课程内容，学生在教师教学中都需要掌控这些基础构建。原来的学科内容被收缩，新的学科知识被完善，现代科学技术和文化成果在实践中展现。但是这些并没有考虑学生的发展水平和主要需求，只是着重针对学科结构。在实践中，学生和教师常常拒绝使用这种方式，所以导致了最终的失败。20 世纪 60 年代末，人本主义课程在美国得到迅速发展，人本主义课程研究者通常受到人本主义心理学的影响，受到了心理学的感染。在学科结构化运动失败后，他们开始思考课程构建，着重要求以学生为中心开始课程研究，要求情感和认知的一致，养育出完美的人，从而达到"自我实现"目的。他们主张从学生的特质出发培育学生的内在精神，强调课程的人性化。自 70 年代中后期以来，人本主义课程研究受到哲学界现象学、解释学、存在主义和社会批判理论的影响，强调课程要促进学生的存在经验的开发、自我意识的发展以及反省批判意识的发展。最终课程研究最重要的一项因素就是学生发展得到更好的提升，只有这样做才能加强学生课程发展的理论基础。

从课程评价的发展来看，以学生发展为本位的理念正渐渐地走上前台。在 20 世纪 30 年代，课程评价就作为测量手段诞生于美国的一次课程改革实验研究——"八年研究"之中。在当时的课程研究中，课程评价的优先目标是分析和调查课程研究结果——学生的行为变化。目前，评价的主要目标是知道课程的效果，并不是学生的发展，用此来说明课程研究是否取得成功。❶

在那时课程评价刚刚起步，我们知道评价已经有了很大的进步。虽说在近 30 年来学生是课程评价的对象，但是在其研究和实践中，人们更加关注工具理性，很少关注客观理性。课程评价的三点重要标准为"可靠性、客观性、有效性"，说明那时评价已经开始慢慢地发展进步了。它深刻地印证了实证主义。20 世纪 60 年代以来，课程评价发展快速。虽然说在评价中出现了一部分人文因素，但仍然强调经验方法的整体性，对学生的发展影响不大。20 世纪 70 年代以来，课程评价在社会中受到了很多外界因素的影响，如外界思潮、人文主义哲学等。正是因为这些因素的出现，课程评价出现了很多不同的评价模式，如斯塔克的应答评价方式，艾斯纳的教育鉴赏、教育批评模式，古巴和林肯的自然主义评价模式。正是因为学生在课程评价中作用重大，课程开发也提高了重视学生的意识。在课程评价模式指导下，人们开发了很多不同性质的课程评价办法，例如学生成绩评价法、档案袋法（也称为公文包方法）、苏格拉底式评定等，这些方法削弱了课程评价的甄别功能。课程评价与过去强调客观测量的标准化考试相比较，增强了学

---

❶ 薛源 . 以学生为主体的课程评价何以可能及如何可能 [J]. 全球教育展望 ,2003,32(11)：38-41.

生的发展功能，使学生的评价得到了很大的发展。

确立以学生发展为本的课程开发评价的基本理念需要从两个方面着手：

第一，发展性课程评价要注意面向学生，课程开发的前提是保证学生的发展。课程改革本来就是不断探索的过程，因此要付出相应的"代价"，课程发展性评价要求通过课程评价建立课程质量保障体系，这样做就是为了课程改革后的每个阶段的学生评价得到充分保证，尽可能地缩减课程改革的"成本"，使学生全方位地发展。

第二，课程评价的技术方法要有利于学生素质的提高。当我们在进行课程发展性评价的时候，评价主要对象还是学生，在评论时应该使之前偏向知识的评价转换为注重学生全方位品质的评价，包括：①学习能力的评价转变。②强调学习成果向重视过程的转变。③面向学生的过去的评价向面向学生现在或未来的评价。④重视学生单一学科的掌握到跨学科知识的应用。⑤认知评价的重视转到情感和认知领域综合的评价。

二、促使课程不断改进与提高的理念

评价期间要不断地改善推动课程，不断地提高原有的思想水平。在课程评论最先出现时，评论考虑的第一因素是对于课程结果的预判。在课程评论的目标模式中，泰勒就已经准确地提出，"评价过程实质上是对确认课程和教学计划实际达到教育目的程度的过程"，当前的课程评价的主要对象还是学生，评价的依据是课程改革前后对学生行为变化的评价，根据学生的作为行为变化来确定课程改革的成果。由此看来，在泰勒时期课程的成功与失败是课程评价最重要的依据，对课程相关人员和课程自身影响甚微。泰勒的课程评价思想影响和支配课程评价研究达 30 年之久。自 20 世纪 60 年代以来，伴随着国外大规模课程改善的发展，课程评价的理论也发生了变化。Kronbach 指出："评价的最大贡献在于确定课程需要改进的领域。"后来，斯克利文在他的《评价方法论》中把评价的功能分成了总结性评价和形成性评价。形成性评价重在改进，总结性评价重在判定。20 世纪 60年代后期，许多课程评价模式认识到评价对课程的改进作用，最具有代表性的是斯塔弗尔比姆提出的 CIPP 模式。他明确提出"评价的第一目的并不是证明，而是改善"，把评价分成了背景评价、输入评价、过程评价和结果评价，当我们在进行不同评价的时候，我们要对课程相关人员提供重要信息，不断地完善课程。课

程评价在 20 世纪 70 年代后得到了很大的改进，也逐渐被大家所认可了。❶

在 20 世纪 60 年代推动课程改进的评价观念就已经出现，并在之前原有的评价观念上有所提高，使其发展得又好又快。具体展现为以下两个方面：

第一，重视过程评价。课程评价起初用于判断课程开发完成之后课程的优劣。虽然后来人们才渐渐地认识到过程评价的重要性，但是在评价过程中依然把外部评价者当作一种评价讨论，这样做的弊端就是课程评价所发挥的作用受人们对评价者的信任度影响较大。课程发展性评价要把课程评价渗透于课程开发过程中，这样做在制度上，保证课程评价成为课程研制过程的一部分。评价人员也参与其中，相关工作人员积极交流、磋商、沟通，不断地发掘问题，不断研究问题，大面积采集资料，最终得到解决的方法。从注重课程评价过程来讲，课程发展性评价又有行动探究的倾向。

第二，关注非预期效应。课程发展性评价在注重过程评价来改进和提高课程质量的同时，还要重视课程效果的评价，以提高课程开发的质量。课程改革的目标是促使课程真正满足社会和学生的发展需要，针对这个目标编制课程计划，最后效果是所有课程改革人员都关心的话题。详细准确地了解课程效果，是课程改革的关键一环，也是课程评价必须回答和解决的问题。

课程发展性评价不是单纯依靠课程目标进行评价，除此之外，对一些目标以外的非预期效应也应给予关注。平时，人们会认为课程效果是可以预期的，促成的原因都是其课本自身。但目前教育的复杂性导致课程方案实施中出现了很多影响课程运行的因素，最终影响课程的结果，如教师素质、学生学习教育水平、校内环境、参与课程改革的心理作用等。非课程因素参与方案实施的一个直接结果就是有很多非预期效果出现，且非预期效果有的会隐藏在内，有的会显示在外，非预期效果会对以后课程发展有很大的影响，如果不能对这些非预期效果做出最准确的分析，会使课程改革运作造成不可想象的影响。因此，课程发展性评价常常利用各种方法对种种非预期效果进行分析。通过对非预期效果的监控保证课程开发质量。

三、 面向多元的理念

多元评价主体的参与是交往实践理论影响课程发展评价的一个重要表现。在过去的课程评价研究和实践中，不管是评价主体、评价标准还是评价方法，基本

❶ 刘青，王根顺. 发展性课程评价：高校课程评价发展的新趋势 [J].商业文化（学术版),2010(09)：245-246.

上都强调统一化，对多元化考虑较少。西方国家从 20 世纪 70 年代开始受到现象学、存在主义等思想的影响，课程评价研究中出现了新的课程评价评价模式，如斯克利文的消费者导向评价模式和斯塔克的应答评价模式。在这些评价模式中，课程评价结果要尽可能满足大多数人的需要。课程评价的服务方向出现了变化，即之前的评价满足一元价值变成满足多元价值。

课程评价方法经过多年发展，具体内容越来越丰富。20 世纪 60 年代之前，实证化评价方法比较流行。这些方法大都是由自然科学方法引入的，注重客观性和价值中立。自 20 世纪 70 年代以来，人们越来越注重人文化质性课程评价方法，这些方法大都是由文化人类学和现象学引入的。他们把评价者的主观情感融合到评价里，强调研究者理解与参与。双方经过激烈争论，更多研究人员发现，经过讨论不能得出哪一方面更好的结果，关键在于实践应用。这一方面，我国与西方学者出现了两种不同的倾向，我国大多数人虽然了解在方法上要做到定性和定量两者结合，但是在实践过程中，定性方法的发展落后导致在运行时常常受到怀疑，在课程评价办法中主要选择实证化评价办法。这几年在国外，质性课程评价方法更受人们欢迎，相关研究也明显多于数量化的课程评价。课程发展性评价对面向多元的理念中一项重要内容是方法多元。面对不同的课程现象，选取方法不应该存在偏见，不可以因为数量而偏废了质量，也不能因为质量而偏废了数量。课程发展性评价主要体现了多元理念。

课程发展性评价面向多元的理念要求我们在课程评价中做到以下几点。

第一，对话。评价对象的复杂性导致价值主体的非中立性，价值的非中立性会导致课程评价的多样性和差异性，形成评价主体多元的格局。这两种现象各有优点，由此产生的相对主义导致了课程评价难以进行。为避免这个状况发生，课程评价需要建立对话机制。多元主体通过多元机制互相进行磋商，在交流中逐渐消除分歧，最终形成一元为主导的多元评价格局。值得注意的是，在对话基础上的"一元"与之前的"一元"有所不同，对话基础上形成是"一元"充分吸纳多元基础的"一元"，并不是建立在权威基础上的统一。

各种不同类型的课程评价对话已包含在面向多元理念的对话中。在选择和使用课程评价方法时，针对不同的评价主体，使用不同的方法进行沟通以及相互融合，消除选用评价方法中的偏见和二元对立倾向，合理选择课程评价方法，为全面的课程评价服务。

第二，反思。需要反思的情况在课程发展性评价开放性对话之后。反思不是我们通常说的单纯地对前面对话结果的再思考，反思要在行动中进行，可以把课程评价行动作为反思的对象。通常说的反思内容可以分成几个部分，在评价开始时进行反思和对评价活动反思，这样做可以提高评价者对课程的了解。反思评价过程的好处有很多，评价者在评价中决定评价手段和评论方法并可以更改评价的重点，还可以更好地整理评价标准。反思评价结果的好处就是可以更好地审视评价发挥的功能和作用，以正确认识课程评价。

从广义上来看，课程发展性评价的意义也就在于反思，即对课程开发全过程的"反思"。通过对课程方案和课程设计进行反思得到课程开发的预评价；通过对课程实施过程"反思"，实现对课程开发的动态调控；通过反思课程实施效果，控制课程开发的质量。课程也是一种反思性实践，课程不是一套可以实施的方案或计划，而是一个行动过程，是在反思和行动之间的相互作用之中开发的，也正是在不断的反思过程中，课程才可以得到真正的"可持续发展"。

第三，开放。开放相对封闭而言，在之前的课程评价里，因为着重于一元价值在评论中的作用，较少吸收来自其他价值观念而显得封闭。课程发展性评价的面向多元就是向多元方向发展，课程发展性评价在主体多元、价值多元、方法多元中寻求平衡，尽可能吸纳各方观点以谋求发展。

另一方面，多元化课程评价中价值判断相对合理性，通过对话形成的格局可能不太完美，可能不满足我们的需求，其合理性是有限度的。评论者应以开放的心态，在评价活动中不断地与评价主体进行交流，建立良好的沟通系统，使评价系统不断得到完善。

第二节　高职教育课程发展性评价的理论依据

一、构建课程发展性评价的理论基础

（一）多元智力理论

早在 1983 年，著名的哈佛大学教育学者霍华德·加德纳就提出了多元智力理论。这种理论把人类智力分为七种类型：音乐智力、语言智力、数学逻辑智力、身体运动智力、人际关系智力、空间智力、自我认识智力。传统意义上的智力（数学逻辑智力和语言智力）被加德纳的多元智力理论扩大拓展，它最大的作用就是扩大了人们对自我智力认知的视野。加德纳对未来的学校有两个基本假设：第一个假设为并不是所有的学生都使用相同的方法学习；第二个假设是当代没有人能够学会需要学会的东西。加德纳的观点说明，每个学生都有可发展的潜力，每一个学生的潜力所表现的领域不一定相同。

人的智力是多元化的，并且每一种智力在个人身上展现的程度与形式都不尽相同。传统的单一智力测试只能较好地说明学生在数理逻辑方面的智力状况，无法反映个体智力的全面发展状况。因为每个人智力强项都有差异，有的人有良好的数理逻辑智力，有的人在语言智力方面有很好的天赋，这样就决定了在评价学生的时候是以多元为基础的，我们需要充分认知评价给学生带来的心理反映，推崇学习评价。关注学生不均衡性和学生的个体差异，注重学生个体发展，"发现闪光点""鼓励自信心"，这也体现了课程改革的方向。

多元智力理论促进课程评价坚持为发展而评价，采用多元评价方法。发展性评价提倡主体间对话，展现出民主协商精神。同时，从泰勒模式的以目标为中心转向关注目标的非预期效应和效果，更关注评价标准以及角度的多向化和评价过程的周期性。

（二）建构主义理论

20世纪五六十年代，传统的教育思想出现了越来越多的问题，人们需要更多的教育方法，越来越重视哲学、教育学和心理学，并不断提高对它们的认知。20世纪60年代，受皮亚杰的影响，美国认知心理学家和教育家布鲁纳在世界范围内发起了"结构主义课程改革运动"。出于种种原因，结构主义课程改革在教育实践中没有取得良好的效果，并逐渐走向衰落。到了20世纪80年代，在新的技术背景与新的社会背景下，众多复杂的建构过程实现起来越来越简单，建构主义理论有了进一步完善和丰富，并重新回到人们的视野。

皮亚杰理论中的"同化"和"顺应"让我们了解到了主体在学习活动中占有主动性。建构主义要求学习者积极参加教学活动，强调学习者在与客观教学环境的互动中主动建构知识框架。这样人就可以通过这种方法去了解自己、了解世界。人类在构建和创造世界的过程中构建和创造了自己。维果斯基的"最近发展区"理论指出，教学的本质特征不是行为主义者认为的"刺激—反应"，而是对学习者不成熟的心理功能的刺激。因此，建构主义者认为，真实的环境是学生学习的最佳环境，而学生学习的最终目的是利用他们的所学解决现实世界中的问题。学习者利用自己的知识结构怎样进行思维、学习者的知识结构在现实世界的环境中如何发挥作用，成为衡量学生学习成功与否的重点。

教育评价的过程性和发展性受建构主义理论的影响。建构主义在抨击传统教学模式是以学生个性受到抑郁、学生被动接受、教师为课堂为主的传统教育方式，是在教师指导下的，以学生为中心的学习。学习是一个学生的内部思想，即进步需要、好奇心以及同学之间的相互作用驱动的积极主动的知识建构过程。建构主义重视知识，更重视分析处理问题的素质能力。建构主义认为，教学就是要创造出学生学习活动的环境空间，涉及学习者心态分析的学习活动的组织学习者心态分析、课堂文化建设以及个人幸福的关注等。这样做主要的目的就是保证学生发展得更好。

由此，建构主义提出了自己独特的评价观，评价的重点在于获取知识的过程，强调建构知识的评价比对结果的评价更重要。这种评价思想的核心就是"立足过程、促进发展"。原来的评价主体只是个体，但是现在已经慢慢转向了包括教师、学生以及学生家长一起参与其中进行交互评论的活动。评价的重心由只注重结果转变成形成性评价、促进性评价兼容的方向，学习评价内容之前的以看重知识转向了对创新能力、实践能力、心理素质、学习态度的综合评估。

（三）人的全面发展理论

马克思和恩格斯就提出了人的全面发展理论，认为人的发展不仅仅是发展个人，是要让在整个社会群体中的全体成员做到更完善地发展。他们在提出"人的全方面发展理论"时，把个人的发展放入了社会中，"人的全面发展还应包括促进全体社会成员得到全面发展"。针对把人解释为生物学意义上的精神存在物和黑格尔把人解释为自我意识意义上的精神存在物，马克思提出了人的本质是"社会关系的总和"，这一观点为教育界确立了正确的价值方向，人的发展与社会的发展统一，但是不可以否定人的个性化发展。❶

20 世纪 80 年代，教育界越来越注重"人的全面发展理论"，人的全面和谐发展被当作教育教学目标提出。它包含两个层面：

一是可以通过材料教学等办法，让学生的个性特长得到发展。

二是人的全面发展，在人的能力、知识、智力、创造力等各个方面全面发展。马克思与恩格斯在研究"人的全面发展理论"时为学生的发展评价提供了科学的理论依据。

二、提出课程发展性评价的现实依据

（一）课程的独有文化特征

课程并不是一个简单的教育问题，是独特的社会文化状况决定了多元结构课程作为教育的重要部分。根据课程内容与实施过程，课程受文化、政治与经济的

❶ 刘志军 . 发展性课程评价研究 [D]. 上海：华东师范大学 ,2002.

影响和约束，更主要的是课程本身就是一个独有的政治文化。课程并不是信息与知识的载体，而是以事实为基础、以价值为主体的文化现象。其本质是计划性和经验性的统一，不论是教学计划，还是经验系统，均是课程的重要文化特征。课程的文化特征对教学课程评价有直接的影响，课程发展性评价还要顾虑和反映课程的文化程度对课程评价的影响。其中隐藏了更多的文化因素。20世纪60年代以后，各种理论课程陆续出现，都比较重视课程实施过程。当课程结束时，学生所拥有的文化修养是他们宝贵的个人财富，是获取知识技能与发展个性的重要基础，也是内在品质的重要组成部分。

对课程评价时，各种不确定因素在不同的情况下、不同的时间里都会对课程评价产生不断的影响。因为课程目标、课程实施过程都会不停地影响着课程评价，影响设计的因素也在不停变化，所以课程评价是一个不断循环往复的过程，各种因素影响的相互作用，会展示出课程应有的能力。

（二）复杂性科学影响

混沌行为是无须附加任何因素就有可能出现的随机行为，是一项看似没有规则的运动。其在生活中广泛存在，小到粒子，大到宇宙。其核心概念主要包括以下几个方面：①混沌吸引子。在开放的循环结构中，永远找不到完全一样的运行轨道，不过它又有一定的界限，在整体上又受特定吸引子的约束。②偶然性和必然性的新型关系。在现实生活中，偶然性具有更大的作用，它决定着事物的发展道路和方向。③非线性特征。现实生活中大部分事物都是多维度的，受到非线性特征的支配。④时间的不可逆性。在现实生活中所有的事情都与时间紧紧相连，时间具有方向性，并且具有不可逆行性。⑤开放性系统。现实世界充满变化、无序和过程的沸腾世界。

混沌理论给高校课程发展性评价带来许多启发：①发展性评价是一个开放程序，在评价过程中不停地与外界交流、沟通，保持信息的更新。②发展性评价的每一次评价均会在前一次评价的基础上添加新的评价内容，是一个循环系统。由于评价对象和评价过程的复杂性，课程评价可以看作是混沌行为，即对课程进行全过程、全方位的评价，期间要考虑课程目标、结果和实施，并围绕这些内容进行评价。它们是课程评价的中心，应围绕这些中心循环评价。③发展性评价更注重评价过程，作为混沌行为的课程评价，也要符合非线性特征，非线性系统的不可预测性以及系统变化的偶然性所带来的特殊作用，要求我们在课程评价时特别重点关注评价过程。也可理解为，课程发展性评价系统自身就是个不断完善和发展的循环过程。

（三）中国课程价值的取向

我国课程的价值取向是多元价值取向的有机整合。新的知识观和社会服务观以人文精神为核心，展示了课程重视"人的发展"价值取向。其表现出对人的主体生命和人的个性化生存的终极关怀，一改往常我国课程注重为社会服务、知识传授的价值取向，成为构建发展性评价的基本依据。

高校课程发展性评价中"发展性"不仅仅包含功能性的改善，更重要的是通过评价促进人的发展。其中最主要的是学生的发展，此外还有教师的发展。发展性评价不仅可以提高学生的知识技能，也能提升教师的专业水平。发展性评价推动教师和学生作为"人"的发展，表达出目前我国课程改革内在的价值追求，它必定会成为我们确定发展性评价体系的价值依据。

第三节　高职教育课程发展性评价面临的问题

评价实然态与评价应然态的反差与矛盾，是高职教育课程发展性评价面临的主要问题。高职教育课程评价领域的各层面和各环节。因此，必须全方位、多角度地审视课程高职教育发展性评价所面临的问题。

一、现行课程评价与课程发展性评价之间的关系

现行课程教育评价大多在评价观念、评价方式、评价内容和评价过程等方面存在许多非客观、不确定的因素，影响了课程教学评价的客观性、科学性、公平公正性。评价功能失衡，忽视了激励、发展、改进的功能，过度重视甄选和选拔的能力，评论重心依旧过分重视活动结果，忽视了对日常课程教学活动的评价，忽略了被评价者在活动期间的努力程度与进步情况，忽视了对教育活动与变化过程的动态评价等。由此一来，面对包含新评价理念的课程发展性评价时，教育者便会把它看成新生事物，不知道从什么地方入手。同时，又会对之前的课程评价全盘否定，使评价工作陷入僵局。因此，教育者首先要弄清楚高职教育的现行课程评价与课程发展性评价之间的关系。

从本质上看，现行课程评价和课程发展性评价之间是基础与发展、继承与创新的关系。课程发展性评价改革的基础和出发点是现行课程评价的现状。只有分析现行课程评价现状，了解现行课程存在的原因，明确两种评价的优点和缺点，才能为课程发展性评价找到切入点和生长点。课程评价改革针对的是原有评价工

作，改革重点在评价"工作重心的转移"上，并不是在独有特点和新奇上。

二、促进学生全面发展的评价和个性化差异评价的关系问题

促进学生全面发展是课程评价的准则和改革方向。改革是为了加快学生个性化发展。正确理解、把握和处理"全面性"和"个性化"的关系，是实施课程发展性评价必须要解决问题。

为此，第一要明确"全面发展"的合理内涵，在传统观念中，人们一提到"全面发展"首先想到的就是"全优""全才"等概念，认为"全面发展"就是德智体美劳全面发展，学生需门门懂、样样通。根据目前的人才观念，"全面开展"则是达到最大限度的自我实现和社会实现。20世纪80年代，美国加德纳提出的多元智力理念为学生个体的个性化发展与学校实施个性化教育提供了有力的理论依据。该理论表示，人除了有语言智力和逻辑数理智力外，还有空间关系智力、节奏智力、运动智力、人际交往智力、自我反省智力和自然观察者智力等。由此可得出，人的智力不单单包括语言、数理和逻辑推理能力，它是多元化的，且以能否解决实际问题，能否创造出满足人类需求的产品为衡量标准的。

每个人都有上面讲述的几种基本智力，这几种智力的不同组合展示出个体间的智力和潜能差异。同样，每一个学生都不同程度地拥有这几种智力，智力的不同组合方式缔造了学生的独特个性。学生之间没有相同的心理倾向，也没有完全一样的智力，彼此有自己的学习风格，彼此间又完全不一样，教育上，我们不可以以聪明、不聪明简单区分学生，要挖掘他们身上不同的闪光点。所以，教育优先方面要做的是承认差距，认同不同学生都有特有的智力和能力，且采取不同措施发掘学生的潜能和智慧，使学生身心能力和谐发展。其次，我们应该坚持全方位地评价学生，反对片面地对学生进行优劣之分，尤其要摒弃只关注学业成绩，而忽略其他能力发展的做法。课程发展性评价应以高职教育课程评价目标为横向维度，以基础、提高和体验为纵向维度，构建立体网络式评价体系，最终实现"全面性"与"个性化"的统一发展。

三、量化评价与质性评价有机结合的问题

质性评价又称质的评价。此评价试图通过自然、全面的研究调查，充分、全面地展示和描述评价对象的不同属性，以求在深层次上理解和把握对象的实质，进而进行深层次的价值判断。这种评价注重评价的整体性、自然性、深层入和多元性，从整体上把握评价对象。

量化评价又称量的评价，即以数量化的技术和方法进行课程评价。这是一种

科学主义的取向，主要特点是数量化、客观化、普遍化、统一化，具有精准度高、客观性强等特点，但也有一些局限性，如可能忽略一些不可测量的重要因素；排斥课程实施方法的丰富性和创造性以及阻碍课程发展的持续性；忽视一些意外取得结果；忽视价值的多元性；等等。

高职教育课程因其课程目标、内容、对象、模式的多元化及实施过程的变动性，要求评价在一定的数据基础上进行，以保证评价的客观性。高效的量化评价自然不可缺少。另外，又有许多难以量化的指标，需要质性评价来支持。把握二者的平衡并有机结合起来，可以更全面地提高高职教育课程的评价品质。

四、评价是鼓励竞争还是鼓励合作的问题

评价的目的是价值判定，课程评价就是对教师劳动价值做判定，也是教师自身价值转换为社会价值，且获取相应劳动报酬的依据。目前学校已经把评价当作教学管理的重要手段，且把结果当成制定重要决策的主要依据。

对学生而言，当下人类面对的种种危机以及"地球村"时代来临，必定要求学生学会交流、合作、共享，然而市场经济的基本特征是市场竞争，一个缺乏竞争精神、没有竞争意识的人在将来社会中是没有办法立足的。如此的两难境地给我们带来的思考是：高职教育课程发展性评价到底是要鼓励合作还是倡导竞争？怎样在评价中适度地、有机地体现"竞争中的合作、合作中的竞争"不仅是整个课程评价一定要解决的问题，也是高职教育课程发展性评价不可回避的问题。

五、教学过程中即时评价的客观性、合理性、准确性与情感性评价问题

在泰勒"目标达成"评价模式的约束下，传统课程评价的重点是看教学结果和预设目标是否一致，主要展示终结性的评价结果，这将导致全部评价游离于课程教学活动之外，忽略了对课程教学过程的评价。这一形态的评价长时间被忽视着。我们发现，在高职教育课程中及时性评价的合理性、客观性、缺陷性等都有待更深入的探究。

情感性评价是指教师在教学过程中采用正确的方法，利用评价语言和表情增强两方情感的交流，激发学生认知的内在驱动力，最大限度地发挥学生积极性。现代心理学研究结果显示，情感是人们对现实的心理反应，在人的心理结构中占据最主要地位，不仅是人的意志行为的动力，还会对人的认识活动起推动、调节、激发的作用，会使人的认识活动向深处发展，充实人的认知内容。相应地，人的情感是一种更高层次的精神需要，是人的需要结构组织中最重要的一部分。如果

人类的情感得到了满足，其心理活动就会展现在积极的能动形态，反过来就会处在消极的状态，阻挠积极性的发挥。从社会心理学角度看，情感因素是人际关系的重要组成部分。基于人的语言表达，人跟人之间感情和思想的对向沟通而创建起来的良好的人际关系，不仅可以搭建人们之间融洽相处的心理环境，增进双方的沟通，而且可以弥补个人思想感情上受到的伤害，避免内心矛盾和彼此冲突。在高职教育课程教学过程中开展情感性评价，有利于差生转化和学习成绩提高，有利于调动学生的学习积极性，有利于培养学生的优秀品质。缩短师生之间的心理距离。但是，怎样在高职教育中开展情感性评价，其中的评价手段、机制、途径和标准原则都需要更深入地探讨研究。

第五章　高职教育课程发展性评价取向

第一节　高职教育课程发展性评价目标的建立

作为核心内容，制度化教育活动不仅要事先确定目标，还要在活动过程中有准确的规划和计划。

一、高职院校课程发展性评价中立足于发展

评价的目标是促进发展，高职院校课程发展性评价的立足点存在于发展。淡化原来的选拔和甄选功能，关注教师、学生、学校和课程发展中的需求，展现出控制功能与评价的激励效应，激发教师、学生、学校和课程的内在发展动力，促进其不断进步，实现自身价值。

发展性评价是为了促进评价对象未来发展，由学校内外的组织对课程进行全方位的评价和审核，以确保教育教学质量的实践活动，它是以"发展为本"的评价方法。发展性评价的根本目的是促进学生发展、提升教师素质以及改善课程教学实践，而教师素质的提升和课程教学实践改进的目的是让个体最大限度地实现个人价值。教育作为一项面向未来的事业，发展性是其主要形态与基本属性。课程评价经过诊断、批判、反馈等一系列过程对课程教学活动进行质量监控和价值评定，最终目的是促进课程发展和人的发展。故而，课程评价的立足点是发展性的评价导向。

基于这个原则，在评价中以科学发展观为指导，依据教育的发展价值观和发展目标，以促进评价对象的发展为目的，利用现代教育评价的方法、理论和技术，对评价对象发展的状态以及潜在的能力进行价值判断和分析。其中，评价目标、内容、方法、过程和结果的确定都是以促进评价对象的未来发展为目的，促使评

价对象不停地认知自我、发展并不断地完善自我，逐渐实现不同层次的发展目标。这样的评价理念有助于学校对学生承担起一种永久的教育责任，让一切的教育教学都以学生未来的发展为目的，把教育变成陶冶学生情操和促进其永久发展的重要手段。

二、高职院校课程发展性评价中的影响着力于多元

高职院校课程发展性评价的最终目的是通过评价促进学生的发展，为学生确定个体化发展方向。依据学生的个人情况，利用适当的方法和决策不停收集学生在发展中的信息，并发挥学生的主动性和积极性，来判断学生存在的优点与缺点，在此基础上提出具体的、有目的性的改善建议。发展性评价不追求高的评价标准，重在不断改进、发展，是一个开发的评价体系。

（一）评价方法多元化

20 世纪 70 年代是以课程评价理论发展的分界线，这个时间之前的课程评价理论称为传统课程评价理论，之后的课程评价理论称为当代课程评价理论。传统的课程评价理论受到了自然科学方法的影响，并且借鉴自然科学的实验方法，采用统计推断方法和定量描述方法。当代课程评价理论认为，人是有生命的自然物体，教育活动不是对自然物体的改变，而是有生命的人所从事的改变人生存状态的复杂过程，教育面对的是社会的、活着的人。因此，教育评价必须使用人文科学的方法，对教育活动进一步解释和理解。

人文科学方法论追求的是主观性，采用质性钻研方法，把人的价值、意义、精神作为研究对象，并且承认人是有感情的、有独特价值和文化的个体，研究者要尽可能接近研究对象，与研究对象倾心沟通，以便于真正理解研究对象的生活态度和文化观念。许多评价模式都基于该方法论，如解释性评价、回应性评价、教育鉴赏与教育评论等质性评价模式。建议运用学生成长档案袋法、测试法、观察法、评价法、学期学年报告法、情境测验等方法评价学生的发展。发展性评价不但有社会科学的特点，又有人文科学的特点，在评价方法选择上要综合考虑社会和人文科学对评价方法的要求。所以，发展性评价在追求方法多元化时，针对不同的课程现象，要综合分析各种评价方法，做出合适的选择，在课程评价中，要将课程置于广泛的社会、经济、文化、政治等背景中，并且联系学生更深层的生活体验和精神世界去找寻课程的意义。另外，发展性评价针对课程的不同情况，依据评价对象的主要特征，合理地选择不同的方法，倡导综合运用不同类型的方法，努力取得评价对象的全面信息。

（二）价值多元化

价值是事物对人所具有的意义，反映了事物的属性与人的需求之间的关系。多元价值是不同利益集团和不同人在历史发展中所产生的个性化的价值追求，它所表达的是人们在价值追求上的差异性，相对应地，同样价值是不同利益集团在交往中达成共识的价值追求，它所表达的是人在价值追求上的同样性。发展性评价强调的是人的解放与自由，不再将某一种或者某一方面的价值观作为单一的评价标准，而是采用经由各个方面人员通过会议方式取得的各种价值的统一标准。发展性评价作为课程价值的判断方法，在评价的过程中必定会受价值观的影响。作为价值主体的人的需要是多方面的，如真实需要、愿望、目前需求以及未来需求等，作为价值的客体的信息包含结构、功能、属性等自身的信息和客体外部背景、环境等方面的信息，由于这个价值是多元化的，决定了人们的需要也是多元化的。评价过程是协商、交往和民主参与的过程。总而言之，课程发展性评价是在判定价值的基础上，不停地发现价值并提升价值。

（三）评价内容多元化

发展性评价强调评价内容多样化，重点评定个人发展独特性，同时注重对学生素质的考评，即注重对解决实际问题的实践能力、创新能力、良好的心理素质和科学精神、学生兴趣及积极情感态度等素质的评价。对学生进行评价，不仅要关注学生对技能和知识的掌握与理解程度，更要关注学生态度和情感的形成与发展过程。对教师的评价是一个复杂的多样化系统，牵扯的内容比较广泛且层次较多，不仅要进行定量精确评价，还要利用定性模糊评价；不仅要进行自我评价，要采纳他人评价，让评价过程充满互动，并构建全方位的教师评价体系。对课堂教学的评论，不仅要关注教学目标是否实现，更要关注课堂教学是否提高了学生的实践能力和培养了学生的创新精神，是否发挥了学生的主体作用。

（四）评价主体多元化

无论在人们的习惯思想中，还是在现实的评价实践中，评价主体通常是一个群体的领导、一个领域的权威。在传统的课程评价中，教师评价的主体只能是校外或校内的领导，学生评价主体只有教师，这实际上将评价作为一种控制手段，束缚了被评价者的思维和个性的发展，不利于新课程改革。目前，大学本科教学水平评估虽然也让学校参与，并且各个专家组来自不同部门或单位，但并没有实现真正意义上的评价主体多元化。发展性评价的评价主体包含多个层次，有外部评价专家、教育行政部门、学校管理部门，还有关注课程发展的社会团体、教师、家长和学生等。这些评价主体有可能共同出现，也可能单独出现，不同的评价主体在不同阶段所发挥的作用是不同的。各评价主体因为价值观的不同，关注的角度也不太一样，在评价过程中，评价主体间可能会发出不一样的声音，甚至会发生冲突。发展性评价十分重视评价主体间的互相沟通，注意发挥各个评价主体的积极性，经过不停磋商、交流达成共识，促进课程体系以及课程活动的不断完善和发展。具体来说，如对学生的评价，多元评价主体包括教师、学生、家长以及学生本人，不同的评价主体从各自角度进行评论，对学生的发展有独特的作用。教师的评价体现了教育目标和课程标准对学生的发展要求；家长的评价反映了家庭、社会对于下一代成长的希望，通常能提供教师看不到的东西；学生之间的相互评价有利于自我反省，能加深对评价标准、要求的理解，从而得到提升；学生的自我评价可以使学生养成自我思考的习惯。评价主体的多元化，让我们的评价更加全面，从而促进学生的全面发展。

三、高职院校课程发展性评价的目的

在高职院校教学质量保障体系中，课程是最重要的内容。促进学生发展是课程发展性评价的最高目标，开展课程评价就是为了发挥课程评价的改进、判断和决策作用。分析课程的根本原因是判断其是否具有可行性和科学性，清楚课程的优点和缺点，找到存在问题及需要完善和改进的地方。更新课程观念和思想，提高课程教学工作的主体地位，全面调动课程管理部门、学校领导、相关教职人员和学生的积极性，推进课程改革和改进教学方式，提高课程建设和课程质量的管理水平，促进课程质量的持续提升。同时，总结课程组织、编制和实施的优异处和不足之处，为政府、学校的相关部门开展学生学习成绩考核、教师的职位晋升、津贴发放、评优等工作提供参考。

通常，我们将课程理解为促进学生发展的教育经验体系，说明了两个问题：一方面，说明了学生发展依赖于学生经验的不断累积；另一方面，说明了课程的目的是促进学生的发展。课程目标、内容、标准、实施等都是围绕学生经验的增加而组织的。发展性评价结果给出课程开发最有益的反馈，且以促进学生发展为最高目的，这也是开展发展性评价的本质目的。怎样促进学生发展是评价的基本准则。所以，在具体的发展性评价中，评价方法的确定和选择一定要从这一基本目的出发，其他任何原则都要服从和服务于这个目标，避免出现从方法的需求点出发，为方法取决方法的错误。

第二节　高职教育课程发展性评价原则的确定

课程的目标和计划只是人们的构想，想要把这种构想变成现实，需要通过课程实施来实现，课程实施有个主要特点，即它有很强的动态生成性。通过平衡动态性和计划性之间的矛盾，来保证高校课程发展性评价目的的实现。

一、课程发展性评价的可持续性原则与合作性原则

（一）课程发展性评价的可持续性原则

1.教育的可持续发展必须是内源发展型的自我再生产过程

教育发展的可持续性，不是简单的、线性的、同质性过程的延续，而是不断地向更高的组织层次跃迁、转换、整合的广义进化过程。可持续性，意味着系统的进步，意味着系统由量变到质变的转换完成，也意味着对自我再生产形式的持续创造。因此，发展的可持续性或可持续发展，必须具有某种"选择性优势"，具有不断突破既有发展模式，不断超越其历史局限性，生成自我协调、自我保持、自我修复以及自适应的、自主的、开放的动力学机制。

2.教育可持续发展必须是指向未来的、持续进步的控制性过程

包括教育在内的人类系统，本质上都属于控制论系统，也就是说，发展的可持续性，是以对未来可能的具体目的的把控和科学预测为基础的控制过程。可持续发展必须以未来发展规划与战略的设计与建构为导向，因此，发展的可持续性包括对未来的可预见性、可控制性机制的建立，对教育可持续发展的战略实施起着决定性作用。不可预见的过程是不可控制的过程，而不可控制的发展就不可能具备可持续性发展的价值特征。在许多情况下，可持续发展作为一个控制性过程，必须根据具体情况，不断地牺牲基本结构的稳定性以换取精巧的高级调控能力，以保持发展的持续。

3.教育的可持续发展必须通过依靠全员合作实现

教育的可持续性发展作为教育文化的文化实践与历史运动，不是不具备时代特征的历史随机偶发现象，而是作为一个整体的"生态场"及其效应的文化存在。

它既是整体的，又是持续生成的，是多样性、连续性、动态性的有机统一。因此，可持续发展必须是"有机的"发展，具有"系统的"可持续性。从整个社会发展的角度看，教育的可持续发展构成了其中的一个等级配位分界系统。因此，教育的发展，同整个系统的发展是相互依存的，必须建立一个"合作"的机制，并打造最优化的环境，提供最优化的资源政策，在不断实现组织的有机性和生态化整合的基础上，实现教育发展的持续性。由此可见，内部机制和外部机制的整合，是教育持续性发展获得最优化的保证。

课程发展性评价要以未来发展为目的。制定课程教学目标和规划，不但要从现实条件、历史背景、目前需求点出发，而且要以未来的可连续发展为出发点，要使用可连续发展的观念指挥与评价课程教学工作，使课程教学工作不断地持续向前发展。这是发展性课程教学评价最本质、最重要的原则。

（二）课程发展性评价的合作性原则

课程发展性评价会将被评价者与评价者配对，规划出双方都认可的评价计划和发展目标，由评价的双方一起承担实现发展目标的责任；评价对象与评价者全盘保持紧紧合作、互相信任的关系，被评价者和评价者是平等的合作关系，和谐的氛围贯穿于评价过程的始终。所以，发展性评价可以让评价对象最大限度发挥主动性和积极性。

二、课程发展性评价多维度的思维方式

（一）线性思维向非线性思维转变

1. 非线性思维和线性思维

直线的、单维的、单向的、缺乏变化的思维方式是线性思维，是传统的、简单的、孤立的思维方法，封闭性、对称性、直线性、平缓性、逻辑性、低维度、低效率、低关联度等是其显著特征。互相连接的、非平面、无中心、无边界、网状的思维方式是非线性思维，是现代的、网络的、创造力很强的思维方式。开放性、破缺性、曲线性、突变性、整合性、高维度、高效率、强关联度等是其显著特征。线性思维是指沿着类线型或者线型（不管是类线型还是线型的，不仅可以是曲线也可以是直线）轨道找寻问题解决办法的思维。在特定意义上说，线性思维是静态思维。非线性思维是指一切不属于线性思维的思维类型，如模糊思维、系统思维等。

线性思维的主要形式是逻辑思维，其基础是客观世界的有序性，但是逻辑思维不是客观事物的规律在人的主观意识中的真实反映，而是对思维本身的确定性要求；非逻辑思维是非线性思维的一种表现形式，其现实基础是许多事物具有模糊性、随机性和不确定性，难以用逻辑思维进行概括与总结，必须依靠非逻辑思维认知和揭示其本质。线性思维是低级思维，适合于简单系统；非线性思维是高级思维，适合于复杂系统。也可以说，线性思维是非线性思维的降维，是一种较为低级的认知过程。事实上，人类的思维总是从低级到高级，由线性思维到非线性思维的。

线性思维方式的一大特点就是把与问题相关的各个方面依据一定规律进行顺序排列，然后一一对接，按时间顺序、空间顺序或逻辑顺序进行分析。线性思维往往按照事理一步一步推演问题，认为事物是按照无二的顺序或者逻辑发展变化的。因此，一旦在处理具有交互性、动态性、迭代性、多元化的问题时，依靠线性思维就容易陷入"不当简单化谬误"。

非线性问题一般都是"个性很强"的问题，均表现出极强的特殊性，因果关系往往是"一因多果"或更为复杂的组合方式。因此，在研究和处理非线性问题时既要解放思想，又要实事求是，因为没有"包打天下"的普适方法，所以必须针对具体问题具体分析，切忌简单复制以往经验，哪怕是十分成功的经验。当今社会，信息网络化、格局多极化、利益多元化都是非线性作用越来越强的外在表现，在这样的环境中，人人都会遇到非线性问题。提倡利用非线性思维，处理复杂问题。

2. 线性思维走向非线性思维

当代发展观前后经历了经济发展观、经济与社会全面发展观及可持续发展观三个主要阶段。在思维方式上，发展观的发展使人类考虑问题的思维由线性思维发展到了非线性思维。以非线性思维作为基本构建的发展观念，既是可持续发展观得以实现的思想构架和推动力，又是可持续发展观的进一步升华。可连续发展观是人类发展观发展的必经阶段。

高等教育系统是复杂的非线性系统。长期以来，深受机械决定论的影响，高等教育行动者和研究者已经习惯从定则到秩序的角度，看待高等教育的各种关系和问题，已经将高等教育看作程序化可以操控的过程，无视高等教育过程中的偶然性、无序性和不确定性。实际上，线性相互作用和规则简单的秩序，只不过是高等教育发展和运行法则中的一个特例，只是暂时性的，并不是固定的和永久的法则。所以，想要全面、深刻地看透高等教育的本质状态，做出合理的选择，就要从不同的维度和层次找寻各种问题与关系，不能为了追求简单的线性因果关系而隐藏各式各样复杂的关系和问题。高等教育中各种问题及非线性关系的客观存在，决定了我们在研究高等教育时不可以把高等教育本质简单化，非线性思维必须深入探索高等教育问题。

面对高等教育的非线性问题或关系，我们要坚持采用有限的、宏观的选择观和预测观。对于复杂的系统，即使我们已知初值和边界，但系统仍有许多意料之外的结果可供"选择"，人们通常难以对其具体的演化路径和形式做出预测，但我们可以在宏观层面上对其演化发展的总体趋势做出弹性的预测。所以，面对复杂的高等教育改革与发展问题，解决的办法并不在于设计多好的改革方案，在某些具体的革新手段和政策上搞再多的花样也无济于事，而在于能根据时空条件的变化有效地调整措施和策略。

高等院校课程评价的发展，和高等教育的发展一样，有很多不确定性，没有一个程序化的模式可供循环利用，发展过程很难用现有理论来解释或推理。经验和实践表明，高等教育行动和试验很难被牢牢固定在原有轨道上永久实施，很多教育制度或者教育政策出台后，没过多长时间就会出现无法继续执行的状况。探寻原因，我们得出要制定一个被大家认为是合适的课程评价模式或者制度，必须要在有限的时间内大规模采集数据、分析结果，最终得出相应的评价模式，同时也需要面对实践中遇到的问题。然而这个过程所采用的数据往往是非定量的、凌乱的或是不完整的，基于这些数据进行分析，最终制定出的课程评价制度也是不合时宜的，无法适应新的变化，加之实践中种种复杂的关系和问题难以讲清楚，最终导致评价效果不尽如人意。

3. 后现代思维的加入

欧洲大陆在 20 世纪下半叶兴起了以反整体性、反现代、反本质为特征的后现代主义思潮。这个改变深深地影响着包括文学、艺术在内的社会每个领域，引发了看似平常实际却很不平常的变化。后现代主义对教育的影响主要体现在教育课程专家把后现代主义的思想观念引入了课程理论的探究中。现代课程观不再只注重课程的目标及其实现，而是关注学习过程中的个人发展。现代课程观不仅仅注重课程的设计、规划、实施和评价，且注重课程在历史、政治、文化、生态平衡、美学等各个方面对人类状况、生态领域、社会结构的影响。

William E.Doll 是美国路易安那州立大学教育学院教授、课程理论专家，他推出了世人瞩目的现代课程理论，代表了这种理论的最新发展且对中国课程改革有着深刻的影响。在他看来，现代课程评价模式不再根据偏离规范和标准的程度来衡量。在现代范式中，被视为绝对权威的真理、科学和规范，是衡量一切的标准。在课程评价中，学科知识的学习质量是评价学生的唯一标准。这种评价方式侧重于考查学生对书本知识的学习能力，忽略学生应用、理解和创造知识的能力，而忘记了学生具有情感体验和价值兴趣的积极活泼的个性。William E.Doll 的课程理论启示我们要摒弃强调标准智力测验和学生学业成绩评价的理念，通过多种渠道，采用多种形式，建立多元灵活的评价机制。在不同的现实生活和学习情境中，从不同的角度对学生进行评价。评价学生解决实际问题的能力，创造初步精神物质产品的能力，使评价成为促进每个学生全面、自由、个性发展的有效手段。

三、课程发展性评价结构的开放式原则

（一）课程发展性评价结构的开放

后现代哲学家德勒兹认为，传统的形而上学是一种纵向性思维方式，纵向性思维方式具有体系性特征。他提出了"树喻"理论，指出庞大的概念体系是中心化的、统一的、等级制的，植根于自我透明、自我统一的表象的主体上，这棵树上繁茂的枝叶被称作形式、规律、本质、真理、权力、正义、我思等。他认为，形而上学把分散的知识系统地组织起来，犹如树的枝条汇聚树干再到树根上一样，知识的分枝深深植根于坚实的基础中。在德勒兹看来，柏拉图、笛卡儿和康德都是树状结构的思想家，他们试图在一种普遍化和本质化的图式中消除时间性和多样性。

按照植物学观点，"根状茎"是一块可以延伸至地下块茎，通常横向生长，下面长出根系，上面生长出枝条，此外还有鳞片状的叶子和芽，其结构不同于树主根上的须根。由于根状茎的非等级体系和非地域化结构，其与其他根系发生联系时比较随意，没有规则可言，因此这种联系一般都会被控制甚至限制。这就是后现代思想中"根状茎"横向思维方式中的理论，曾经由伽塔里、德勒泽等人提出，与传统哲学思想中纵向思维方式中的"树状结构"理论相对立。

"根状茎"结构一般具有动态性和异质性，其也是后现代思维的代表。两位研究者做出"根状茎"的比喻，一方面为了拔除哲学之树及其第一原则，同时也为了消解二元对立的逻辑。在高等教育系统的建设道路上，后现代思维表现出了其独特的方法论意义。"根状茎"方法将语言分散于多重符号维度中，将分散信息分散于非中心化系统之中。"根状茎"并不是一种静态的有头有尾的状态，而是一直处于运动之中；不是单向流动，而是多向发散；处于一种开放状态。这种开放式结构恰好符合高职院校课程的发展性评价，处于无穷无尽的运动状态中，没有开头也没有结尾。

（二）课程发展性评价结构的循环上升

在社会及自然界之中，超循环作为一种系统生成和发展机制具有广泛的普适性。恩格斯曾说，整个自然界处于永恒的流动和循环中，马克思主义思想中关于事物螺旋发展辩证论述，启迪心理学家皮亚杰提出了完整结构的建构理论。艾根是德国著名物理化学家，他认为超循环必须是一个完整的系统，是一个由自复制或自催化的单元通过循环连接而联系起来的系统。

超循环是高等职业教育实现其可持续发展的路径。整个教育系统的发展、进步，一方面需要社会各子系统、高等教育系统共同组合形成功能耦合的"外循环结构"；另一方面也需要高等教育各子系统彼此联合形成互生共长的"内循环结构"，这外内两个循环系统关联为超循环。具体举例如下：良好素质培养需要自身能力的提升，而能力的提高又需要掌握牢靠的知识。知识和能力又可以帮助提升素质，这三者便形成一个循环不息的系统，彼此共同发展。这种循环中的良性互动是高等教育系统、社会各子系统及高等教育各子系统之间彼此依存和互相促进、互相发展机制的缩影。这对于高等教育可持续发展机制的探索有重要的指导意义。

超循环结构与双向的 DNA 螺旋结构十分相似，它对高等教育系统的图式、机理进行了充分展现，另外也是建设该系统必须遵循生态基本规律。在这个超循环系统中，不同组成部分关联紧密，源于整体又贡献于整体。因此，高等教育课程的发展性评价的发展需要加强课程改革的广度、深度，以此保障高等教育的顺利改革。课程的发展性评价反过来又可以推动高等教育的可持续发展。

四、课程发展性评价的多样性原则与反馈性原则

（一）课程发展性评价的多样性原则

发展性评价对评价客体的基础、发展过程以及进步程度等都十分关注，而不是追求片面的一致性、统一性。评价客体具有多样性与差异性，评价对象根据他们的基础制定差异化的发展目标。

课程教学评价很重要，在教学中要针对学生的年龄特点、学科特点、课程内容特点采取多元的评价方式，切忌为了评价而评价。最近几年，课程的评价主客体呈现多样性趋势。从新课程理念出发，教师和学生处于平等地位，有教师评价学生，也应该有学生评价教师，这样的课程才算得上是和谐的课程。教师的评价可感染学生，学生评价教师可达到提升教学质量的目的。

1. 教师对学生的评价

教师是课程教学最主要的力量和直接责任人，毫无疑问是课程评价的主体。在评价活动中必须发挥教师的主观能动性，让课程评价成为教师的一种自发行为。教师对学生的评价，可以由教师本人去组织评价者、收集信息、处理信息，并且从评价结果中总结经验，再应用于教育教学中。

2. 学生之间的互相评价

学生互评在课程教学中运用较多，学生喜欢模仿教师去评价他人。通过互评，学生能正视自己、尊重他人，学生的鉴别能力、分析和表达能力也提高了。同时，学生互评可以使课程气氛更和谐，让学生之间的关系更融洽，让学生学会宽容、理解，增强学生学习的信心和兴趣。

3. 学生对教师的评价

传统课程评价中，通常都是在学生完成某项活动后，教师对学生进行评价，很少有学生评价教师的机会。现代课程是民主的课程，而平等则是创造一切友好关系和情感的催化剂，教师、同学彼此都期待一种平等和谐的关系。学生、教师进行角色交换，学生获得惊喜的同时内心得到更多的是欢乐，而教师需要站在学生角度去考虑评价。这样他们彼此之间才能充分展现自身的风采。在这个过程中，教师通过倾听学生对自己的评论，反思己身，并适时听取他人建议与意见，以帮助他们增进了解，促进教学实践的进行。

4. 学生的自我评价

现代教育体系鼓励学生在评价中发挥主体作用。而自我评价就是令他们学会独立思考、了解自身现状和所获得的成就，并认清自身所需要的帮助，为自己的发展和成长负责。因此，在课程评价的过程中，教师也常常要求学生进行自评，如给出一些主要的单词，让学生在听录音时注意听这些单词，每听出一个单词就给自己加 1 分，用这种方式让他们对自己进行评价。

（二）课程发展性评价的反馈性原则

发展性评价必须向评价对象反馈一些有用的信息，缺少了这一过程的评价制度不能称为完整的评价，其意义也就不能更好地体现出来。发展性评价制度一般通过以下两个途径进行信息反馈：一是向评价对象反馈学习和工作中的优点与不

第五章　高职教育课程发展性评价取向

135

足，帮助他们不断提高；二是评价者将评价对象的日常工作表现报告给校领导，并请学校给予一定的帮助。"评价面谈"和"评价手册"是发展性评价反馈信息最重要、最有效的两种方式。

1. 评价面谈

评价面谈阶段要想获得成功，就必须克服以下几个消极因素。

（1）和操作相关。发展性课程评价实施之前缺乏充足的宣传，教师对评价面谈的重要性不理解，会影响评价面谈的效果；有时环境也会影响评价面谈的质量、效果，在评价面谈时如果环境嘈杂或者出现突如其来的干扰，都会分散评价双方的注意力，影响评价面谈的效果；评价者的身份和地位也是影响评价面谈的一个重要因素，如果教师的评价者是校领导或者校长，而他们很难做到如实的评价；如果面谈时间不够，评价会因时间结束而终止，双方未能尽兴，预期的面谈效果也会大打折扣。

（2）评价者方面。比如，没有提前了解评价对象的工作表现，没有掌握基本的评价技能，评价者在评价面谈中滔滔不绝讲得过多，没有认真倾听评价对象的想法，没有对评价对象的优点、成绩或者贡献给予足够的肯定；单一考虑奖惩和评价的关系而忽略了评价最重要的方向，层次不清楚，缺乏充分的总结概括；或是仅仅考虑评价对象的个性如何而忽略了一些具体的工作表现和职责；没有正确的协商交流态度，急于求成，等等。评价面谈的效果与一些评价者的消极情绪也是息息相关的。

（3）评价对象方面。在没有充分准备的情况下，评价者在面谈时易于偏离评价主题，漫无目的地闲聊而不讨论实质性问题，或制定未来发展目标时态度过于含糊，或故意制定高不可攀的发展目标，或缺乏自我表达的技能等，评价对象的这些消极因素对评价面谈的效果也会产生不良影响。

（4）评价双方。任何一次正式的评价面谈都会使评价双方内心充满紧张感。只有经过充分的专业训练才能缓解一些紧张和不安。没有深刻认识到这种评价的目标或认识不深刻，或迫于形势不得不参与，或由于其他原因而对发展性教师评价抱有消极不合作态度，都可能影响评价面谈的效果。如果评价双方对于保密原则都持怀疑的态度，或者担心相关报告与材料会被外泄，则整个面谈过程都会充斥着不安与怀疑。整个评价面谈需要的是双方的配合，任何一方的消极参与或者玩世不恭的态度都将对面谈的质量造成不可忽略的影响，所以要注意评价者的人选确定。如果评价双方平时关系不合，必然会影响评价面谈的顺利进行。

要避免上述消极因素的影响，一方面要认真负责地撰写评价报告。评价双方需商议好报告的格式和内容，撰写时要防止空洞而应做到言之有物，因为这是评价对象最关心的所在环节，也是面谈最终的环节。但是，这份报告并不是判决结果而是对今后学校的教学与教师专业发展的一种指导。评价报告需由评价对象和评价者共同执笔，不仅仅只是记录评价面谈的过程，也需要补充后期的发展目标、计划安排等，并且在报告起草之后的几天内，评价对象有权提出异议，并将异议列入评价报告，学校应极力避免这种情况的发生。双方还需要在定稿后的报告上签字，同时销毁起草时的相关资料。另一方面，要确定评价对象的培训需求。如果评价对象确有参加培训的必要，评价者应向评价对象事先声明，参加培训并不是一定要或立刻进行的，而仅仅只是建议。至于培训的方式、地点和时间等需要等待学校的统一安排。待评价对象的发展目标确定后，评价对象、评价者应该寻找再次面谈的机会，制定切实可行的能使发展目标得以实现的措施。

2. 评价手册

评价手册主要内容包括课程理念、目标、计划评价；课程实施的过程和效果的评价；课程的资源准备、调研的评价。《学生发展课程评价手册》的目标是保障课程的质量。

对学生的评价，既要贯彻"学生发展课"和美术教育特色的理念，还要在学生评语、课堂评价等方面提升教师的现代教育理念，让他们了解学生的能力，看到学生的优势，激起学生对学习的兴趣。

第三节　高职教育课程发展性评价主体的选择

过去的课程评价，属于他人评价，担任评价主体的人员主要是专门的评价人员或者管理者。通过事先拟好的评价标准对评价的客体即被评价者进行评价，并将评价结果借助外在评价者进行信息传递。实际上，评价的主体关乎多种要素，管理层面的内容或者居于课程中的客体都是其内容，这是一个异常复杂的系统。为激发客体的自主性和评价的发展作用，对课程进行评价时，一般需要对课程进行内外两层同时评价。传统教学论对于"课程"的解释是具有规范性的教学内容，但内容不能也不必根据教学主体的师生思考，而是按照学科进行编制。因为作为教学主体的学生和教师任务仅仅只是学习和教授。基于教学的背景，学生和教师都是课程的有机构成，而不仅仅只是课程的外在部分，或者可以因其对课程开发的参与将之解释为课程主体或创造者。

一、教师

作为一名教师，必须将教育的志向明确于心，同时在教学活动中，要能够准确理解社会、个体发展的重要使命。教师是高职教育课程发展性评价中的重要评价者，其必要性如下所述：

其一，在参与课程评价的过程中，教师对于专业化发展的促进作用。英、美等国根据教师的赋权增能运动之发展，渐渐在教学专业化和课程开发运动中，放弃了对于教师管理、决策课题的空谈，而开始了教师对于三大主题"专业发展""教学研究""课程开发"等的参与。评价过程可以说是教师的行动研究过程，而教师在这个过程中扮演两种角色——研究者、实践者，这主要是由于课程的评价不仅仅只是教育研究，更是一种教育管理的举措。通过规划—行动—观察—反思等操作程序的循环往复完成行动研究，借助研究，教师进行课程发展的反思、觉知，并使得自身专业能够实现自省、发展的加速。借助这些反思、评价等，教师能够根据自身对学生影响的程度完善教学态度和行为。同时调整教学方法，并决定课程内容的实行与否，决定最有效的专业实践活动是何种，决定何种程度才能使学习目标与课程目标相符等。教师对于课程评价的参与是其专业化成长过程所必需的，教师需要充分的认识和了解课程评价，而非强硬的临时任务和布置。

其二，决定课程质量的关键原因之一就是教师对于课程的理解。课程评价仅仅只是一种理解的方式，是对课程所必须的价值的理解。为保证其可以全力落实在实际教学过程中，需要教师准确理解高职课程的内容和目标，这种理解程度对于课程实施的质量有着最为直接的影响。完全地、自觉地执行各组成要素则要求教师内化自身价值观为课程所提倡的价值观。

其三，因为可以直接感知课程，所以一些切实可行的改革建议可以被准确地提出。作为课程实践主体的教师既是课程的实行者又是开发者。教师对课程的研制者有以下几种意向承认：是课程具体化的自由个体的角色扮演者；是使用、拥有和生产知识的角色承担者；是满足学生发展，主动参与协商及课程标准制定的角色。教师直接感知高职教育的课程，并承担一些责任和权利，如自我的完善、审视、诠释和修正等，并直接体验其优劣，调整课程方案实施过程中的偏差。与此同时，他们能够积极与学生进行互动，了解学生存在的问题和学习状态，对其个体感受和个性差异能够熟知。所以在获得这些第一手的课程实践的资料时，其真实性和情境性也逐渐显露于课程的评价过程中。通过专家的指导，教师成为最有资格且成效最显著的评价者。

教师成为高职教育课程发展性评价主体的条件有以下四个方面：

其一，是教师教学质量的觉醒。斯坦福大学教授舒尔曼（Lee S. Shulman）曾经对教育行为模式和推理提出一些观点：教师自身对于班级成就的评论、重构、批判性的分析等都需要确切的证据。而新的理解境界应该包括对于自我、教学、学生及目的的理解等。教学从主体失落向自我觉醒实现转变的方式一般都是在课程意识的影响下再次审视学生和教学、自我等，并对教学活动主题加以自觉唤醒。为了使学生能够拥有更加丰富的学习机会，就需要遵循以下几个原则：成功、实践、满足感、多样化的途径和结果等。教师为了使教学行为的内涵更加深入，及其过程的深层介入等，将课程视为一种"集体的审议"和研究，而不仅仅只是对外界的规范和强制的被动接受，这就是教师教学意识的觉醒。

其二，是教师对于高职教育基本特征和课程相适应的评价方法和程序。影响高职教育课程改革的关键不仅看其实践过程中的评价方法的主动应用，更看其是否得以有效的运用，而且应当将掌握课程发展性的评价方法与技术作为高教的任职资格中的一个重要要求。因为这需要教师对其教学和其发展性的课程评价进行较为详细的熟识，并且使教学和评价两者相互依存、发展，实现其实践过程的有机结合。经过国内外的各研究发现，教师自身竞争力的激发源于对学生成就的有效评价。

其三，是教师对于课程和研究者的角色扮演。因为教师在教学活动的实施过程中会遇到各种问题和情景，这使他能够获得绝佳的研究机会和位置，并使他成为研究者的角色的转变提供了可能。这时，其技术人员的角色将不再适用，也不仅仅扮演目的和手段两者之间的中介，而应该多视角分析，反思问题，思考整体情境和实施行为，将理论和实践借助多种渠道进行连接，对于教学行为加以改变，使预期目标达成。

其四，是教师对于课程的评价性与发展性思维的重视。评价性思维是教师判断高职教育课程价值的一种惯性思维，也代表教师自身的一种批判、认知、理解和建构。第一步，需要教师重新认识自身的角色和定位，不再将自身设置为评价的旁观者，而是充分利用自身特长表述观点，完善自身评价语录体系。对于课程，教师不仅仅是参与者，更是观察者，以宽广的视野对疑难点进行审视。学生的学习状况、课程标准、实施过程各种要素都需要教师重新考量。第二步，教师对于实际课程评价活动的时时开展，使得学生、教师能够积极主动地参与到活动中，并且舍弃片面的技术性评价，重视对其课程的理解和与转接、方案的对话、理解等。这是个体参与和合作参加两者的有效统一。而其专业发展一步步走向自主、自由的前提是教师对于实际发展性评价活动中关于创生课程、领导课程、参与课程能力的掌握，及课程实践的理性化提升程度。总的来说，应该将课程发展性评价作为课程实践的长期状态，进一步深化，养成类似的惯性思维模式等。将这种思维模式在课程实施标准和过程中进行理性化的建设和审查，通过具体行动和有效选择，实现教师自主的回归、专业自由的追求，促进专业发展。

二、学生

学生也是这种高职教育中的重要角色，是评价中的一个重要组成部分。学生付出教育投资，并在受教育过程中对技能、态度和知识加以掌握、理解，从中直接受益。概括而言就是高职教育是学生提高自身能力和人力资本的途径，也是实现全面自由发展、自身价值的关键。情境学习理论认为，对"学习"二字的解释就是学生在实践过程中，相互作用于环境和他人，使自身的相关能力和水平在社会上得以应用。在对团队、他人进行意义评价时，学生以主体角色参与其中，对其责任感、判断力进行培养，并意识到自身对团队的贡献。

在课程评价过程中，学生主体地位的独特性主要体现在其不可替代的地位上。课程的价值和需要就体现在学生的参与上。改革的不断深化，实践、理论的逐步契合也加深了人们对于学习与课程开发的认识，并使人们坚信高新产业的发展、高新技术的应用加快了对现代技能型人才的需求，对教育的培养任务也产生压力巨大，促使加速改革以适应生产发展的需要。课程开发的相关主要依据就是选修课程知识和技能的掌握，学习方法、态度、兴趣的提升等。通过调查学生的学习模式、方法、课程特点及学习情况，制定科学合理的教学模式，促使个性化发展和全体目标提高。课程实施要求学生自身主动性的发挥，自觉建构才可以加速知识的获取与技能的提高。

对于课程发展性评价的参与程度决定了评价有效性的程度。经过对学生参与情况的分析，美国学者斯克瑞文按照学生表面参与评价状况，将其分为九个水平的递进等级：一是参与评价；二是根据教师要求对评价提出建议；三是一些可能的评价方法的提出；四是评价方案的具体制定过程；五是与教师进行评分标准的协同制定；六是评分标准的独立制定；七是对自身表现依据标准进行评价；八是理解自身成就与评价之间的关系；九是对学习成就、自身评价、教师评价三者之间关系的分析。课程评价有效性随着学生的参与程度逐渐加深。对学生评价有两方面的理解，一是向外，二是向内。外向行为主要指基于学生个体之外的课程；内向行为则是关乎学生自身。若是评价过于片面，向内将不利于课程发展，造成课程对自身价值作用的忽略；向外则是对于课程前提的自我忽视，阻碍自身发展。因此两者行为需要高度的一致性。

为什么学生可以使评价功能得到更好发挥呢？因为他们是评价的主体。具体描述如下：

（1）对课程的发展具有一定的促进作用。一方面，学生直接获益于课程，而课程最终的效果也是在学生中体现，所以课程价值的具体表现方式及手段就是使高职教育的课程经验进行个体化的吸收理解。只有这样才能保证其实施效果和学生接受状况得到最直接、最全面、最客观的评价。学生对高职教育课程进行评价，尤其是对已经就业的毕业生，评价其必要性和满意度时，课程设置的合理性、课程实施的有效性方能得到最有效的体现。另一方面，评价是为了帮助学生更好地进行学习和实践，因为评价能够帮助学生意识和了解实际学习状况与目标之间的差距，促使他们更合理的发展和进步，并对目标进行适时调整。所以，促进课程发展的主要依据是学生的建议。如果缺少了这一评价部分，课程评价将成为"无根之木"。

（2）学生学习动力的增强和主体意识的激活。在国际教育发展委员会的指导下，教育体系的价值、性质、最终目标等标准需要依据学生的地位、作用来确定。如果一种教育不能激发学生自觉、积极地参与，那么便不能算是充分的成功。课程实施后学生的变化状况将成为教师和高职教育课程的变化核心。学生的变化内容需要经过学生与企业专家、教学管理者、教师、课程专家等专业人员协商。学生的学习结果和责任表现一般最终由自身去承担，因此学生在评价过程的参与有助于调节其学习技能，提高其学习能力。对于一些平时考试分数较低的学生，在参与评价的过程中能够帮助其消除学习的消极情绪，帮助其提高兴趣和能力，自觉缩减优劣差距。现实社会的主体性教育使得学生的自我评价为教育目标提供了重要的组成成分，也在一定程度上加快了其自身主动性的成长。评价过程一方面帮助学生领悟其评价对于学习的促进意义和价值判断，促使主观能动性充分发挥；另一方面，使学生能够自食其力解决问题和困难。

（3）对学生自身行为的反思意识与能力的提高。元认知，即反思。一方面，在参与评价过程中，学生可以进一步加深自身行为意识的理解和认知，并反复思考，从而促进反思能力的提升。这不仅仅是单纯的意识，而是对具体行动的元认知。另一方面，可以在过程中增加自我发现的机会，敞开心扉去接受外界的评价，认可外界对自己的判断，并将这些作为后期发展的依据，实现进一步突破。因此，接受他人意见和评判才是自我评价的基础，是后期进步的参考。

（4）学生自我创造品质的升华。学生能动获得价值的过程体现就是对评价的参与，而这又包括了认真观察、详细归纳、合情推理等多种思维。站在全新的角度，以经验为基础，对高职教育课程进行新层面的认知、评判，才能使学生对自身的创造品质如洞察力、问题敏感性等进行挖掘和激发。这就是学生发现自身已有经验价值和基于此基础的价值诉求的体现，并再次改造这些价值和已有经验，获得新价值。

上述思考和总结就是学生在发展性评价参与的过程中，与其他评价主体的良好关系的建立、协商、沟通的具体展现与作用，也是其他评价主体关心学生处境及个体差异的具体体现，更是认可其独特性发展的关键，是学生实现自身发展和特长挖掘的前提。

三、企业（行业）专家

企业（行业）专家作为评价主体是职业教育课程评价的一个重要特点，也是企业或者行业利益诉求的代表。企业具有提供给公众合格服务或者产品并依法纳税的责任和义务，本质为经济组织，目的是为满足社会生产和消费的需求。企业利润源于生产率，而生产率又取决于专业的职工对生产或服务的从事。更高的生产效率能保证企业的核心竞争力，以谋求更广的发展。企业是学生实践教育成果的根据地，也是其态度、能力得以发挥的地方，这也是企业发展和绩效的决定性因素。

行业企业的学徒制度是职业教育的发源依据。目前以学校形态出现的一些职业教育依旧是企业在支撑，以下是其具体体现：第一，课程内容取决于企业的工作内容；第二，课程目标需要行业或者企业参与协商；第三，企业是否满意职业教育的人才是评价的重要指标；第四，实践教学环节需要企业的一些人力和资源支撑。只有学院与企业实时对接合作才能有效监控课程对人才的培养，做到合理有效地评价课程实施情况。

由于职位或者岗位的技能要求，上述专家一般来自企业或者单位的管理人员、技术人员等。在对学生的专业态度和能力进行岗位的匹配性判断时，这些专家最具发言权，他们的评价也将更加具有时效性、职业导向性。这些专家的评价是社会对学生的一种认可表现，也是学生积极参与实践的表现，也在另一种程度上加深了学生的就业资本和竞争优势。这也是其评价中主体作用的重要体现。

四、教学管理者

另外，还有一个不可忽视的角色就是教学管理者。他们关注的主要是教学利益的最大化，也是学院利益诉求的代表。高职院校是为完成全社会公益事业而存在的组织，具有公共教育服务的性质，兼具公益性。其教育功能一般体现在两方面：一方面是社会层面。这是其补偿功能的具体表现，更是学生职业角色转变的社会化过程，是对公民全体的关照和社会整体稳定的促进。另一方面是经济层面。这是人力资本、生产效率提高的前提和社会高素质人才培养的关键，也是经济社会持续发展的动力。

教学管理者从课程的实施过程中间接受益，同时他也是学院整体掌控课程、指导、监督、协调各环节的代表，其中包含对于课程实施系统、生成系统和评价系统等的管理。其发挥角色的主要体现如下：其一在于资源的发挥和条件的提供；其二在于教育课程的设计、安排、运行等管理；其三在于对家长、社会委托的课程监管等；其四在于高职教育课程评价的正常开展搭建活动平台，对于全面、合理、科学的高职教育课程评价指标体系的建设和组织制定，使其评价氛围更加平等和谐。使教育管理人员应该对保证高职教育课程有效实施的条件、师资建设、教学资源、质量监控等全面考量，以确保课程评价的质量。

　　从管理者角度分析，对教学课程评价质量的提升一般应考虑如下四点：

　　第一，对课程评价意识的呼唤，并帮助教师参与到课程评价的过程中。一方面，对于课程发展性评价的形塑、改进等方面应该给予足够的重视。这种评价改革关乎学校文化的重建，也是一种文化的变革。另一方面，可以帮助教师建立专业自信和自觉，加强主体意识，为教师的教学活动提供充分的时间并帮助课程的设计和改进策略意义。同时营造一种相对包容、和谐的评价氛围，使教师在评价时能够得到激励和约束，并促使其常态化发展。之后开展校本培训，具体操作就是根据学校的发展上，为其规划并发起对教师的专业培训。这种培训可指导教师参与课程评价指标拟定、标准制定、资料收集与统计分析等。

　　第二，课程发展性评价的组织建立。建立课程评价的共同体，对其基本组成成员如学生、教师、管理者、专家、企业行业家等进行职责划分。同时组织他们对话和交流，做出相应的总结与反馈，以提升评价质量。

　　第三，积累评价过程中的实践智慧。课程评价实质是一项实践研究，不是技术或者纯理论的问题探讨。实践研究有经验可循，也可在过程中进行经验的积累，从而确保评价的质量。这也是对课程理论和实践的结合，要求行动者、研究者共同参与，并在过程中模拟实际情境，保持实践活动的一致性。其中有两点需要重点关注：①研究人员基于专业实践，站在行动者的角度建设价值体系，实现课程实践的理性化；②教师反思其日常教学，改善教学行为。

　　第四，多元对话机制的建立。倡导师生、课程专家、教学管理者、企业家等进行交流和沟通，将旧模式的"行政指令"转化为新型的课程协商，多方倾听并尊重其价值，使对话和沟通得以顺利建成。

　　目前高职教育课程发展性评价的现状表明，需要加强对教学管理者培训。应该达到的成效概括为以下两点：第一，对课程评价的理论足够熟悉，对现代评价理念足够明确，对先进的评价思想足够清晰，对评价行为可以进行最直接的指导，对组织实施课程评价的能力可以获得提升，并开发出一些关于评价的工具和标准等；第二，对现代职业教育的理念、理论牢固掌握，对自身的教育管理思想能够进行自觉反思，并且充分保证其坚固的管理学基础。

五、课程专家

在课程评价中，因为高职教育具有教育一般属性，其发展规律对于评价的科学性要求具有决定性的作用，因此课程专家的地位十分重要。课程专家一般由院校邀请委托，以中立态度参与客观的他方评价，与教育的课程一般没有直接利益牵扯。具体解释为指引课程的实施、评价、开发等，深入研究和思考课程理论和评价理论的学者。课程专家在评价中的具体操作和职责就是帮助其他评价主体弄清评价目标、内容协商、方法确定，并在有效评价过程开展的指导。

目前我国不成熟的评价现状要求各专家的详细指导。具体作用如下：

第一，评价的科学性、客观性得到保证。根据院校实际情况，建立与课程专家的长期合作机制，有助于课程评价计划的共同制订与开展。因为专家是实现与师生和管理者平等对话交流、彼此沟通的关键人物。在现代职业教育的理念与课程建设下，要求严格监督评价课程的开发和实施，并做出相应的指导和方向把握，以确保其偏离形式化，实现科学、客观。

第二，对教师评价智慧的指导作用。作为学术顾问，其作用体现在以下三方面：①提供一些便利的评价工具如访谈提纲、观察记录表、反思日记等给教师，让教师情景化和意义化地使用，如把这些工具放在如实训室、一体化教室等便于使用的场所，使评价融入日常，达到深化主体意识和提高评价智慧的目的。②帮助教师实现课程评价的思维化和模式化，明确评价维度、对评价指标合理确定，并解释其含义，最终简单化、自然化这些指标。只有这样才能实现教师在评价过程中的思维模式成型，以及便利地使用参考指标。③指引教师正向认识、自觉而不被动地积极参与课程评价。

总而言之，高等教育课程评价的主体结构应该而且必须是多元化的组合，同时要求各方都要反复地、平等地、和谐地交流和沟通。但是，高职教育课程评价主体的多元化，一方面有利于促进教学，促进课程的发展；另一方面，也使评价过程充满复杂性。在评价主体的标准选择、评价主体的指导人员甚至包括评价主体的确定等各种各样的问题接踵而至时，应该注意哪些？

第一，内容的明确和标准的选择。只有两者达到要求才能保证评价结果的准确性，保证评价过程的可操作性。评价主体不同，内容和标准也是有所差别的。例如，学生自评或他评时，针对的不是具体的学科知识掌握状况，而是学习态度、积极性等方面。错误的评价内容将会导致评价结果偏离目标和评价结果失效，只有明确各主体的评价内容和标准，才能够确保其客观性和公正性的评价特点。

第二，多主体评价对等级、分数等要淡化。弱化主体间相互的比较作用，可以确保评价的最终目的只是促进发展。因此，要求评价过程中对评价内容进行着重描述和总结，重点关注相互之间的优点和特色，并附加自身反思。只关注评价的分数或者等级，会造成评价结果的偏激及对缺点和不足的重视，进而影响客体发展，使评价失去原本的指导意义而仅仅增加了指责和挑剔。

第三，关注实效性在多元主体中的体现。不是所有的高教课程评价都需要多元化的评价主体。例如，对教学活动进行评价时，邀请外来人员或者社会成员进行评价只能起到事倍功半的效果，因为这不仅仅耗时耗力，还没有任何效果。忽略评价的先决条件，盲目坚持多元化的主体评价结构，只能使评价走向形式化。多主体评价仅仅只是为获取一些有用信息，以帮助师生实现共同发展和提高。

第六章　高职教育课程发展性评价设计

第一节　高职教育课程发展性评价标准的制定

一、评价标准的内涵

（一）评价标准的含义

标准，换种说法就是水平，也可以指要求或者程度，一般是评判某种事物的具体尺度或者准则。针对教育评价的标准一般是指被评价者基于指标和项目的前提下所达到的优秀、良好或者其他情况的水平或程度。

标准作为衡量事物水平高低的准则，判断事物价值尺度，可以以客体属性质变的临界点的形式提出，也可以以客体在质变过程中不同程度的量的形式提出。它是根据评价主体的价值观和客体发展的客观规律而形成的对客体发展变化的一种期望水平。就高职教育课程评价而言，教育发展的不同时期，其评价标准会有所不同，这些标准是根据当时人们的教育观念、社会对教育和人才成长的需求，以及对其实现的可能性的认识确定的。所以，标准是主体的愿望、需要与客体发展规律相结合的产物。高职教育课程发展性评价的本质是对教育现象价值的一种判断。对教育价值做出判断就要有判断的尺度，因此，制定高职教育课程发展性评价标准是高职教育课程发展性评价活动的基础环节，否则，高职教育课程发展性评价活动就不可能进行。

（二）确定高职教育课程发展性评价标准的依据

确定高职教育课程发展性评价标准是一个比较复杂的问题。首先，必须明确评价标准的依据。确定高职教育课程发展性评价标准的依据主要有以下几个方面。

1. 国家经济和社会发展对教育的需要

教育及教育的发展受制于经济和社会的发展，同时影响经济和社会的发展，服务于经济和社会的发展。经济和社会对教育的需要表现在很多方面，但是主要的表现是在人才培养的数量和质量方面，而教育服务于经济和社会发展的功能也主要表现在为经济和社会发展输送足够数量和质量的人才。因此，制定高职教育课程发展性评价标准必须依据国家经济和社会发展对教育及其人才数量和质量的需求。只有依据经济和社会发展对教育及人才的需要才能制定出标准，才能对课程价值特别是宏观价值做出正确的判断。

2. 国家的教育方针政策和法规

国家根据经济和社会发展对教育的需要以及教育活动本身的特点制定了一系列的方针、政策和法规，用于规范和发展教育及人才的培养。这一系列方针政策和法规是兴办教育、发展教育的准则，是对一切教育活动的基本要求，也是一切教育活动的基本依据，因此也是衡量教育活动价值的标准，是制定高职教育课程发展性评价标准的基本依据之一。

3. 教育规律和人的心理发展规律

高职教育课程发展性评价是人们对课程价值的一种认识、判断活动，必需科学地进行，必须从课程自身的特点出发，遵循教育活动的规律。因此，制定高职教育课程发展性评价标准不仅不能离开教育活动的规律，而且必须符合教育发展规律的要求。另外，高职教育课程发展性评价是一种价值判断活动。评价者与被评价者双方都是具有感性和理性、情感和意志等心理活动的人群，高职教育课程发展性评价也应该遵循人的心理活动规律，因此制定高职教育课程发展性评价标准不能违背人的心理活动规律。

4. 从被评对象实际出发，实事求是

经济和社会发展的不平衡，决定了我国教育的发展也不平衡，地区与地区之间、城乡之间，教育环境、条件和水平相距很大，要用一个统一的标准去评价不同的对象，就不能充分发挥课程评价的功能。因此，制定高职教育课程发展性评价标准，要从被评对象的实际出发，因时制宜、因地制宜、实事求是，把原则性和灵活性结合起来。

5. 评价主体的需要

评价活动有主体和客体，评价主体是评价的发起者、主动者，不同性质和类型的评价活动，其主体都有一定的目的性。评价主体的目的性，也是制定评价标准的依据之一。

二、高职教育课程发展性评价标准的表达形式

标准的表达形式可以根据需要选择形容词表达法、数字式表达法或者形容词—数字式表达法（见表6-1）。此外，还有内涵式标准表示法（用定性描述语言表示评价标准）和外延式标准表示法（用体现抽象指标内涵的具体行为要素作为评价指标）。

表6-1　高职教育课程发展性评价标准的表达形式

表达形式	含义	优势	缺点
形容词表达法	用形容词描述评价标准。例如用"优秀、良好、一般、较差"等形容词描述"教学效果"标准	直观、明确、简便	不具体，难以定量处理
数字式表达法	用数字描述评价标准。例如用"5、4、3、2、1"表示"教学效果"标准	容易进行定量处理	每一等级定义不明确
形容词—数字式表达法	用形容词数字共同描述价评价准，即用数字确定等级，用形容词描述等级	既直观、容易掌握，又便于定量处理	——

三、高职教育课程发展性评价标准的特点

在制定主体层面，高职教育课程发展性评价标准具有显著的人文性、民主性以及制定的主体性全面等特点。评价标准的制定由评价双方协商确定，充分体现了评价对象的主体性、参与性。

在评价目的性、价值性层面，高职教育课程发展性评价标准注重价值的多元性，即评价对象发展的多元性、多向性、多样性，评价指标不拘泥于能力、知识、技能，还涉及情感、态度、价值观、审美、创意创造等人的本性的发展。

在判断价值的标准层面，高职教育课程发展性评价标准不是统一预设的，而

是评价双方根据评价对象的特点、问题和潜能共同协商确定的，突出以人为本、个性和特色；有时还会修改评价标准，加入新生成的标准。

在评价方式方法层面，高职教育课程发展性评价标准突出质性评价及其统领作用，同时不排除定量评价，只是将其功能整合于质性评价之中。

四、高职教育课程发展性评价标准的设计

高职教育课程发展性评价标准的设计淡化了评价对象之间的横向比较，强调评价对象的真实发展和步伐，实实在在地加强评价对象的竞争力；同时，由于强调了或者体现了针对性、开放性，就避免了一般化、形式化，还可以随时发现新的生成目标，增加创新性。

显然，高职教育课程发展性评价标准的设计会在评价过程中有所变动，因此在设计上有一定的难度，但也有其灵活性。评价者要研究评价对象的个体多样性、各个评价对象的特点、潜能、潜质和发展方向等，并根据环境的规定性（如高职教师要具有"双师"素质等），来设计评价对象的个性化评价标准（发展目标）。一般可以把评价标准分为初始标准（目标）和过程生成目标。

由于课程发展性评价的主要目的是对评价对象的精心培养，而且评价过程是由评价双方共同协商来完成的，具体的评价标准就会因评价目的和对象的不同而呈现差异。当然，为了借鉴传统的课程教学评价标准制定的经验，在设计发展性课程教学评价初始标准（目标）时，可以参考传统的课程教学评价标准预定性目标的制定。但是，一定要注意个性化并适合评价对象。设计课程发展性评价应特别注意下列问题。

（一）选对评价主体

课程发展性评价者既是评价者，又是评价对象的导师。换言之，评价者应当是真正的专家，不但具有权威性，而且能切实领会和把握课程发展性评价的理念和思想，对评价对象的特点和潜能有比较深刻的了解；有相当丰富的教学经验和能力。当然，最好选择评价对象认可又信服的专家。

评价主体以专家组为宜，可以吸收和采纳更多专家的意见。评价主体对整个评价活动有非常重要的导向作用，选择好评价主体为评价标准的制定奠定了良好的基础。

（二）共商评价方案，共拟评价标准

课程发展性评价方案是由评价双方通过协商，达成共识确定的。共商评价方

案，共拟评价标准，是对传统课程教学评价方案制定的有根本性的突破，能使评价者和评价对象更好地认知评价指标的作用，调动评价双方的主体性、积极性和创意创造性，使制定出来的评价指标具有很强的针对性，便于实施。最好，将阶段性的评价方案和评价对象的长期事业发展规划联系起来，使阶段性的评价方案成为长期事业发展规划的一部分或一个阶段。这样，课程发展性评价方案就会形成连续性，对评价对象的成长和科学发展更为有效、有利。

（三）在实施评价过程中及时修改评价方案

课程发展性评价方案的制定，是通过评价双方协商形成的，而且是有时空性的、阶段性的，不可能十全十美，在具体实施过程中，会发现某些需要修正的问题，也可能出现随机生成的目标。因此，在实施评价过程中及时修改评价方案是正常现象。当然，也需要评价双方达成共识。

评价标准个性化、视角多维化，是发展性评价的进步和特色所在。开展发展性评价是对评价对象富有价值的、可持续发展的培养，也有利于评价对象的个性张扬，同时也是对评价对象的人文关怀。

第二节　高职教育课程发展性评价内容的设置

一、高职课程发展性评价目标

课程发展性评价是有目的、有计划的活动。对其各个要素进行评价，是以实际效果与教育者所预期的教育目标相比较，并做出判断、评估的过程。课程发展性评价离不开评价目标，没有评价目标就不知道评价什么。因此，确定评价目标是进行课程发展性评价的前提和基础。

课程发展性评价目标不可能离开教学目标，课程发展性评价目标也必须以教学目标为基础，与教学目标相一致，并且通过评价促进教学目标的实现。也就是说，课程发展性评价目标必须充分体现课程教学目标和学校培养人才的目标；否则，课程发展性评价就会偏离正确的方向，偏离正确的价值取向，使其脱离评价的目的和意义。

课程发展性评价目标是对评价对象在评价项目及其中所要求达到的程度、水准的一种规定。在实际评价活动中，常将课程发展性评价目标具体化为指标系统。

二、课程发展性评价目标具体化的主要表达方式：指标系统

人们在认识一个复杂对象时，很难一下从根本上把握住其实质，往往是将对象按内容分解为各要素，再反复分析各要素之间的关系，最后结合各要素分析的结果得出结论。这正是利用指标体系进行评价的逻辑思想。指标系统就是对目标进行要素分析的结果。

（一）指标

评价指标是评价目标的某个方面的规定，就是评价目标某个方面的具体化。目标则是在目的的基础上制定出来的，是实现预期目的并支配实践活动的理想和意图，它引导人们为达到目的去进行实践活动。评价目标比较原则、笼统，具有一定的概括性，不具有可操作性。因此，要达到评价目的，就必须把评价目标分解成一系列项目，也就是指标。指标具有行为化、可测量的特点，是直接的、具体的评价内容。

（二）指标系统

指标系统是指评价目标逐级分解后所形成的一个系统化的指标群，既有层次顺序，又相互联系。评价目标被分解时，第一次分解后得到的指标称为一级指标，每个一级指标再分解后得到的称为二级指标，二级指标分解后得到三级指标……直到指标具有可测性不用再分解时，指标系统建成。指标系统是根据可测或具体化的要求而确定的评价内容。如果为指标系统配以权重和标准，则构成指标体系。利用指标体系进行评价，可以提高评价结果的精确性、客观性，便于综合以及对被评对象进行区分。

（三）指标系统的设计

1.指标系统的结构及相互关系

评价对象不同，指标系统的结构也不相同；有时评价对象相同，但是由于在分析指标系统结构相互关系上的侧重点不同，也会提出不同的指标系统。课程教学评价指标系统的结构不同，对课程教学工作的导向就不同。指标系统指向哪些内容、重视哪些内容，实际工作就会注重哪些方面；指标系统如果遗漏了哪项重要指标，就会使哪项工作出现漏洞。评价指标系统的这种指挥棒作用十分明显。因此，分析、弄清指标系统的一般结构及关系，是提高指标系统的设计水平、提

高课程教学工作质量和评价质量的基本保证。

（1）按指标系统的形式分。指标系统可以分为不同的层级，是由目标→指标或由抽象→具体的多层级指标构成。一般指标系统分两级或三级较多。层级太多，则指标系统太繁杂，不可取。同时，每个前一级指标分解成下一级指标的个数也不能太多，一般不超过 6 个。同一个指标系统中每个指标分解的层级不必相同，具有可操作性即可。

在指标体系的层级间，指标与目标是相对而言的。一级指标既是目标的一级指标，也是二级指标的评价目标，而二级指标又可看成三级指标的目标。也就是说，每前一级指标，又是其下一级指标的评价目标。

（2）按指标系统的内容分。根据高职课程教学的特点，分别建构"课程开发、课程整体设计、单元课程教学、一次课"四个子评价指标体系，四个子评价指标体系共同构建一门课程的评价指标体系。

2. 设计指标系统应坚持的原则

（1）导向性原则。指标作为直接的评价内容起着指挥棒的作用，因为要评什么，人们在工作中就会注意抓什么。在设计指标系统时，要坚持导向性原则，把坚持社会主义办学方向作为目标，适应教育的改革、发展和提高的要求。同时，坚持大方向和小目标的统一性，把总的方向和阶段性重点统一起来，把长远目标和近期目标统一起来，通过对阶段性小目标的评价，做到抓紧落实，逐渐提高，最终全面实现总方向指导下的大目标。

（2）科学性原则。科学性是做任何事情都应该追求的目标。指标的科学性包含以下四层意思：一是要求指标与目标一致。因为指标是目标的具体化，所以每个指标必须是目标的某一方面的具体反映，它的内涵也一定要和课程教学目标或管理目标要求相一致。二是要求同一个系统中的指标要相容，不能把相互矛盾的两条指标放在同一系统中，否则会使评价者无所适从。三是要求同一指标系统中指标不能重复，不能出现等价指标，否则在分配权重时会加重该内容的分量而使指标体系失调。四是要求指标具有可比性，即指标必须反映被评对象的共同属性。

（3）整体性原则。整体性是指标系统对于目标反映的完备性和全面性。指标是目标一个方面的规定，目标存在于系统化的指标系统之中。因此，设计指标系统的时候要坚持整体性原则，不能遗漏任何一个重要的点、反映评价者实质的指标。整体性原则并不是一定要求指标事无巨细，使指标体系主次不分，而是要求不遗漏重要指标，尤其是对于一级指标，遗漏一项就会使目标出现偏离。

（4）可测性原则。指标作为目标的具体化、行为化表现，应该具有一定的可测性，这也是指标系统方式表达和评价内容目的所要求的，具体表现为指标应该尽量用具体可操作的语言来描述，并且一定能通过观察或者测量得到明确的结果，以便于综合得出评价的结论。但是教育现象是十分复杂的，人们对它的认识也有一定的局限性，片面地追求可测性、追求量化会损失评价的有效性。因此，贯彻可测性原则，是指在设计指标的时候，应该尽可能地使指标定量化，或者尽可能找到定量化的途径，尤其对于那种目的在于鉴定、比较的总结性评价中的指标。对于为了改进工作而进行的形成性评价并不强调可测性，可坚持描述性的评价。

（5）可行性原则。可行性是影响评价实施效果的重要因素。指标系统的可行性通常包括以下三层含义：一是要求指标涉及的信息易于获取；二是指标系统要简便易行，在设计指标系统时，要善于抓住问题的要害，反映事物本质的因素，即抓住影响活动目标达成的主要因素，而且对于一些虽能反映目标，但属次要的一般因素可以忽略，或可适当地概括、合并，以减少指标数目，简化内容系统；三是简化量化方法，使之易懂，便于操作。

3. 设计指标系统的程序和方法

指标系统的建立是在对一定评价目标层层分解的基础上实现的，是将评价的属性逐步具体化的过程。这一过程经历的步骤和每个步骤所采用的基本方法概括如下：

第一步，将评价目标进行分解，获得初拟指标。科学分解评价目标并非轻而易举。评价者必须先认识评价目标内涵，只有在透彻理解评价目标内涵的基础上，才能科学地逐级分解评价目标。从内涵分析入手分解评价目标，是设计指标系统的基本方法。对评价对象内涵层次理解得越准确、深透，抓住本质属性，则目标的层级分解就越清晰、越顺利。按内涵分析的方法具体操作时，首先要根据对目标内涵的理解，将其分解成几个关键要素，属于一级指标；每个要素自成一个子系统，再分解每个子系统，列出能反映其内涵的项目，属于二级指标；每个二级指标又是个子系统，再分解，直到认为具有可操作性为止。设计指标系统，要求设计者不仅仅是评价领域的专家，而且还应该具有一定的逻辑学、心理学、教育学方面的知识和理论。

设计指标系统第一步的任务是获得初拟指标，设计者可以自己（或小组）按照上面的方法拟定一个指标，也可以通过会议或调查的方式向专家或有实践经验者征集指标。

第二步，归类、筛选、精简指标。第一步所获得的指标往往较多，因为人们在对目标内涵进行分解时，怕漏掉重要因素，尽量将有关指标列出，往往杂而多，因此要进行筛选。

对于自己初步拟定的指标进行筛选的原则是：同系统、同层次指标内涵相同的要合并，指标有因果关系的留因去果，相互矛盾时选择合理的，可操作性差或无法获取信息的可寻找替代指标。

指标筛选常用的具体方法有：①经验法。主要是专家根据对目标内涵的分析，考察指标在总体中的地位、作用是否具有可操作性，指标群中是否有交叉重复等，要能够准确把握指标内涵、外延，并从实际出发考虑可行性，在此基础上决定指标取舍。②调查统计法。首先要将初拟指标列成调查表发给被调查者（应该是专家或本领域实践经验丰富者），请他们指出认为重要的指标；然后统计每项指标被提到的人数的百分比，再按百分比的大小取舍指标。③相关分析法。先按初拟指标系统试评，获得评价值，然后求指标评价值两两相关的相关矩阵，将相关程度高的指标合并，达到简化指标。

第三步，专家论证。对于筛选过的指标，可以初步形成指标系统。为了保证指标系统的质量，要进一步找专家论证，这里请的专家不能和征集、筛选时的专家完全重复。经专家论证、修订后的指标系统最好再到被评者中征求意见，使内容更符合实际，经过再修订后才可以确定下来。

三、评价指标权重体系

（一）权重和权重系统

权重，是用来衡量每个评价指标在评价指标体系中的重要程度的一个数量。指标权重的设计和确定，是设计评价指标体系的一项重要内容，对评价对象的未来发展具有一定的导向功能。

权重系统，是评价指标体系的所有权重的集合。

在课程教学评价中，指标的权重是指该指标在评价指标体系中所处地位的重要程度或所起作用的大小，并被赋予一定的数值。在课程教学评价指标体系中，每一个指标集合都对应着一个权重集合。因此，在设计课程教学评价指标体系时必须设计其对应的权重系统。设计发展性课程教学评价指标权重系统，要像"弹钢琴"一样，弄清各项指标的轻重程度，求得配比和谐，有利于评价对象科学而协调地发展。

权重和指标一样，也是人们认知价值的凝聚物。指标表明了那些要素对整个发展性课程教学评价的价值，而权重则表示每个指标在整个指标体系中的相对性的价值。人们对指标集合中各项指标相对性的价值的认识，体现在权重的集合之中。因此，权重集合是一种相对价值的集合。同时，权重系统又是把彼此独立并紧密联系的指标汇聚于一体的一种形式。这种形式是评价对象的量化结构的一种表达方式。

若在设计好的指标系统中给予每一项指标的权重为 w_1、w_2、w_3……即可获得该指标集合对应的权重集合：

$$\{w_1, w_2, w_3, \cdots w_n\}$$

即权重系统。权重系统可以用小数表示。如果指标系统是一个整体，并视为 1，则每一项指标的权重便会小于 1，但总和还是 1。即

$$w_1 + w_2 + w_3 + \cdots + w_n = 1$$

（二）确定权重的方法

确定权重的过程和设计指标的过程一样，是统一评价双方认知发展性教育教学评价指标体系各项指标的价值的过程，前述优选评价指标体系的方法也可以用来确定权重和权重体系。常用的确定权重的方法有以下几种。

1. 咨询专家意见平均值法

先咨询专家意见，由专家分别给评价指标体系中各项指标分配权重值，然后进行统计，求得各项指标权重的平均值即可。这是确定权重最简便的方法。

2. 反复咨询专家意见法

这是请专家多次填写权重专家咨询表（表 6-2）确定权重的方法。分发第一轮表时，请专家明确指标的不同等级，并在指标之间认真比较，判断各项指标的重要程度、赋值；分发第二轮表时，请专家对其有比较大的判断偏差的指标做出新的判断并重新赋值；如此反复几次，即可取得比较一致的意见。

表6-2　权重专家咨询表

重要性 指　标	很重要	重　要	一　般	不重要
指标 1				
指标 2				
……				
指标 n				

3. 关键要素归一定量法

即利用上述关键要素反复调查研究的结果进行归一化处理，得到权重系统的方法。

4. 对照配权法

这是一种定性和定量相结合确定权重系统的方法。该方法可由发展性评价双方对评价指标中的每两个评价指标对照、比较、赋值，然后计算各项指标所得分数和，再除以各项指标的总得分，就得到每项指标的权重值。

5. 评价双方协商确定权重法

由于发展性课程教学评价关注个性化的发展，所以就不需要设计统一的评价指标体系、统一的评价标准。当然，也就不需要确定统一的权重体系。因此，评价双方可以通过协商，探讨更适合评价对象发展的权重体系。其实每个人的发展都不会是一样的，正如"世界上不会有两片完全相同的树叶"一样，人的发展也是"千人千面"的。我们可以通过评价对象的教育教学反思和评价者的"对症诊断"，找出评价对象在发展上的主要矛盾和矛盾的主要方面，确定首要关键要素、次要关键要素等，确定更适合评价对象发展的权重体系。

四、高职课程发展性评价的指标系统

（一）课程开发的发展性评价

课程开发，特别是高职职业课程开发，是一项新的系统工程。高职课程开发还要摆脱学科课程学术体系的束缚，从课程开发理念到课程开发的具体实践都要进行新的尝试。伴随高职教育示范院校建设，高职课程改革进入新的阶段，即进入职业课程开发的阶段。为了使职业课程开发科学而健康地发展，就要开展课程开发的发展性评价。

我国高职教育课程开发正处在尝试、探索时期。课程开发的发展性评价自然是没有经验，需要积极地尝试、探索和积累的。

1. 高职教育课程开发评价的特点

（1）以社会、职业需要为最高价值。随着市场经济体制的建立、发展和不断完善，知识经济的大发展，产业结构的变化调整，技术结构的不断升级以及企事业、服务业的发展变化,高职教育课程开发的理念发生了根本性的变化,即由学术性变革为职业性。因此,职业课程的开发,应该在满足社会整体需求的基础上,立足于产业、行业、职业岗位(群)对职业人才的需求,注重高职人才的综合职业能力和综合职业素质的培养和提高。

(2)注重用人单位的参与。高职专业人才的培养是典型的定向职业教育。高职毕业生将直接到职业领域第一线就业。高职教育教学质量可以立即从毕业生就业能力、职业素质和行为中反映出来。所以,用人单位最有发言权。他们能提供更为全面的、具体的反馈信息,给课程开发提供很有价值的意见。因此,可以请行业专家、企业实践专家和管理专家参与课程开发及其评价,让他们成为课程开发评价的主体之一。

(3)立足于高职课程体系的整体开发。高职教育课程体系是整个高职课程体系的核心。其整体功能直接决定着高职专业人才的培养目标和规格质量。其中,任何一门职业课程的开发都必须站在整个课程体系开发的高度上考虑、分析和判断。因此,评价高职职业课程的开发首要的是判断整个课程体系的系统功能的最优化程度,然后再判断其各门课程开发的优劣。

(4)强调评价的过程性、周期性。高职职业课程体系是一个开放性的体系,与社会相应的职业领域的联系极为密切,将随着社会对职业人才需求的变化而不断进行调整。课程的开发和调整的依据正是课程评价。课程开发评价应渗透于课程开发的整个过程和各个方面,主要包括课程开发来源和定位的分析,专业课程体系方案的设计,各门课程的课程标准的制定,课程的学习情境(或项目)教学方案的设计,课程资源的开发,课程学业评价方案的设计,等等。这些都难以一步到位,需要反复、周期性地评价、改进和发展。

2. 课程开发发展性评价的质量观察点和评价内容

在课程开发过程中,发展性评价的目的是调控课程开发的质量。因此,发展性评价只能是一种形成性或过程性评价,不太可能也没有必要对课程开发的全部内容做出评价,只需要把握好主要观察点的评价,就可促进课程开发的发展。表6-3列举了这些主要观察点。

表6-3　课程开发发展性评价的质量观察点和评价内容

质量观察点		评价内容
岗位分析和课程定位	岗位分析	是否符合职业岗位（群）描述的要求； 是否适应高职教育的层次、性质； 是否适应人力资源市场的需求； 是否体现了本学院专业的特色
	工作任务分析	是不是职业岗位（群）的实际工作任务,并能涵盖岗位的所有工作任务； 任务编排的逻辑和层次是否清晰、合理； 任务分析是否足够详细，内容足够清晰
	职业能力分析	是否符合职业能力的描述（要求），并结合具体职业内涵来表达能力； 是否涵盖典型工作任务对职业能力的全部要求； 各个职业能力之间的逻辑关系是否清楚； 职业能力的描述是否足够具体，内容足够清晰
	人才培养规格	人才培养目标是否符合职业岗位（群）的实际要求； 培养规格是否涵盖本专业对职业综合能力的主要要求； 培养规格各项要求描述是否准确，彼此之间的层次关系是否清晰
专业培养和课程安排	课程设置	是否体现了学习领域课程或项目课程的设置要求； 能否满足本专业人才培养的要求； 课程编排的逻辑关系是否合理，与本专业的学习心理特点是否符合； 实施中是否具有可存在性，会不会出现什么矛盾
	课程内容与求	是否体现了人才培养方案对该课程内容的总体要求； 各个单元（学习情境或项目）编排之间的逻辑关系是否合理、清晰； 每个单元内容的描述是否明确、清晰
	教学场所	建设模式是否与课程模式（学习领域课程或项目课程）的理念相吻合； 能否满足职业人才技能培养培训的基本要求； 是否具备建设的可能性和现实性
课程标准	设计思路	是否涵盖设计构思所要求的全部内容； 在职业课程一般理念的基础上是否体现该课程模式（学习领域课程或项目课程）的特有构想；文字表达是否明确、清晰、流畅
	课程目标	是否明确、清晰、完整地描述了该门课程的设计目标（能力目标、认知目标和情感态度价值观目标）； 是否能达到设置这门课程时所要求的职业能力和通用能力

质量观察点		评价内容
课程标准	课程内容	是否涵盖该门课程的全部任务，并与设置这门课程时所承担的典型工作任务相对应；任务编排的逻辑关系是否清晰、合理； 技能描述是否体现了实际工作任务对技能的要求，并且描述得很清晰； 对知识的描述是否达到了技能习得对知识的所有要求，知识在各个学习情境（或项目）之间的布局是否合理
课程教学方案	学习情境或项目的选择	学习情境或项目的设计所选择模式是否恰当； 学习情境或项目能否最优地满足能力培养的需要，其模式是否合适； 学习情境或项目能否有效地激发学生的学习需要、兴趣和动机
	教学目标	描述是否明确、清晰，令人心动，双方能有效地引导教学过程和指导教学活动；与课程标准中的课程总目标是否相对应和协调
	工作任务	与课程标准的工作任务是否相对应； 任务描述是否足够具体、细致，是否可操作性强，难度合适
	活动设计	是否学生自主进行的活动情境设计； 是否涵盖职业能力的不同侧面； 活动过程对于增强学生职业能力是否有效和有效程度以及可操作程度； 活动过程设计和情境设计的创新程度
	支撑知识	理论知识和实践知识在各个学习领域（或项目）中的布局是否合理、协调；与课程标准中的课程内容、要求是否适应
课程资源开发	内容呈现方式	是否为学生学习提供足够的学习内容； 是否体现职业课程（学习领域课程或项目课程）内容的呈现特色； 与课程标准对内容的要求是否一致，表达是否准确、清晰
	内容呈现的支持资源	资源的启迪性、恰当性怎样，与课程内容的紧密性如何； 资源的丰富性怎样，能否为课程内容提供足够的资源； 资源的真实性程度，直接源自职业领域的资源占比多少
	过程引导资源	教学过程资源设计与职业课程理念吻合的程度； 过程资源设计的创新性怎样，是否有利于职业能力的培养； 过程资源的丰富程度如何，是否形成完整的体系； 过程资源可操作性怎样，是否有助于训练学生的技能
	学生操作资源	与职业课程的理念是否吻合； 是否有利于训练学生的操作技能； 培养学生职业能力的效果如何

3. 课程开发发展性评价的方法

课程开发发展性评价方法主要有说课法、参与法、文献法、对话法等。

（1）说课法。所谓"说课"是指教师（团队）主要用口述的方式对课程（教学）开发、设计、实施、学业评价方案等的陈述和说明的教学行为，实际上是一种教学研究活动。评价者通过组织或参与说课活动，可以比较清楚地了解课程开发的理念、思路和做法；了解课程的整个开发过程。比如，职业领域和工作系统、典型工作过程（行动领域）、职业综合能力以及所学专业的能力结构、技能结构和支撑知识结构的分析；如何制订专业课程结构方案；如何进行每门课程的整体设计和制订实施方案等，从而对课程开发的成果、价值和问题做出判断。

（2）参与法。就是评价者跟踪参与课程开发的主要或关键的几个阶段或程序，更能直接、真实地了解课程开发的理念、思路、做法、成果和问题，并可以提供一些建议，促进课程开发的良性发展。

（3）文献法。主要是通过阅读课程开发的一系列文件进行分析和综合，对课程开发的成果和问题做出初步判断，再和对话法结合起来，做出准确的判断。

（4）对话法。主要针对文献法没有弄清的问题和评价对象进行交谈，以便更清晰地了解课程开发的成果和存在的问题，做出更准确的判断，并给出一些更切合实际的建议，促进课程开发的发展或完善。

（二）课程整体设计的发展性评价

1. 课程整体设计发展性评价体系的思考

目前，尚无高职课程设计发展性评价的指标体系，表6-4是我们对高职课程整体设计发展性评价的初步思考，供读者参考。

表6-4　课程整体设计发展性评价指标体系的思考

评价指标	指标内涵（参考）	权重
课程目标	三大目标（能力，认知，态度、情感、价值观）源自职业岗位（群）工作分析和专业课程体系对该课程的要求，并符合高职生学情，可检验；能力目标能用项目或学习情境的实现检验；认知目标应突出对能力目标的支撑作用，并符合高职生的认知规律	15

续 表

评价指标	指标内涵（参考）	权重
课程内容	内容设计、安排应以能力训练项目为主线，小、中、大项目编排合理，广度、深度合乎高职教育要求，符合递进式，台阶设置合适；学时分配合理	20
课程实施策略	课程实施设计有利于"理实一体化"或"教学做一体化"； 根据能力训练项目的实施要求，选择或设计训练的组织形式； 充分运用行动导向的教学模式，应用互动式或启发式教学方法，充分发挥高职生学习的主体性，注重教学过程的生成性和合作学习	25
课程资源开发和利用	选用或编著的教材符合高职课程开发（设计）的要求，符合"理实一体化"的要求，符合高职生的认知规律和风格； 实践所用硬件设备与条件具备，台套充分，能满足技能训练要求； 教学软件选用或设计制作有利于构建职业学习的真实或仿真的情境	25
课程学业评价	课程学业评价应符合职业学习评价的特点，实行形成性评价和总结性评价相结合，并注重发展性评价和能力目标的评价； 能力目标考核用学习项目完成程度、效果考核；认知目标考核应侧重知识的应用；态度、情感、价值观考核应采用表现性评估	15
综合评价		

2. 课程整体设计发展性评价的方法

课程整体设计发展性评价的方法主要有说课法、文献法和对话法等。

（三）单元课教学设计的发展性评价

1. 单元课教学设计的发展性评价指标体系的思考

表 6-5 列举了我们对该体系的具体思考，仅供参考。这里所说的单元课指的是学习领域课程的学习情境和项目课程的具体项目。

表6-5　单元课教学设计发展性评价指标体系的思考

评价指标	指标内涵（参考）
教学目标	三大目标（能力，认知，态度、情感、价值观）明确、具体，符合课程标准，可检测性好；突出能力目标（专业能力和关键能力）
教学内容	以项目或学习情境为载体，突出能力训练任务； 以"必需、够用"为度，选择相关的支撑性理论知识和技能知识
教学模式	贯彻行动导向，充分调动高职生学习的主动性和积极性，主动投入教学过程和能力训练活动中； 积极应用互动式或启发式教学模式，实行师生、生生互动
教学方法	根据课程性质、类型灵活选用适合"理实一体化"和高职生学习特点的教学方法（如项目教学法、学习情境"六步教学法"、案例教学法、引导文教学法等），并有利于能力训练和培养
教学媒体	媒体选择有利于构建真实的或仿真的教学情境（情景）； 充分发挥多种媒体的组合效应和效果，如多媒体形象、直观、动态，录像可反复再现、逼真，板书利于笔记等，实现优势互补
教学形式	有利于"理实一体化""教学做一体化"教学活动的实施，体现职业学习氛围，融合职业素质的感染、训练和养成； 灵活运用学习小组，加强生生互动，培养合作学习和团队精神
教学过程	体现"理实一体化"，教、学、做紧密结合； 行动引导，让高职生真正行动起来
学业评价	注重形成性评价，并与总结性评价相结合； 突出能力考核，注重真实性评价，主要看训练项目完成情况； 知识考核以考核知识应用为主
综合评价	

2. 单元课教学设计发展性评价的方法

单元课教学设计发展性评价的方法主要有说课法、文献法和对话法等。

（四）一次课的发展性评价

评价观念决定评价的标准和方法，运用发展性评价对一次课（2课时或1课时）教学评价，首先是评价观念的转变。现在很多教师都认识到"教师唱主角的课或唱独角戏"的课不是好课;"只达到认知目标"的课不是好课;"中评不中用"的课不是好课等。好课应体现出学生学习的主体性,重视学生的主动、积极参与,重视学生创新意识和创新思维习惯的培养,重视随机生成目标的价值,重视人生观和价值观的养成。这只能从具体的过程中考察、判断。所以,教学场所的现场观察、调研,学习效果分析非常重要。

1. 评价模式

目前,我们还没有现成公认的一次课发展性评价的模式和评价方法,还需要不断探索。具有可操作性、可资借鉴的有 CIPP 模式,具体操作如下。

第一阶段:诊断教学目标。传统教学主要强调知识的传授,以理解、巩固和掌握知识为导向,即使提倡学生的主体性也只是接受式的主体性。发展性评价强调学生主体性的发展,要求设定的教学目标涵盖知识掌握目标、技能达成目标和心理发展目标,并有机地结合起来,形成一个统一的整体并具有层次性(即针对学生个性化目标),成为促进学生主动发展的目标。

对制定的教学目标进行评价,可以更好地选择目标,并且对课程教学性质有个初步判断。由于评价对象的主动参与,就可以通过诊断评价目标帮助评价对象更深入地认知和理解发展性教学,自觉地贯彻教学目标。

第二阶段:评价教学方案设计。教学方案,简称为教案,是对开展教学活动的预先设计,需要通过分析学情和教材,选择教学内容、方法、形式和手段。教案包括学习目标的表达、教学过程的安排等。发展性评价是看教案对一系列教学问题的处理,如评价学习目标的表达与教学过程安排之间的对应关系;教师、学生、教学内容、教学活动和手段、教学场所的相互关系等。还要评价教案实施的可行性,如教学条件的准备、教学策略的适切性和可操作性。评价的目的在于使教案更合理,因此应在开展教学之前进行。

第三阶段:评价教学活动过程。这是对教学方案实施情况的评价。教学方案只是一种构想、一种计划,能否得到真正实现,还需要通过实际教学活动过程的观察、检验,面对复杂多样、丰富多彩的教学场所,可能存在许多不确定的因素,也会产生非预期的生成性目标和效果,甚至可能出现"只可意会,不可言传"的场景。因此,评价者必须深入教学场所,取得第一手信息和材料。当然,评价者应当到教学场所观察、记录,也可以采用先进的录音、录像、多媒体设备进行教学活动过程的实况录制。如前所述,发展性教学评价要求进行周期性的过程评价,要求取得相应的系统的教学实录信息资料,要求将教案的实施情况和预期的教案做比较,特别要将师生的教学活动和表现实况记录或实录下来,以便对一次课教学活动和过程做出详细、深入、全面的分析与判断，从而判断这次课的教学过程是否符合学生认知和技能的发展规律。

对教学活动过程做评价是发展性教学评价活动的核心。我们应十分重视这个阶段的评价，因为整个课程是由一次次课组成的，而每次课的教学过程质量如何会给课程的整体质量带来直接影响，关系到学生的发展和成长；就发展性评价本身来说，也是很重要的一次形成性评价。如果缺少了对教学活动过程的评价，进行发展性评价也就失去了基础。

第四阶段：评价教学成果或效果。这是对教案实施结果的评价。教学效果主要体现在学生的发展上，因此要比较学生实际的发展结果与教案目标，找出差异和原因；评价教学活动对教案预期与非预期的效果等。这一方面是对开展周期性教学活动的全面考察；另一方面是为了落实评价的改进功能，促进教学活动过程的发展和改善。

2. 一次课发展性评价的方法

一次课发展性评价的方法主要有说课法、观察法、文献法和对话法等。❶

（1）说课法。评价者通过组织或参与一次课教学设计的说课活动，可以比较清楚地了解一次课教学设计的理念、思路和做法，了解一次课教学设计的过程。比如，如何根据课程标准落实该次课所承担的职业能力以及具体的能力结构、技能结构和支撑知识结构的培养；如何制定这次课的学习目标；如何进行教学内容的具体设计、实施方案设计；如何利用和发挥教学资源的功能；如何制定这次课的发展性学业评价等，从而对这次课教学设计和实施的成果、价值和问题做出判断。

（2）观察法。实际上就是到教学现场观课、听课，重点观察教学活动过程的安排、学生活动和教师活动的关系、师生互动情况、学生主体性和教师主导性的具体体现程度；教学情境的创设情况；教学资源的利用情况；教师的教学艺术和教学风格等。采用观察法应当做好记录，其格式可以参考表6-6；有条件的可以进行实况录像。

表6-6　教学评价现场记录表

教学主要环节	学生活动	教师活动
1. 教学准备		

---

❶ 刘志军. 发展性课程评价研究 [D]. 上海：华东师范大学,2002.

教学主要环节	学生活动	教师活动
2. 本课导入		
3. 教学过程		
4. 结课		

（3）文献法。主要通过阅读一次课设计的文件进行分析研究，对一次课的教学成果和问题做出初步判断，再和对话法结合起来，做出准确的判断。

（4）对话法。主要针对文献法没有弄清的问题，和评价对象进行交谈，以便更清晰地了解一次课程的教学效果和存在的问题，做出更准确的判断，并给出一些更切合实际的建议，促进课程教学的不断发展或改善。

第三节　高职教育课程发展性评价模式的构建

一、构建课程发展性评价模式的基础

（一）建立主体性教学机制

课程发展性评价的重点在于通过评价促进评价对象即课程的发展，其中也包括教师的专业发展，更重要的是教师促进学生自主学习和主动发展从而获得自我发展。

教学是师生双方相互交流、相互融合的促进、发展的活动过程。学生是教学活动的主体，教师是活动的主导，学生如同戏剧影视中的演员，教师则是导演。正如哲学上所说的，内因是变化的依据，外因是变化的条件，外因只能通过内因起作用。在教学活动中，学生主体是指学生能积极主动参与、完成教学实践活动，构建其智能结构，获得新的发展；教师主导则是指教师是教学活动的设计者、引导者。

发展性教学的根本目的在于使教学过程成为学生自我活动和自我教育的过程，在于使教学场所真正成为学生活动的场所。现在，虽然一再强调学生是教学活动的主体，但主要局限在学生接受知识、技能的层面上，没有深入到学生主动建构其智能结构的核心层面上。

即使非常强调学生主体，也摆脱不了"三中心"（教师中心、教材中心和课堂中心）的阴影。因此，发展性教学评价明确要求要对学生开展教学主体性教育，并落实在具体的教学活动实践中，建立完善的主体性教学机制。

1. 培养学生的主体意识

要让学生明确其在教学过程中的主体地位。长期以来，在传统教学机制下，学生已经习惯于被动接受学习的局面，一切听从教师的安排。所以，培养学生的教学主体意识（并非易事）就成为建立主体性教学机制的关键。要清醒地认识到，学生的教学主体意识并不是自发形成的，需要教师有意识地、长久地培养。这就要求教师在教学的整个过程中反复地、不辞辛劳地让学生明确学习目标，了解并理解学习过程及其重点、难点；同时，充分发挥其主导作用，引导和提高学生的主体性，激发学生的求知欲、探究欲，帮助学生摆脱被动学习、养成主动学习的习惯。

2. 认真设计并贯彻主体性教学目标

教学目标是教学所要达到的具体标准，是教学使学生发生的变化或发展。传统的教学目标主要强调学生知识的增加，而非学生智能结构的主动建构。它强调学生作为接受主体的主动性和积极性，没有形成学习主体的积极性、创造性。课程发展性评价之所以特别强调要设计、构建主体性教学目标，就是要从根本上改变学生被动接受知识、技能的局面，并使教师具有明确的教学目的性。

主体性教学力求让学生把知识学习、能力培养、素质养成和情感体验有机地结合起来，从而在智能领域，素质领域和情感、态度、价值观领域发生相应的变化。

主体性教学目标，即学习目标，主要包括三个不同的层次和方面：认知掌握目标、技能达成目标和心理发展目标。❶

（1）认知掌握目标是指学生在规定的学习内容和学习时空内，在认知上所能达到的"应知、应会"的内涵和水平。

（2）技能达成目标是指学生在完成规定的课业或实训任务后，相应的技能所能达到的标准。

（3）心理发展目标是指学生在一定阶段情感、态度、信念、意向、意志、价值观、高级思维等不断完善的程度和水平，其中主要看思维品质的发展程度。

---

❶ 杜瑛. 我国高等教育评价的范式转换及其协商机制研究 [D]. 华东师范大学,2010.

教师通过教学活动培养学生的自主性、独立性和创造性，更要使学生在教学过程和活动中表现出自主性、独立性和创造性。

怎样使上述目标融合在一起，形成统一的整体，并有机地融合于教学中，正是当前亟待解决的实践性课题。设计并实施主体性教学目标的前提就是树立学生主体观，并转变人才观、教育教学观、教学质量观，把学生看作教学活动的主体，积极引导学生参与教学过程，主动建构其智能结构，发展其情感、信念、价值观和个性品质。

3. 引导学生学会学习

传统的教学方式把学习定位在让学生理解、掌握、巩固、运用知识、经验上，让学生记忆教师所教授的知识、技能，验证已有的定论、结论，致使学生不知道知识的来源，也不知道如何做学问、搞研究，没有教师教就不知道学什么、怎样学。

著名物理学家杨振宁说："中国人学物理学的方法是演绎法，先有许多定理，然后进行推演，美国人对物理的了解是从现象出发，倒过来的，物理定理是从现象归纳出来的，是归纳法。演绎法是对付考试用的方法，归纳法是做学问的方法。"❶

学会学习就是使学生成为独立自主的、聪明高效的学习者。课程教学应当引导学生学会自主更新或构建其认知结构和智能结构，在学习过程中能根据其具体的学情选择学习内容和学习策略、方式方法。

学会学习就是要掌握获得知识、技能的方式方法，学会做学问的方式方法，使思维经常处于活跃的状态，不断地吐故纳新，创造性地学习。

课程发展性评价的根本目的就是要促进课程教学进入促进学生学会学习的状态，使课程教学过程成为培养学生学会学习的过程。

4. 指导学生自主探究式学习

所谓"自主探究式学习"，就是指学生在教师指导下主动进行创造性学习。教师可以根据学生的具体学情，给学生以更多的学习机会和学习空间，学生不但可以学好课程规定的内容，还可以自主选择相关的内容或探究性课题。这就从根本上确立了学生的主体地位。

开展学生自主探究式学习，需要教师用更多的精力进行课程教学设计，着重

❶ 沈琪美.课程评价的研究模式与鉴赏模式之比较研究[D].长沙：湖南师范大学,2012.

培养学生的自主学习能力，掌握有效的自主学习策略和方式方法。具体地说，第一，要帮助学生树立自主学习意识，克服依赖心理；第二，要指导学生学会发现问题，选择和确定自主学习的课题；第三，要指导学生收集有关的信息资料，进行整合处理；第四，分析和解决探究的课题，包括提出解决课题的方案和选优；第五，具体地解决课题，并形成探究成果；第六，尝试总结。总之，教师要根据课程教学要求，善于选择和创建开展自主学习的教育教学策略和方式方法，并对学生强化自主学习的指导和训练，从而真正促进学生的自我发展。

5. 强化学业过程评价，完善教学反馈机制

学业过程评价是学生学好课程和促进学业发展的非常重要的机制，也是课程发展性评价的一项主要内容。

课程发展性评价的教学反馈是主体性教学的必需环节，主要强调课程的教师群体或个人能主动地、经常地进行教学反思，并通过对课程的形成性评价诊断课程的教学过程和存在的问题，不断地改进教学过程；同时强调学生的学习反思，养成自我评价、自我改进的习惯，以促进学业的发展，从而使整个教学过程与时俱进，不断发展。

课程发展性评价不只局限于"一堂课"的评价或学生学习成绩的评价，而是要关注整个教学过程对学生发展和教师发展的作用，关注课程的整体发展程度。所以，课程教学反馈是很重要的发展性评价环节。

（二）面向全体，促进学生全面和谐发展

面向全体学生，促进学生全面和谐发展是开展课程发展性评价的主要标准。

1. 面向全体

课程教学做到面向全体学生首先要树立一种全新的发展观，即关注每一个学生的进步与发展，力求使每一个学生都在其原有基础上和"最近发展区"获得发展。这里可能会有人提出面向全体与发展个性的关系问题，但是面向全体与发展个性并不矛盾，因为这个全体是指含有不同关系和差异的全体。发展性课程教学在面向全体学生的同时，还要求充分发展学生的个性。其中的"个性"主要指学生的学习个性，即学生个体互不相同的学习需求、兴趣、风格、习惯、思维方式和心理品质等。课程发展性评价主要是看课程教学是否为学生个性发展提供了时空并努力实施个性化教学。

个性化教学表现在使"每一个学生感到学习是一种需要，是发展的需要"，

是关系人生价值的一种活动。面向全体要求在不同学生的差异性中谋求最佳的协调和结合，这就要求课程教学做到三个基本点：一是了解每一个学生的学情（学习需要、兴趣和学习水平）；二是要立足于每一个学生的"最近发展区"；三是设计分层次的教学目标，适应每一个学生的学习需要、基础和水平。❶

2. 全面和谐发展

促进学生全面和谐发展是素质教育也是现代教育的最佳目标或终极目标，便是发展性教学评价中的重要内容。全面和谐发展是指人的德、智、体、美、劳诸方面和谐地发展。具体到课程教学就是要做到认知、操作技能学习和情感的统一。我国古典学习理论强调学习过程是知、情、意统一的过程，现代人本主义学习理论也持这一观点。没有知、情、意三大学习要素的共同参与，学习过程就不会发生和发展。

开展课程发展性评价更重视教学情感因素内涵的丰富，强调情感、态度和价值观的统一。情感不仅指学习需要、兴趣、热情、动机、求知欲、探究欲等，更指内心体验和心灵世界的丰富；态度不仅指学习态度、学习使命，更指实事求是的科学态度、乐观的人生态度和宽容的生活态度；价值观更强调个人价值与社会价值的统一、科学价值与人文价值的统一、人类价值与自然价值的统一。

全面和谐发展并不是平均发展，而是正确处理全面发展与特长的关系、共性和个性的关系。这里所说的"特长"是指学生才能方面的某种优势。事实上人与人之间在智力结构上有很大的差异。就学生个体来说，不可能门门课程都优秀，每个领域都精通，而是有所长也有所短。全面发展不是统一规格。高职教育的课程教学需要挖掘每个高职生特殊的专业或职业天赋和潜能，让他们成为有专长的职业人才。

（三）构建和实施民主开放的教学运行机制

课程教学是有计划、有目标的活动，其运行也是按照一定的程序进行的。长期以来，课程教学都是按照预先设计好的模式运行的，从而形成了一定的封闭性。实际上，师生的智慧是非常活跃的因素，在教学过程中有时会发现新的问题，甚至生成新的教学目标和新的创意。这正是课程发展性评价最关心的问题之一。课程发展性评价就是要打破教学运行的那种封闭性的局面，实现教学民主和教学开放。

---

❶ 王惠. 发展性课程评价在高校课程评价中的运用 [J]. 黑龙江教育（高教研究与评估），2008(03)：81-83.

1. 教学民主

所谓"教学民主"，主要指教学过程中的师生关系是一种平等参与、相互合作、彼此促进、教学相长的关系，并且允许学生在教学过程中提出质疑，发表个人的见解。理解教学民主可以先从教学活动中的师生所形成的交往关系着手。首先，师生关系是人与人的关系，必须遵循人际交往的基本原则，教师应以平等的态度对待学生，把教学看作师生共学共享经验的过程，即教学相长的过程。其次，教师要鼓励学生的大胆质疑，敢于对教师的见解提出各种疑问。我国著名力学家茅以升对学生考核就是采取让学生出考题的方式，即让学生考老师。

西方有一种"尝试性学习法"，鼓励成功，也允许失败。失败不但可以获得教训，而且可以使人更接近成功。教学民主就是提倡这类能促进学生发展的教学。

2. 教学开放

教学开放有多重含义，主要是针对传统教学的"三中心"来说的。

（1）突破"教师中心"。20世纪中叶以来，"教师中心"说就受到了巨大的冲击，并难以立足。教育界越来越认识到，学生才是教学的主体、发展的主体，对"学生主体，教师主导"形成了共识。但是，实践起来并非容易的事情。比如，教师采用谈话、提问等方法让学生多活动，让人看到学生发言踊跃、情绪热烈、行动积极。然而，学生的学习并不一定就是主动的，很多情况是学生被老师的一个一个问题牵着思考，没有多少自己的思维活动空间，仍然没有摆脱"教师中心"的束缚。是不是突破了"教师中心"关键是看学生的思维过程、学习方式有没有其独立性，有没有独立思维的时空。如果学生的思维只能跟着教师预先设计的轨迹进行还算不上是开放式的教学。

教学系统应当是一个开放的系统，不能拘泥于教师预设的固定不变的程式之中。教学肯定要有预设的目标或目标系统，但在实施过程中需要开放性地纳入新生成的目标、师生的直接经验和体验，鼓励师生的即兴创意创造，鼓励学生的大胆质疑精神。正如布卢姆所说："人们无法预料教学所产生的成果的全部范围。没有预料不到的成果，教学也就不成为一种艺术了。"❶

（2）突破"教材中心"。这主要是针对教学内容来说的，主要表现为突破书本的局限，向社会生活领域（包括职业领域）的拓展；课程之间的渗透、开放和整合；教材内容体系和表现形式的多样。

---

❶ 王惠. 发展性课程评价在高校课程评价中的运用 [J]. 黑龙江教育（高教研究与评估）,2008(03)：81-83.

对于高职教育来说，职业课程的开发必须从源头开始，职业课程教材几乎都要重新开发。也就是要突破原有高专教材的局限，重新构建高职教育的教材体系和各个课程的教材，不但在教材内容体系上要突破，在表现形式上也要有明显的突破。总之，开放的教学必然在教材编著和使用上都有所开放。

（3）突破"课堂中心"。传统教学习惯于课堂教学，教室几乎成了教学的唯一场所。发展性高职教育教学要突破教室的局限，建构校内外的符合职业技术教育要求的教学场所，让高职生在真实的和仿真的教学情境中学习职业知识、掌握职业技术，真正成为具有适应和发展现代职业技能的专业人才。

（四）重视现代高职教育课程的开发和整体设计

1. 重视课程开发，特别是高职教育课程的开发

课程开发包括专业课程结构体系的重新建构和开发、各门职业课程的开发以及公共平台课程的二次开发。国家级高职示范院校的重点专业课程改革实践表明，职业课程开发是深化高职教育教学改革的关键。课程发展性评价对课程开发的发展有其重要作用。

职业课程的开发必须从课程建构的源头开始，也就是要从职业领域的工作系统的分析意见做起。进入 21 世纪以来，许多高职院校进行了职业课程开发理论和实践的一系列探索。毫无疑问，课程发展性评价应当紧跟高职课程开发的进程，研究课程开发的发展性评价问题，以促进高职课程开发的发展。

2. 重视课程教学的整体设计

在对职业领域典型工作过程进行系统分析，设计出专业课程结构方案之后，就要做好各门课程的整体教学设计。这是落实课程开发基本理念和思想的全局性工作，要根据课程标准设计教学模式、教学策略和方式方法、教学过程，建构教学情境，选择教学资源和教学媒体，设计发展性课程学业考核和评价方案等。课程发展性评价可以通过说课等方式促进这项工作，使课程开发不断向前发展。

（五）选择体现现代高职教育教学的教学策略和方法

教学策略是在一定的教学模式指导下，对实现特定的教学目标而采取的教学方法、教学组织形式，以及教学媒体的总体谋划。其中，教学模式是在课程教学理论指导下，根据对教学内容和学生学习特点的分析，对教学过程和教学活动方式的简要概括；教学方法是为达到教学目标、完成教学任务而采取的方法，是教

师引导学生掌握知识与技能、提高能力、发展身心素质的方法，包括教师的教法、学生的学法和师生互动的方法。既有教师的行为又有学生的行为，还有师生互动的行为。教学方法多种多样，就有一个优选优组的最优综合运用问题；教学媒体是创设教学情境、构建适合教学的常用手段，也是多种多样，也有一个优选优组的最优综合运用问题。综上可见，谋划和实施教学策略是非常复杂的，需要教学智慧和教学机智的不断修养和发展。

1. 教学模式

教学模式多种多样，学科课程模式多采用理论课和实践课并行的方式进行。这种模式不适合高职教育。高职教育宜采用"理实一体化"的教学模式。

（1）重"问题—发现"教学模式。传统教学模式比较单一，即"讲授—接受"模式。这是一种教师通过语言阐述和示范操作，使学生接受、掌握知识和技能的教学。整个教学过程，主要依靠教师组织和扮演主角，学生听从教师安排，实际上就是传统教学的"三中心"。

"问题—发现"教学模式，是指在教师的指导下，学生通过发现、分析和解决问题的过程，生成经验，发现新知，构建或重构其知识结构和技能结构的一种教学模式。在教学过程中，学生始终处于主体地位，教师主要进行引导；在方法上以学生探究、解决问题、完成作业、进行实训为主。换言之，整个教学过程是从问题开始，通过收集和分析有关信息并提出解决问题的方案——实施方案、解决问题——得出结论，发现新知识和掌握"新"技能。

（2）重"项目（任务）—行动导向"的互动式教学模式。传统教学模式以教材为载体，主要是"教师讲，学生听"，教师多半是独角戏的角色。发展性课程教学要求学生成为学习的主体，成为教学活动的主角，教师的主导作用在于引导教学、组织教学过程。教学的载体是学习项目（任务）或学习情境，以完成项目的行动组织教学过程。在这个过程中，学生通过行为互动，取得经验，掌握技能，重构知识和技能结构。这应当成为高职教学的主导教学模式。

2. 教学方法

教学方法的根本宗旨之一，在于由教到不教，让学生学会自学。因此，教学方法的改革，要突出对学生学法的指导和学生学习方式的改革。

（1）重学习方法指导。影响学习方法的因素有内因和外因。就内因而论，按照我国古代学者的研究，主要是三大因素——知、情、意。知就是认知（能力、本领、策略、技巧等）；情指情感、情绪、需要、兴趣、动机、态度、求知欲、创造欲等；意则指意向、目的目标、理想、信念、信仰、价值观等。有一则广告说得好，"学习是一种信仰"。开展学习方法的指导，就是要围绕这三大因素来进行的。

第一，开展学习心理指导。现在，实用主义很流行，"学习无用论"影响很大，再加上浮躁之风盛行，高职生认真学习的人数不多，需要进行学习心理指导。首先要培养学生积极的学习兴趣，兴趣是学习的强有力的导师，学生对学习目标和内容产生了兴趣，才会努力学习，刻苦钻研，不畏艰难和挫败；其次要培养学生的学习动机，学习动机是发动和维持学习活动的心理动力，直接影响学习的进程和效果，每次上课都要讲清学习目标和学习内容，并做好课前导入，这些有利于培养学生的学习动机；最后要培养学生的意志力，这是决定学业成败的重要因素，锐意进取，才能开拓新的学习领域，坚持不懈，才能攀登学习的高峰；最后，培养学生良好的学习习惯。譬如，养成制订和落实学习计划、按时预习复习和按时完成作业的习惯等。健康的学习心理是获得学习成功的决定性的要素。

第二，有针对性地开展学习方法指导。要针对学生的个性和差异性，开展多种形式的学习方法指导。哲学上有个很有趣味的命题："世界上没有两片完全相同的树叶。"人也是如此，人性化的教育，就是合乎发展个性的教育。孔子是提倡并贯彻"因材施教"的典范。课程教学应在教学过程中渗透学习方法的教育。每个课程都有其特有的学习方法，教师不但要教会本课程的学习方法，而且要帮助学生从中归纳、提炼一般的学法。

第三，学习方法指导与教学方法改革结合。学习方法指导重在使学生学会学习。因此，就应以学习方法定教学方法。课程发展性评价不但要看学生学业的进步和发展程度，而且还要看学生是否学会了学习，看学会学习的发展程度。譬如，学生是否适应了课程教学模式和教学策略的变革，学生学习的主体性、教学过程参与性的提高程度等。

（2）开展自主、探究、合作学习。学习方式和学习风格的变革是教学策略和教学方法变革的集中体现，也是课程发展性评价的主要指标。

第一，自主学习。传统教育中学生的学习是"从师学习""被动学习""继承性学习"，而发展性教学则要求学生"自主学习""主动学习""创造性学习"。具体地说，就是学生根据课程教学目标和计划的要求，制定自己的学习计划和策略，主动参与教学过程。学生不但能完成学习任务、解决学习问题，并能在学习过程中获得直接经验和方法，获得情感体验，主动构建知识技能结构体系。

第二，探究学习。这是相对于学生在传统教学中的"接受性学习"而言的，其基本特征是：有一定的探究主题和内容；类似于科学研究的情境；学生独立自主发现问题，进行探究性的实验、操作、设计、制作、调查、创意、表达、收集和处理信息等，从而建构知识结构、技能结构，提高解决问题的能力和发展学业、提升素质的能力。

第三，合作学习。这种学习方式对培养现代人才是很重要的。和谐合作，共同攻关，分享成功是现代人才必备的素质和品格。相对于"个体学习"，合作学习具有一些基本特征：以团队或小组形式进行合作式学习；具有共同的学习任务、奋斗目标，明确的分工；强调团队成员互相支持、密切协作，共同完成统一的任务。从而培养团队合作意识、精神、能力和品格。

二、高职教育课程发展性评价模式的探索

高职教育课程发展性评价是一个过程，而且有比较强的针对性，既有的难以固化为特有的评价模式。但可以挖掘出既有的反映高职教育课程发展性评价理念的评价模式，也可以探索新的适合高职教育课程发展性评价的模式，供评价者参考。

1. 采用 CIPP 模式进行高职教育课程发展性评价

该模式由评价专家斯塔弗尔比姆首创，共分四个阶段：背景评价（Context）、输入评价（Input）、过程评价（Process）和成果评价（Product）（表 6-7）。

表6-7 CIPP模式的评价模式阶段与内涵

评价阶段	评价内涵
背景评价	这是对目标本身的诊断性评价，即根据社会需要和评价对象状况提出的目标做出价值判断。主要是分析和判断目标满足社会、评价对象的程度及目标与实际影响之间的差异
输入评价	这是对教育方案可行性的评价，即对实现目标所需要的条件及可能获得的条件进行评价。譬如，实现目标所需要的成本、可利用的人力资源和物力资源、解决问题的策略和程序设计费用等。还有，最佳评价方案的获取
过程评价	这是对教育教学方案实施情况的评价，以获取方案实施情况的反馈信息，作为修改的依据。要比较方案的执行过程和预定过程，并考察、研究方案是否按计划实施，参与者是否以有效的方式利用现有资源、方案，以及参与者接受方案的程度及方案发挥作用的程度，观察者和参与者对活动评价和教育教学活动的全面判断

评价阶段	评价内涵
成果评价	这是对教育教学方案实施结果的评价，即测量和判断所用方案的实施效果，并决定是否继续使用或修改这个方案，还是终止使用该方案。其中，要确认使用者对方案的满足程度，考察方案的预期和非预期效果，以及实施方案所产生的积极效果和消极效果；比较该方案和备选方案的结果；比较成果和目标的差异；考察费用是否超支以及超支的情况；分析未达到目标与未能实施方案之间的相关程度，等等

2.采用合作评价模式，进行高职教育课程发展性评价

（1）建模依据。随着社会的进步，科教兴国战略的提出，教育行业迅速崛起，办学形式的多元化，政府支持的公立学校和具有雄厚资金背景的私立学校双重并进。政府教育行政部门、学校、合作企业、用人单位、学校师生等都具有各自的主体地位。因此，合作评价模式将成为高职教育课程发展性评价的重要评价模式之一。

（2）合作模式的含义。在合作评价模式中，"合作"既是指所有主体在学校评价上的合作，又指政府、学校、企业、用人单位的紧密结合。尽管所有评价主体都是教育的评价主体，但是他们并不是相互掣肘的关系，而是相互关联的，共同推动教育向前发展。师生是学校课程教学活动的主体，因此，特别强调师生主动参与评价活动的全过程。

（3）操作要领。合作评价操作模式的操作要领如下：提高评价机构的数量，获得更多客观性的评价，使缺陷曝光的机会大大增加；建立完善的评价标准，满足教育者的需求和接受教育者的需求；提高评价内容的范围，提高评价内容的真实性，多进行社会调查；与评价机构、办学机构以及接受教学的学生多多沟通，了解多方需求；建立完善的评价体系，在进行评价信息的整合时，要更加科学、客观，满足实际需求，不能是片面地评价，而是多元化地评价；学校在接受评价的过程中，不是全盘接受评价，要接受合理的评价。和评价机构相比，学校具备专业的教育知识，更具备专业性，应吸收正确的评价。

三、高职教育课程发展性评价的运行模型

结合高职院校课程评价的实际情况，提出高职教育课程教学发展性评价的运行模型。具体见图6-1。

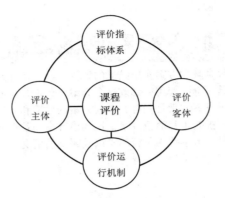

图 6-1　课程发展性评价的运行模型图

（一）评价指标体系与评价运行机制

　　确定"课程开发、课程整体设计、单元课程教学、一次课教学"主要课程的主要环节来构建高职教育课程教学的发展性评价的指标体系；同时，在实践中建立起一套适合高职教育课程教学评价的发展性的运行机制。具体见图 6-2。

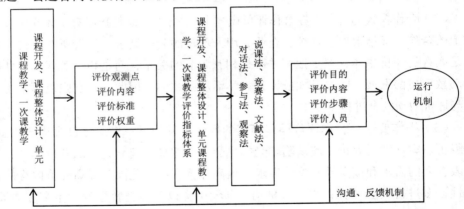

图 6-2　评价指标体系和运行机制示意图

（二）评价主体与评价客体

1.评价主体

评价主体包括教师、学生以及关注高职教育课程发展性评价的社会各界人士。

2. 评价客体

高职教育课程发展性评价的客体是一个复杂的多维系统。高职教育课程发展性评价的客体包括和高职教育课程活动有关的人和物。高职教育课程发展性这一多维系统的建立，能够保证评价的全面性和公正性，调动评价客体各方面的积极性，促使高职教育课程发展性评价目标的达成。借鉴斯塔弗尔比姆（StufflbeamD. L.）的 CIPP 评价模式来描述高职教育课程发展性评价客体，在高职教育课程发展性评价的过程中提取高职教育课程发展性评价的客体。

（1）高职教育课程的背景评价。高职教育课程的背景评价是在高职教育课程实施前的评价，是在特定的教育背景下，分析高职教育课程是否符合该教育背景的需求，解决该教育背景下存在的教育问题，是否合理地利用该教育背景下的教育资源以及在高职教育的过程中能否利用某特定背景下的教育资源。教育需求是指为了实现高职教育课程的教育目标所需要的，可以利用该背景下有用的事物。问题是指实现高职教育课程目标的过程中需要解决的问题。资源是指在该教育背景下可以利用的教育资源，包括教育专家、老师以及硬件设施。背景评价的目的是了解该背景下受益人的需求，通过背景评价制定高职教育课程，满足其教育需求。

为了确保高职教育课程评价的客观性，就要对评价对象了解得更客观。通过对高职教育课程的背景评价，更好地了解教育背景下的教育对象和教育环境等硬件教育条件。高职教育课程的现实情况有很多，主要有以下几个方面：

①教师的现实状况。在高职教育课程的教学过程中，教师扮演着重要的角色，教师是教育课程的载体，高职教育知识的输出质量受到教师水平的制约。随着社会教育质量的普遍提高，高职教育对教师的教学水平提出了更高的要求，在高职教育教学的过程中，教师要在教学活动的承担者、教学的引导者、兴趣的激发者三个角色间灵活转变。在高职教育教学的过程中，教师要了解学生的兴趣爱好，观察学生的性格特征，要因材施教而不是只关注学习成绩学生的学习生活，教师要善于引导学生主动思考，使学生从被动学习过渡到主动学习。

为了发挥教师的教学优势，做到教师和教师职位完美匹配，需要对教师更好地了解，需要关注教师的背景基础。通过对教师的背景评价，对教师的教学水平、教学风格有一个更好的了解，然后将所有的教师匹配到适合自己的岗位，发挥最大的效用，促进教育教学过程中教师的自我反思，输出更高的教学水平。

a.对教师个性品质的评价。在教育教学的过程中，教师扮演着重要的角色，首先，在教育教学的过程中，受教育者的三观还没有形成，很容易受到老师观点的影响。另一方面，教育的力量是从人的个性的源泉释放出来的，教育承担者的个性强大，那么他的教育热情就会强大。

对教师个性的评价包括两个方面：一方面是对教师价值观的评价。对教师价值观的评价是为了了解教师对教育行业的看法。当一个教育工作者意识到教师工作的价值时，他才会对教育行业产生归属感，投身到伟大的教育事业中，为此他会感到自豪、光荣、骄傲，只有这样教师才能更好地完成自己的教育工作。另一方面，是对教师教育动机的评价。教师投入到教育工作中只有具备职业的动机，才能更好地完成教育教学的工作，而不是形式上的工作，如果教师不具备教师职业的动机，会产生教育不负责任行为，会影响一代又一代的学生，所以对教师进行教育背景评价是非常重要的。

b. 对教师的理论素养评价。在高职教育教学的过程中，高职教师的理论素养也发挥着重要的作用，教师理论素养和教师的教学水平呈正相关关系，教师的理论素养越强，说明教师的专业知识掌握更熟练，受教育者的差异性需要高职教师不断地转变教育教学方式，而这一切的前提条件是建立在具有强大的专业知识的条件下的。

c. 对教师教学设计与实施的评价。 在高职教师教育教学的过程中，教学设计与实施直接关系到教育质量的好坏，在高职教育教学工程中，通过对教师教学设计和实施的评价，客观地反映出教师的个人能力水平、教师的理论素养、教师的职业道德。随着硬件技术的发展，教师教学方式也需要发生变化，只有这样才能跟上时代的潮流，才能更好地进行教育教学，培养出一代又一代优秀的学生。

d. 对教师人际交往能力的评价。一方面，在教师教育教学的过程中，人际交往能力是教育者和受教育者之间的桥梁，如果教育者的人际交往能力差，那么在教育教学的过程中，就无法准确地表达自己的教学观点，无法准确地传授自己的专业知识，在教育教学的过程中就没有办法发挥出教师最大的作用。另一方面，如果教师的表达能力欠缺，那么教师在教育教学的过程中，是没有办法准确地表达自己专业的教育教学知识的，受教育者将不能很好地接受教育。

从教师教学方案的实施到受教育者接受教育的全过程中，有很多角色的参与，包括受教育者的父母、教育管理者等。在教师教育工作的过程中，这些人员扮演着不同的角色推动着教师的正向发展，因为他们都是教育参与者，所以说如果一个教师具备良好的人际交往能力，那么这些教育伙伴将形成正向的人际关系网，互相推动着教育向前发展。

②学生的现实状况。在高职教育教学的过程中，学生扮演着重要的角色，他们是教育知识的接受者，同时也可以客观地反映出高职教育的教学质量，对高职

教育教学课程质量好坏的评价，学生是最有发言权的。因此，对高职教育教学课程的评价，学生是一个最客观、最根本的评价指标。在教育行业中，对教育教学质量好坏的评估，不是根据教育教学主体的经济收益多少进行评价的，而是由教育教学主体在教育教学的过程中培养出的优秀人才的数量决定的。这一切评价指标说明，教育的最终目的是为社会培养出大量的优秀人才，所以说在所有的教育教学客观评价方法中，最终目的都是以学生为根本，学生发展好坏程度为评价标准。

高职教育课程评价中学生的现实状况包括教师对学生现实背景的了解、学生的知识技能状况以及学生的需求等。教师了解学生的学习能力，知识的积累程度，了解学生各自的不同之处，因材施教，而不是"一刀切"，才能获得最大的教育输出效果。

（2）高职教育课程的输入评价。高职教育课程的输入评价是对教育教学方案对学生的适应性进行评价，评价高职教育教学方案是否符合某背景下受教育者的教育需求，评价该教育教学方案是否能完成预定的教育教学目标，评价教育教学方案的实用性和效用性。在高职教育教学的过程中，输入性评价需要解决以下几个问题：①实现既定的教育教学目标所需要的教育教学成本，实现教育教学目标所需要实行的教育教学的程序。②对实现教育教学目标所采用的方案进行对比，选择最优的教育教学方案。③评价选择教育教学方案的效用及实用性。④所选方案的合理性、合法性、道德性。

输入评价是对进行高职教育课程的条件、教学设备、可选择的方法与手段、可利用的教学资源的评价。高职教育课程改革需要一定的教学资源的配合，这既包括现有的教学条件与设备的准备情况，也包括教师对教学方法的选择与教学手段的运用与开发。高职教育课程改革倡导研究性学习的新课程理念，并主张教学应是基于"丰富资源的学习"，在一定程度上拓宽了教师的教学空间和学生的学习空间。高职教育课程的实施，要求不只把教科书看作唯一的教学资源，还要求结合有关教学内容充分利用周围的条件开发各种有用的教学资源，如供学生观察与操作的材料、学生实践活动的资源等。高职教育者在进行教学活动策划中，这些资源就是策划活动的源泉，是高职教育课程评价的重要组成部分。

（3）高职教育课程的过程评价。过程评价是在教育教学的过程中，对教育教学实施的方案进行监测、检查和反馈。在高职教育教学过程中对教育教学实施方案进行反馈，将反馈信息提供给专业的教育教学人员，发现教育教学方案存在的问题并不断改进，促进教育教学方案的发展。同时，教育教学方案实践之前可能存在的问题，不可能全部考虑到，只有在实践过程中才能检测到，发现教育教学中存在的其他问题，然后进行修改与增加，促进教育教学体系的完善。

过程评价要回答的问题：首先，是方案实施的程序如何；其次，是方案本身及实施过程要不要调整或修改，如何修改；最后，是过程评价还要求对实施过程进行全面记录，以获得文字资料信息。总之，过程评价在于调整和改进实施过程，本质上属于形成性评价。

过程评价是对高职教育课程中的活动与事件的评价。重点是了解教师和学生在高职教育课程中的表现。教学活动是联系教师教和学生学的纽带，是整个高职教育课程的关键环节。对课程教学活动的评价应遵从高职教育课程评价标准的基本理念，着力于下述几方面的评价：

①对课程教学过程的目标意识的评价。课程教学目标是整个教学活动的先导和准绳，教师的一切教学活动都为达到教学目标而努力。如果教师的教学没有明确的目标，教学就失去了方向感，只有教的活动，而没有最终目的；没有目标意识，教师也不知道究竟教给学生什么才是最好的。因此，为保证教学的方向，对课程教学活动的评价首先应从评价教学目标是否明确开始。

②对教学过程中的兴趣与态度的评价。传统的教育教学方案更加注重的是学生的成绩，成绩是决定性的评价标准，成绩好代表一切都好，忽视了学生的兴趣爱好，忽视了学生在其他领域的成就，这是片面的。和传统的教育教学方案相比，新兴的教育教学方案将学生的体验囊括进去，教育教学方案不再是只以教师为导向，要考虑学生的兴趣爱好、学生的学习爱好等。

③对教学过程中的探究与互动的评价。一切有关教学的意识都要通过教学过程才能实现，这是毋庸置疑的。在传统教学模式下，课堂教学评价的关注点都是以"教师"为主，如教师的语言表达是否流畅、教师的板书设计是否合理、教师的情感投入是否具有感染力、教师的教学思路是否清晰等。这种评价主要关注的都是教师的课堂表现，关注教师是怎么讲的。即使关注到学生的行为表现，也基本上被看作是教师"教"的回应，或者成为教师"教"的点缀。整个课堂教学呈现出"以教为主，以学为辅"的倾向。

在高职教育教学过程中，课堂教学模式中需要教师和学生之间的互动，这种互动不是形式上的互动，而是对教学内容思想上的互动，学生和教师的思想不断碰撞，对知识的理解会更加深刻，学生的思维能力也会得到提高。同时要发掘学生的主动性，只有主动学习，学生才能提高思维能力、学习能力，养成独立学习的习惯。

④对教学内容的扩充、整合与实践创新的评价。教学内容的深度与广度是整个教学过程中重要的质量指标。教学内容的广度指引着教学内容的扩充与整合，

教学内容的扩充与整合又指向教学内容的无限性；教学内容的深度指引着教学内容的实践与创新，教学内容的实践与创新又指向教学内容的价值性。教学内容的扩充、整合与教学内容的实践创新又是相互依存的。创新离不开整合，有效整合便产生创新；实践需要扩充，扩充本身隐含着实践，同时知识的整合也有利于实践。

对教学内容的扩充、整合与实践创新意识可以通过教师对课程的开发利用表现出来。高职教育课程需要教师自己去整合，摸索符合实际情况并且适合学生发展的内容。教育内容的扩充、整合与实践创新能在一定程度上体现教师教学的水平和绩效。

（4）高职教育课程的成果评价。成果评价是对目标达到程度所做的评价，包括测量、判断、解释方案的成就及明确人们对需要的满足程度等，成果评价所要回答的问题是：第一，观察到了何种结果（肯定的和否定的，预期的和非预期的）；第二，各类资助人怎样看待这些结果的价值和优点；第三，获得的结果是否满足了方案预期对象的需要。成果评价本质上属于终结性评价。

成果评价是对高职教育课程取得的结果做出的判断，是考查高职教育课程实际达到的效果。在成果评价中获得的资料还应与前面几项评价的结果进行对照，以了解产生这种结果的原因，从而对整个新课程评价做出恰当的判断。高职教育课程究竟如何，最终要看学生是否获得知识素养的发展。因此，高职教育课程的成果评价侧重于对学生的评价。

高职教育课程发展性评价关注的焦点不仅是学生的知识和技能的获得情况，它更关注学生的全面发展情况。这就意味着高职教育课程下对学生课程学习的评价既要关注学生学习的结果，更要关注学生学习的过程；既要关注学生学习课程的水平，更要关注学生在课程教学活动中所表现出来的情感、态度与价值观，并帮助学生认识自我，建立课程学习的信心。对学生的评价主要体现在：一方面，对学生在高职课程中对知识理解和技能掌握的评价。知识与技能的评价仍是学生课程学习评价的重点，是高职课程评价要完成的目标之一。对学生知识和技能的评价应考查学生对相关知识的理解与掌握，考查学生技能的熟练程度，以及考查学生是否能正确思考在什么情况下应该使用什么方法来解决问题等。从中可以看出，对学生知识与技能的评价不仅包括学生习得了什么，还包括怎样习得的过程，这是与传统评价的重大区别。另一方面，是对学生情感态度与价值观的评价。此方面的评价应该用观察法，通过日常的观察，看学生是否积极参与课程学习活动，是否对课程教学内容有好奇心与求知欲，看学生能否形成实事求是的态度以及进行质疑和独立思考的习惯等。

　　知识与技能、过程与方法、情感态度与价值观在不同类型的高职课程中，其结构、主次、实现方式是不同的。比如，"情感态度与价值观"目标的实现，在知识性较强的学科中，常常以一种隐性状态出现，渗透在平时的学习过程与学习方法，以及对知识的掌握之中，体现在师生交流、合作之中。其次，不同目标的实现过程与方法也是有差别的，如果说"知识与技能"可以通过传授与训练实现的话，那么"情感态度与价值观"目标的实现更多需要的是感悟与体验，学生要通过参与一定的任务或活动感知一些东西，在感知的基础上产生体验，再在体验的基础上有所感悟，最后内化为自己的经验。

第七章 高职教育课程发展性评价实施

第一节 高职教育课程发展性评价方案的设计

发展性课程教学评价方案是为实现评价对象的科学发展，而对评价主体、评价对象、评价体系、标准、方法、途径、评价实施程序的设计与安排。发展性课程教学评价实际上是一项复杂的系统过程，在评价前务必做好周密的规划和安排，以保证评价的成功。

一、设计发展性课程教学评价方案的意义

中国有一句古谚语："凡事预则立。"其中的预，即计划的意思。课程教学评价方案，就是开展发展性课程教学活动，其意义重大。

第一，设计发展性课程教学评价方案是开展发展性课程教学评价活动的先行准备。其核心问题是解决"为什么评"（评价目的）、"由谁来评"（评价主体）、"评什么"和"怎么评"等问题。设计评价方案，就是解决这些评价问题，为顺利开展评价活动做好准备。设计评价方案的过程既是理清评价思路的过程，也是将问题程序化的过程。显然，设计发展性课程教学评价方案，是开展发展性课程教学评价的基础性、启迪性和先导性的工作。

第二，设计发展性课程教学评价方案是为开展课程教学评价活动提供直接依据。如前所述，开展课程教学评价需要根据一定的理论基础、方针政策、法律法规及现实依据。设计发展性课程教学评价方案，就是将这些依据融入发展性课程教学评价中，形成实施评价的方法和程序。这是开展发展性课程教学评价的直接依据。

第三，设计发展性课程教学评价方案是为开展课程教学评价活动的科学化提供保障。评价的科学化是指评价的目的、理念、思想、内容、组织、实施等的科

学化。评价方案是实施评价活动的直接依据。只有评价方案中规定的评价目的、标准、程序、方法等科学无误、实事求是，才能真正确保整个评价工作有序而规范地开展，获得正确的结果。只有评价方案充分地体现发展性教育教学评价的理念和思想，具有令人信服的科学性，才能实现发展性课程教学评价的科学化。

二、设计发展性课程教学评价方案的原则

（一）突出发展性目标，特别是核心发展目标

促进评价对象发展，是发展性课程教学评价的总目标。一般来说，发展总目标都具有一定的抽象性，需要具体化，即需要分解、明确、具体，方便操作及价值判断。譬如，高职教师，特别是职业课程教师，其发展目标是成为合格的或称职的"双师型"素质教师。其实，"双师型"素质在一定程度上依然比较抽象，需要具体界定。就字面来理解，所教专业（职业群）领域方面应具有技师（或以上）素质，教学方面又要具备高职教育的教师素质。即使这样理解，依然比较笼统，还要具体化。

由于评价对象的具体发展目标各不相同，应分析评价对象的具体特点、状态和潜能，并考虑评价面临的具体环境因素来确定具体的评价方案。

突出核心发展目标，不仅是顺利开展评价、实现评价目标的需要，也是设计评价方案自身的需要。目标模糊、不具体，就无法确定评价者及其他参评人员，也无法确定评价标准、方法、工具和具体操作程序。

（二）评价双方要充分沟通、协商

发展性课程教学评价反映了多元化的价值观，并采纳了建构主义的方法论。评价过程要求多方参与，特别强调评价对象作为主体的参与。评价对象主动、积极参与评价方案的制定、实施，并充分发表其见解和意愿，对于设计、制定和实施发展性课程教学评价的评价方案具有重大价值。首先，所制定的评价方案可以得到评价对象由衷的认同，从而在实施评价方案时，他们会主动而积极地参与实施，并且在总结时，积极地进行反思，提供有意义的评价信息，使发展性评价更富有成效，更加名副其实，还能为下一轮发展性评价打下基础。

（三）全面体现个性化和特色

发展性课程教学评价方案应根据评价对象的特点和个性来有针对性地制定，这是发展性课程教学评价方案和传统的奖罚性评价方案的巨大区别。传统的奖罚

性评价方案采用的是统一的评价体系、统一的评价标准，抑制了一些评价对象的创造性，难以达成评价对象的个性化发展，造成"千人一面""千校一面"的情境，贻误了教育的创造性发展。可以说，发展性课程教学评价方案实际上是评价对象的一个个性化的发展计划。其目标是形成"千人千面""千校千面"的特色，使得我国的高等教育获得更好更快的发展。

三、发展性课程教学评价方案的结构要素和内涵

发展性课程教学评价方案是实施课程教学评价的计划蓝图，应当涵盖评价方案的所有主要结构要素，即评价目的、评价主体、评价程序和评价方法。

（一）评价目的

评价目的即评价活动要达到的目的。这是评价方案首要的、决定性的结构要素。评价目的不同，评价标准、评价方法、评价工具、评价信息收集和处理的方式、方法等都会有所不同。譬如，评价一所高职院校，若是为了比较该校所在地区或在全国范围内的排名，就得采用传统的鉴定性课程教学评价方案；而为了促进该校"与时俱进"，踏踏实实地科学发展，真正形成特色，就得设计出发展性的课程教学评价方案。

描述发展性课程教学评价方案的评价目的的语言一定要简明、准确、规范，含义清楚，有个性，有特色。

（二）评价主体

确定评价主体，实际上是解决评价者和参加评价人员的地位问题。传统的鉴定性课程教学评价，一般都是自上而下的"行政性"评价或"行政性"主导的评价。对于评价主体的组成，已经形成一种定势。评价对象即被评价者，总是处于被动地位，在开展发展性的课程教学评价中，这种评价关系将受到很大的挑战。

发展性课程教学评价不再是为了鉴定、比较评价对象，更不是为了奖罚评价对象，开展发展性课程教学评价，完全是为了使评价对象得到更好更快的发展。这样的评价如果没有评价对象的直接参与，是很难想象的，譬如制定评价目标、实施评价过程、收集评价信息等需要面向评价对象展开。在发展性课程教学评价中，评价对象是真正的、直接的（评价）实践者，没有他们的参与，任何发展（目标）必然会流于空谈。

再从教育教学本身而论，课程教学评价并不是教育教学活动的外在行为，而是教育教学过程中不可缺少的重要环节，并且评价对象才真正是教育教学过程的

主体。例如，在高职教育课程教学过程中，只有高职教师和高职学生才是实践的主体，但是，在课程教学评价中，他们又往往是评价的对象。鉴于这样的思考，发展性课程教学评价就积极提倡评价的多元价值取向，尤其是要尊重评价对象在发展性课程教学评价过程中的地位、主体作用和意见，使他们积极、主动参与到评价过程和活动当中。

发展性课程教学评价过程中的评价主体，实际上是一个广义的范畴，所有参与评价者都是评价主体。这样一来，就改变了传统课程教学评价单一主体（领导或专家）的状况，形成开放式的课程教学评价，让评价对象参与评价活动，从而最大限度地调动评价主体的评价积极性、主动性和创造性。同时，也可以让关心高职教育的人参与，可以多方面收集评价信息，反映多方面的利益和价值取向，使评价具有更多的促进作用。

（三）评价标准

构建评价标准是设计评价方案中最复杂、最关键的事情，包括确定评价指标体系、评价标准系统和评价权重系统。这实际上是把评价目的、目标、内容、原则、模式等具体化，直接关系到发展性课程教学评价的质量。由于发展性课程教学评价打破了传统课程教学评价的条条框框（体系化、预定性等），其评价标准的制定和描述也就有了很大的改变。发展性教育教学评价的标准，是由评价双方共同协商所确定的，主要关注点集中在评价对象的核心发展目标上，不同评价周期和不同评价过程可能只有数量不多的评价指标，但就整个评价方案而言，还会是一个很完整的促进评价对象优化发展的评价标准。

（四）评价方法

评价方法主要是指解决如何评价的问题。评价方法具有层次性，可以从不同的视角进行分类，在评价过程中，可以根据评价的具体视角、具体需要进行选择，可参考表7-1。

表7-1 评价方法分类参考

分类角度	评价方法
收集信息的方法	观察法、问卷法、访谈法、测验法等
整合处理评价结果的方法	定性分析法、定量分析法、定性—定量整合法等
价值判断的方法	相对判断法、绝对判断法、个体内部差异评价法等

除了表 7-1 所列举的，还有解释评价结果的方法、对评价进行再评价的方法等。每种方法都有其优势和短处，只能根据评价目的和评价指标的特点全面衡量、慎重选择，进行优组，形成互补，从而达到实用、有效的目标。

（五）实施评价的程序

课程教学评价是一个复杂的系统工程。在评价方案中规定可行的实施程序，可以使评价过程比较规范，便于把握，保证评价活动顺利进行，并符合评价的意图。

从评价时间的角度，可以把评价程序划分为诊断性评价、过程性评价、终结性评价。

按照评价次序，又可以把评价程序划分为准备阶段、实施阶段、处理和判断阶段、总结阶段。

对于发展性课程教学评价来说，实施评价的程序其实是一个周期。实施评价的整个过程是和教育教学活动同步的过程。换言之，评价过程和教育教学活动过程是同步的、融合在一起的。实施评价的过程应和评价对象的成长、发展的过程相吻合。

四、设计发展性课程教学评价方案的程序

发展性课程教学评价方案是个性化的、应符合评价对象的意愿，因此，评价对象应参与方案的设计、制定和实施。其设计的程序如下。

（一）确定设计评价方案的参与者

由于发展性课程教学评价的评价信息来源是多方面、多渠道的，因而参与评价方案的设计者也应当是多方面的，凡是参与实施评价者，都应当参与评价方案的设计。设计评价方案的人员，至少应包括评价者、相关的权威人士等。

（二）诊断评价对象发展的基础或水平，以及潜能、意愿等

由于发展性评价是非常个性化的评价，并且是为了评价对象的科学发展，所以必须对评价对象进行比较全面的诊断性评价，如实地了解评价对象存在的问题等，从而比较全面地认知评价对象，掌握设计评价方案的基本信息，制定出切合实际的可行性好的评价方案。

（三）与评价对象协商评价方案的基本内容

由于发展性课程教学评价实际上是一个发展过程，具有一定的周期性。在这

个过程中，不仅评价者要把握评价方案，更关键的是评价方案的直接实施者，即评价对象要一步一步地完成评价方案的内容。因此，在制定评价方案时，务必与评价对象达成共识，得到评价对象的完全认同。所以，在拟定评价方案前，要协商评价的内容、主要模式、评价标准、评价工具和手段、评价程序和方法，避免评价方案只是评价者的一厢情愿，没有体现评价对象的意志。

（四）共同拟定、论证评价方案

评价方案的拟定，一般由评价专家或有丰富经验的评价者提出，可以使拟定的方案比较规范合理、便于操作。但完成方案的初稿后，要让所有参与评价的人员包括评价对象共同论证，解决如下主要问题：①评价理念和评价思想是否符合发展性评价；②评价方案是否真正个性化，切实反映了评价对象的特点；③评价方案的科学性、可行性如何，有无内外条件和环境的充分支撑，保证方案的顺利实施。

第二节 高职教育课程发展性评价方法的运用

一、课程评价方法的发展

课程评价方法是课程评价的发展变化最为敏感的因素之一，在一定程度上，方法的变革会直接导致课程评价质的变化和跳跃性发展。

（一）课程评价方法的历史沿革

从课程评价的历史沿革看课程评价方法的变化和发展，我们认为，课程评价方法的发展经历了以下三个阶段。

1. 前课程评价时期

我们认为，现代课程评价产生于"八年研究"，但在现代课程评价产生之前，并不是完全不存在课程评价，至少它以萌芽的形式存在和发展了很长时期，因此，我们把"八年研究"之前的课程评价统称为前课程评价时期。这一时期可以上溯到中国古代学校中存在的考试制度。

中国古代的传统考试方式和西方的考试方式相碰撞的时候，起初并没有起主导的作用，西方仍保留原来的考试形式。18世纪后，西方国家的传统考试形式发生了转变，传统的口试形式发生了转变，西方国家通过口试的形式判断了解学生对知识的掌握程度，但是存在很大的偶然性，如学生恰巧对教师提问的领域掌握得比较好，但是对于其他领域的知识掌握得并不是很好，甚至是一片空白。一方面，考生为了得到良好的考试成绩对于口试就会有方向性的准备，在学习的过程中对知识的学习就是选择性的学习，所以说传统的西方考核模式对学生考查结果是不严谨的；另一方面，考查内容有限，对学生考查也是片面的。随着社会的进步、教育的发展、受教育人数的急剧增加，西方传统的口试考核已经满足不了日益增加的学生数量，传统的口试考核形式效率变得极其低下。因此，引入中国的笔试形式成了必然的趋势，笔试的考核形式极大地提高了考核的效率；同时，笔试考核增加了考核的内容，对考生学习效果的评价更加合理性、客观性，更加的具有说服力。因此，笔试逐步取代了口试的考核形式。

从 19 世纪末开始，西方世界发生了思想解放，文艺复兴的成功，解放了人们的思想，实证主义思想迅速发展，人们更加追求事情的科学性、客观性，因此传统的笔试考核形式势必要发生转变，因为传统的笔试考核形式通过考卷给出的话题，主观性答题，没有标准的答案，评卷结果容易受到评卷人主观情绪的影响，不具备客观性、公平性，为了追求评卷的公平性、客观性，考试内容发生了转变，由原来的主观题，变成了具有标准答案的客观试题。

随着社会的进步，科学技术和学术理论的发展，教育测验有了这些理论技术的支撑，更具科学性、合理性。首先，现代实验心理学周密的实验计划和测量方法，计算机技术的发展，大数据云计算、心理学的快速发展，推动了教育测验。传统的教育测验由于其本身受到历史背景和科学技术的局限性，无法做到准确测量，但是随着社会的进步、科学技术的发展，传统教育测验难得到了缓解，慢慢地在被攻克，对此，一批科学家提出凡是存在的东西都是具备数量的，凡是具备数量的东西都是可以被测量的。随着这一科学理念的提出到逐渐完善，大量教育教学专家和教育研究者投身到对教育测验的研究中，形成了声势浩大的运动。

在教育的历史发展脉络中，教育测验是教育领域一座重要的里程碑，教育测验理论的完善，是教育从公正迈向科学、客观的重要节点，是教育方向从模糊转向清晰的必然步骤。教育测验在教育发展的过程中扮演着重要的角色，一直发挥着重要的作用，推动着教育向科学化迈进。

2. 课程评价产生与发展时期

这一时期从"八年研究"开始，至 20 世纪 70 年代中期止。这一时期是现代课程评价从产生到繁荣发展的一段时间，但在课程评价方法上，仍是客观的实证主义方法占优势的时期。

现代课程评价始于"八年研究",在"八年研究"开始前的 1929 年,时任俄亥俄州州立大学教育研究部成绩测验室主任的泰勒就开始对当时还在全盛期的教育测验运动进行了反思。

在泰勒的目标导向课程评价模式中,以行为目标为中心是该模式的核心特点。除此之外,泰勒在课程评价中强调实验的前后测原则。他说:"评价在任何时候都必须包括一种以上的评价,因为要了解变化是否已经发生,必须先在早期做出一次评价,再在后期做出几次评价,才有可能确定所发生的变化。"泰勒还把统计学中的重要概念"抽样"引入课程评价,成为收集评价资料的一种基本概念。

第二次世界大战结束后到 20 世纪 50 年代末,课程评价的理论基本沿用泰勒模式,但在评价方法和技术上有了两个重要变化:一是以布卢姆为首的教育学家们编制出了教育目标分类学;二是标准化测验的迅速发展。以行为目标分析为特点的教育目标分类学的出现,对泰勒的目标导向的课程评价是一个强有力的支持,它对稳固泰勒的目标模式在课程评价中的地位起到了至关重要的作用。标准化测验的发展为教育目标分类学更好地运用到课程评价中提供了技术支持。

20 世纪 60 年代,教育领域发生了天翻地覆的变化,教育快速、稳健地向前迈进。在这个时间段发生的最重要的变化,也是造成教育快速发展的原因,那就是课程评价模式发生了转变,教育教学的课程评价模式不再是泰勒模式一家独大,多种合理的、科学的、客观的教育课程评价模式涌现,形成了多种评价模式并存的局面。教育教学理念的转变就是在这一时期进行的,其中最明显的是系统分析评价模式。系统评价分析模式和泰勒评价模式完全不同,其更加强调科学,在教育教学课程评价过程中所使用的材料必须是能够被证实和论证的。系统分析评价模式的另一个特点是强调定量技术中引进数学技术,进行课程评价。

3. 课程评价的批判与重建时期

从 20 世纪 70 年代开始直到现在,主观主义的研究范式逐步影响了课程评价的研究,并出现了一批以批判传统课程评价、重建课程评价理论为标志的课程评价模式,我们称之为课程评价的批判和重建时期。

从 20 世纪 60 年代开始,对泰勒评价模式的批判几乎成了课程评价发展的主旋律。最初的批判只是对泰勒目标模式本身的批评,从该模式的适用性、目的及功能等角度进行批判。20 世纪 70 年代,对以泰勒模式为代表的传统评价的批判进入新阶段,由原来的局部批判发展为全面的批判。

(1)应答评价:这是斯塔克在 1973 年第一次提出来的,是对此前提出的全貌评价的进一步发展。在方法选择上,应答评价比全貌评价有了根本的改变。斯塔克认为，应答评价更多地以课程评价的具体活动为对象，而不是预先设计课程计划。在具体的评价中，它更多的是建立在以自然方式评价事物的基础上，即自然式观察以及对人的需要、观点和价值等有效而即时的反应。

（2）教育鉴赏与教育评论：这是美国学者艾斯纳在20世纪70年代提出的一种独特的评价方法。艾斯纳也是一个对传统课程评价中的量化方法持反对和批判态度的人，他在批判传统课程评价的基础上，把艺术评论的方法引入评价之中，作为课程计划实施评价的重要方法。艾斯纳认为，用于艺术鉴赏和评论的方法也可以运用到教育活动之中来评价人的行为。教育鉴赏是有鉴赏能力的人员对鉴赏对象内含的复杂特性进行洞察、欣赏的过程。❶

根据艾斯纳的解释，教育评论的文本应有三个组成部分：第一部分是描述。描述就是评论者试图向人们提供一个对评论对象生动而详尽的描绘，这种描绘兼有事实性和艺术性，其目的在于使听者或读者能够如身临其境般地深入洞察所描述的事物。第二部分是解释。解释就是评论者就一些关键事件运用理论知识和实践智慧进行分析和阐释，以寻求事物的深层结构和规则。用教育理论解释特定教育情境是促使教育理论与实践结合的有效方式。第三部分是价值判断。对描述和解释的事物进行价值判断，判断需要有相应的价值标准。艾斯纳认为，教育中的多种价值观点并不存在哪一种比另一种更好的说法，只有哪一种更适合特定的教育情境。

（3）共同建构：古贝和林肯在批判前三代评价的基础上，提出了他们自称的"第四代评估"❷，其核心方法就是共同建构。共同建构并不是一种独立的方法，而是一系列方法的组合。它是通过对各类与评价有利害关系的人的需求、关注点和问题的应答，并通过解释性辩证环进行对话和协商，逐步达成共识，最后形成共同建构的过程。古贝和林肯用一个示意图形象地说明了共同建构的方法（图7-1）。

---

❶ 袁丽英.课程评价：职教课改中的重要环节[J].职教论坛,2010(12)：47-50.

❷ 苏昕,侯鹏生.高等教育评价体系的结构多元化和价值冲突[J].教育研究,2009,30(10)：60-65.

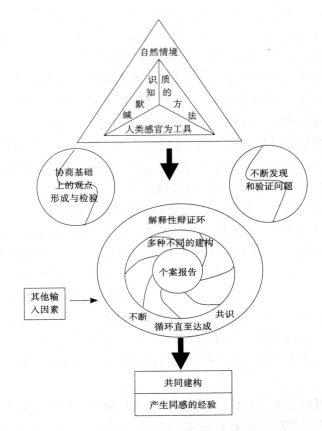

图 7-1　共同建构方法示意图

在图 7-1 中，共同建构是在自然情境中进行的，主要采用质的方法，以人的感官为工具收集资料，如对活动的观察、与人谈话、阅读文献、关注人的非言语行为等，之后不断与外界进行信息交换，与各评价主体进行调整、检验和协商，逐步达成共识。

以上三种新的课程评价方法分别从不同的角度对课程评价的实施做了进一步的发展，体现了近 20 年来以多元化为主要特征的政治、社会和哲学等思潮对课程评价的影响，是对过去的课程评价方法的一种再建构。

（二）课程评价方法形成的理论基础

课程评价经历了三个时期的发展，课程评价方法也经历了从最初的模糊到精确再到对追求有效性的变革。课程评价方法的变革体现了课程评价的实践追求，这种实践追求又造就了各个时期课程评价方法的独特的发展特征。但是，我们应该认识到，各个时期的课程评价方法虽然有其占主流地位的发展特征，但并不是说只存在着某种办法或某类方法。实际上，20世纪60年代以来，课程评价逐渐形成了两类不同的评价方法：以"硬"评价为标志的客观主义评价方法和以"软"评价为标志的主观主义评价方法。

1. 两类课程评价方法的分析

在课程评价发展的早期，由于课程评价方法秉承教育测量的传统，以数量化为特征的教育测验仍是当时课程评价中的主要工具。随着课程评价的发展，课程评价方法也悄然发生了变化。20世纪60年代，课程评价方法中量化方法一统天下的局面开始动摇，出现了与原来评价传统相对的评价方法，并形成了硬评价与软评价、客观主义评价与主观主义评价、定量评价与定性评价的争论。在争论过程中，硬评价、客观主义评价、定量评价为一个阵营，与软评价、主观主义评价、定性评价组成的另一方对垒。前者认为，后者的科学性和可靠性都很低，在评价过程中无法保证客观和公正，容易导致主观臆断和人云亦云，结果不能为大多数人接受和认可；后者认为，前者过于注重量化因素，一些无法量化的实质性问题常常被排除在评价之外，其结论的有效性常常值得怀疑。两个阵营的争论焦点集中在能否量化和是否有效两个问题上。

上述课程评价方法的两个阵营实际上是与教育研究方法的范式密切相关的。瑞典教育家胡森就认为教育研究存在两种范式："一是模仿自然科学，强调适合用数学工具来分析的经验的可量化的观察。研究的任务在于确定因果关系，并做出解释。另一种范式是从人文学科推衍出来的，所注重的是整体和定性的信息，以及说明的方法。"在课程评价方法的两个阵营中，一个侧重数量化的分析，一个侧重整体说明和描述的方法，这就是我们所说的定量评价方法和定性评价方法。但这一简单区分常常会引起两个方面的误解，一个是在具体的评价实践中，定量评价很难独立完成评价任务，它常需要建立在实证化的调查、实验和观察的基础之上，而调查、观察等方法如果以能否量化的标准进行区分，可以归属于定性评价之中，这就容易使人产生误解。另一个误解则是定性评价常常与思辨式的研究方法相混淆。在我国，思辨研究也常常被归类到定性研究之列，国内的研究者为了区别定性研究与思辨研究，常常把定性研究称为质的研究。为了统一认识，避免上述误解的发生，本书把课程评价方法分为实证化的评价方法和人文化的评价方法。从两类范式出发形成了两种不同的课程评价方法，且在评价实践中其偏好、兴趣以及现实表现存在很大差异，这种差异造成了两类不同的课程评价方法在现实中的分野，而形

成两类评价方法分野的原因是背后支撑它们赖以形成和发展的理论基础。❶

2. 实证化课程评价方法的理论基础

实证化课程评价方法有一个独特的发展过程，在 19 世纪末期以前，其主要是在人们的不断摸索和尝试中缓慢地发展着，如产生于我国的考试制度和方法是经过长期的积累和改造的，是我国人民在长期实践中集体智慧的结晶。这种考试形式和方法在 16 世纪就逐渐传到了西方国家，最初并没有得到人们的重视，直到 18 世纪才有很少的学校采用类似的方法。实证化课程评价方法真正得以迅速发展是在 19 世纪末 20 世纪初的几十年的时间里。在此期间，实证化方法之所以能够得以迅速发展，除了社会需要之外，科学主义思潮的强大影响和实证主义的哲学基础是促使实证化课程评价方法迅速发展的内在原因。

西方科学主义思潮是随着自然科学的迅速发展而逐渐形成的。作为近代科学的始祖，弗兰西斯·培根最早表现出对科学的极大偏爱，他认为只有自然科学才是真正的科学，他还相信科学方法可以运用到生活的一切领域，这成为科学主义产生的最初渊源。笛卡儿则从推崇理性的角度对"科学崇拜"的思想做了进一步发展。另外，科学技术的迅猛发展及其所产生的巨大经济和社会效益，也使科学越来越成为人们关注的焦点。到 19 世纪中期，欧洲出现了一股把科学推向极端的科学主义思潮，它把近代自然科学看作知识、智慧和真理的唯一合理形式。正如斯宾塞对"什么知识最有价值"问题的明确回答："一致的答案就是科学，这是从所有方面得来的结论。"这里的科学主要是指自然科学，从中也可以看出当时自然科学在社会中的至高无上的地位。❷

科学主义把自然科学知识看作人类知识的典范，并由此推断科学活动在人类活动中是绝对有效的，自然科学方法也是无所不能的。正是在这种背景下，19 世纪上半叶，法国和英国产生了实证主义哲学。法国哲学家、社会学家孔德是其中的突出代表。从 19 世纪 30 年代起，孔德陆续出版了一系列实证主义著作，如《实证哲学教程》《论实证精神》《实证主义概论》等。孔德把人类知识的发展分为三个时期：神学时期、形而上学时期、实证时期。在实证时期，他强调用科学的态度和科学的方法研究客观的社会现象。他认为，科学方法是一切领域都要遵循的方法，因为只有科学的观察和经验才能发现自然规律和存在于事实间的稳定关系，才能取得实证的知识，它是唯一能够成功运用到人类实践领域的知识。在他看来，

---

❶ 刘志军.发展性课程评价研究 [D].上海：华东师范大学，2002.

❷ 郭杰.高校课程发展性评价的理性思考 [D].桂林：广西师范大学,2011.

人们的重要任务就是对凡是没有获得这些知识的地方，应努力模仿自然科学的方法来取得这种知识。与此同时，英国的实证主义者穆勒和斯宾塞极力强调自然科学方法的重要性，逐步把自然科学的思想和方法渗透到其他学科之中。19世纪后半期，实证主义发展到第二代，被称为马赫主义，以马赫为代表人物。马赫从自然科学的角度出发，提出要素一元论，认为世界上任何事物都是由要素组成，且这一要素并不是外在于人的，而是人的感觉的复合，人的知觉、表象、意志和情绪等都是由要素构成的。这种要素一元论试图超越唯心与唯物的争论，把人们对世界的认识建立在人的感官的基础之上。马赫在提出要素一元论的同时，提出了函数关系论代替过去的因果关系论，将整个世界的存在都看作是函数关系的存在。总的来看，马赫主义不仅继承了第一代实证主义的思想，还把第一代实证主义的思想向自然科学方面推进了一步。

实证主义由最初的孔德、穆勒、斯宾塞的第一代实证主义经马赫主义，发展到20世纪，逐渐发展为逻辑实证主义。逻辑实证主义的理论先驱是以罗素和维特根斯坦为代表的逻辑原子主义。罗素把日常的经验世界归结为许多原子事实的集合，要研究和了解这些经验世界，必须借助逻辑分析方法。他把事物划分为若干原子事实和原子命题进行分析，而这些原子事实和原子命题是与人的直接经验关联在一起的。罗素继承了英国经验论的传统，认为感官直接经验的知识是最可靠的，它们是一切知识体系的坚实基础。罗素提出逻辑原子主义的目的在于追求知识的确定性，企图把复杂的、不太可靠的知识逐步分解为一些简单的、能够得到经验证实的命题。罗素这种经验的方法和还原的方法对后来的逻辑实证主义观点产生了深远的影响。

逻辑实证主义形成于20世纪20年代，其核心是以石里克和卡尔纳普为代表的维也纳学派，另外还有以赖欣巴哈为代表的柏林小组成员以及英国的艾耶尔等人。逻辑实证主义继承了英国经验论和老一代实证主义的传统，坚决拒斥形而上学。他们认为，只有科学能给予我们真正的知识，形而上学的东西是没有意义的。逻辑实证主义者把感觉经验作为知识的唯一来源，经验之外的一切事物，要么存而不论，要么加以排斥，这一观点集中体现在他们的经验证实原则之中。只有能够被经验所证实或检验的命题，才是真命题，否则，就是假命题。形而上学的命题之所以没有认识上的意义，就在于它们得不到经验的证实。尽管由最初的直接经验的证实逐步弱化为间接经验的证实，后来又由卡尔纳普修改为通过逻辑推演的可检验性原则，但对经验的偏好是一致的。

实证主义的思想对课程评价方法的形成具有深刻的影响，从影响美国甚至世界的教育测验运动到泰勒初创课程评价之时，实证主义中的数量化和科学化倾向非常明确，尤其进入课程评价的发展时期以后，实证主义的一些基本原则仍对实证化课程评价方法的选择具有决定性的影响。

3. 人文化课程评价方法的理论基础

人文化课程评价方法是从 20 世纪 60 年代开始萌芽的，真正大规模发展则是20 世纪 70 年代以后对传统课程评价的批判开始的。经过一些课程评价工作者的努力，出现了不少新的课程评价方法。在运用这些方法的过程中，人们更多地考虑人的需要和价值，注重人的心理感受和情感体验，强调人与人之间的对话和交流，从更适合人性的角度开展课程评价。这种方法就是我们所说的人文化课程评价方法，它并不是凭空而来的，而是有着特定的背景和基础的。

人文化课程评价方法与实证化课程评价方法一样，也有着深厚的理论基础，但由于现代课程评价的产生与发展主要在美国，实证主义的影响范围多在英语国家。尤其英、美等国家长期以来一直重视实证主义传统，但随着社会的发展，实证主义从各个方向受到挑战和质疑，一直对德国和法国有重要影响的人文主义思潮开始登陆英、美等国家，并受到人们的广泛欢迎，人文化课程评价方法也由此越来越受到人们的重视。人文主义思潮非常庞杂，体系众多，观点之间差异很大，它们既相互影响又相互对立，人文化课程评价方法就受到了不同的人文主义思潮的交互影响。譬如，20 世纪以来的建构主义思想对人文化课程评价方法有着深刻的影响。建构主义思想最早可以追溯到 18 世纪意大利哲学家维柯的"真理即创造"思想，现代建构主义的思想则主要来自瑞士心理学家皮亚杰。皮亚杰认为，知识是不能直接传递的，只能在儿童已有的经验基础上建构，儿童通过不断地"顺应"和"同化"，使自己的知识结构不断地向前发展。一方面，主体依靠其选择功能，同化外界，建构客体；另一方面，当主体格局与外界特性不相符合时，主体又借助自我调节功能，顺应外界、创新格局，从而建构自身。正是主客体的这种不断连续的交替建构推动着人的认识的无限发展。皮亚杰的这一思想对建构主义的形成具有重要意义。当代建构主义的主要代表人物是美籍奥地利学者玛·格拉塞斯费尔德，他认为建构主义的立场是与知识、真理和客观性等传统概念直接相冲突的，其要求从根本上去重建个人关于实在的观念。他还进一步指出："知识不是由认知主体被动地获得的，而是积极主动地建构的，认识必须被当作是按经验的有机体主观建构的过程，而不是本体实在的发现。"建构主义者不承认本体论意义上的客观实在，他们认为客观实在是不可及的，我们对它所知道的一切都是由人创造的，并仅仅主观地存在于人的大脑之中。现实不是我们发现的，而是我们创造的。从这一角度看，建构主义的基础是与客观主义相对立的主观主义和相对主义。

建构主义思想对人文化课程评价方法有重要的启示。古贝和林肯在《第四代评估》一书中自称为建构主义者，并详细分析了与传统主义者相对立的本体论、认识论和方法论。在分析过程中，他们完全秉承建构主义的基本立场，提出了他们相对主义的本体论、主体一元的认识论和解释学的方法论，还把他们所提出的主要方法冠以"共同建构"，从中可见建构主义思想对他们的深刻影响。

对于发展性课程教学评价而言，评价方法的选择可采用收集评价信息的方法和技术。

二、收集评价信息的工具

（一）调查评价信息的工具、统计表和量表

调查评价信息的工具、统计表和量表主要包括调查问卷、测验题目、记录整理评价信息所用的表格、统计汇总评价结果的用表等。

（二）收集评价信息的硬件设备和统计软件

收集评价信息的硬件设备和统计软件主要包括记录教育教学现场的照相、录音、录像设备；整理统计评价信息的梳理、计算、整合工具。最好选用合适的电脑软件进行统计处理。

三、掌握收集评价信息的方法技术

（一）对评价信息的质量要求

发展性教育教学评价要求评价信息真实、全面、可靠，有一定的累积次数。因此，对评价信息的质量也应当有一系列衡量指标，如表 7-2 所示。

表7-2　衡量评价信息质量的指标

信息质量指标	指标内涵
真实性、可靠性	指收集到的发展性教育教学评价信息符合评课对象的情况，要注意导致信息失真的原因可能有收集信息方法不当、不良的评价心理、测量工具（测验题、问卷等）效度差等

续　表

信息质量指标	指标内涵
全面性	指收集到的发展性教育教学评价信息能反映评课对象的全貌和本质或具有充分的代表性，能反映出评价对象的本质属性和特征。譬如评价高职教师，就要收集其职责、素质、绩效等各方面的指标，不可只看重教育教学效果
累积性、发展性	主要反映对评价信息收集量方面的要求，即有足够的累积次数，不能以一次评价信息就做判断、做结论。譬如，评价课程教学质量要多次反复地听课、观看、评课、导课，调查研究，进行形成性评价，以促进课程教学的发展、提高

（二）收集评价信息的常用方法

收集评价信息方法很多，现在介绍如下几种常用方法：观察记录法、问卷法、访谈法、实物收集法等。

1. 观察记录法

观察是发展性教育教学评价最常用的收集评价信息方法之一。

（1）观察的类型。从评价角度可以区分为非参与型的观察和参与型的观察。非参与型的观察为观察者不介入评价对象的实际教育教学活动，只作为一个旁观者，通过一定的手段（录像机、录音机、笔记等）记录下评价对象的情况；参与型观察，观察者与评价对象一同进行实际教育教学活动，既是评价者又是教育教学活动的参与者，两者有合作关系。开展发展性教育教学评价更多的是采用参与型的观察方法，以便更好、更多、更快地收集评价信息。

（2）观察的注意事项。参与型的观察，使评价者和评价对象接触比较多，关系比较密切，但作为观察者和评价者进行观察，必须与评价对象保持应有的心理距离和空间距离，以便能客观地进行观察，收集评价信息。

首先，要明确观察的对象，是人还是现象、活动；观察哪些人和现象、活动；观察的范围如何。其次，要确定观察的角度，即选择什么样的时间、地点、事件（教育教学活动）进行观察；是全程观察还是重点观察；观察的次数和时间各多少。再次，确保观察效度的措施。应分析影响观察效度的因素，找出提高观察效度的措施。

（3）做好观察记录。观察收集评价信息，并如实地记录下来，对教育教学评价十分重要。观察记录的重要性在于，能形成信息资料并保存下来，供日后评价之用，供他人了解观察的真相。在这一过程中，做好观察记录，掌握记录信息的原则和方法是关键。因此，我们要注意下列问题：

第一，优选观察记录的手段和工具。观察记录有一定的技术性。观察记录的工具很多，有现代的（录像机、录音机、电脑录入等）和传统的（笔录等）。发展性教育教学评价以质性评价统整评价结果，这就特别要求观察记录内容的丰富性和完整性，所记录的内容应能让所有关心的人（评价者、评价对象以及其他人）看到时有身临其境之感。显然，采用录像、录音等可以达到这样的效果。笔录虽然可以通过形象而生动的描述达到良好的效果，但对记录者要求很高，做起来困难很大。

第二，记录的内容要有代表性，即记录的内容能充分反映评价所需要的信息。虽然评价方案中规定了评价标准，也明确了收集信息的方法，但记录什么仍需要观察者现场做出决策。因此，观察者必须具备一定的素质和经验、组织记录的能力。

第三，观察记录表达的形式。观察记录要达到为评价所用，让他人都能看明白、能理解，记录表达的方式非常重要。记录的语言应尽可能具体、形象、清楚，不用抽象的概括性或总结性语言。笔录时，格式需要规范。根据发展性教育教学评价的特点，观察记录表达的格式难以固定，就要以观察的具体情境来决定，但一定要清楚、有条理、层次分明，方便评价。

第四，观察记录的程序。开展发展性教育教学评价，主要是现场观察。首先，描述现场的场景：如果是在教室中录像，要将活动主体的位置、范围表现出来，并展示教室的布置；如果是笔录，要先绘制一幅现场图。这些环境的描述与将来的评价有直接的关系。其次，正式记录。正式记录应按时序连续进行。由于发展性教育教学评价要尽可能与教育教学活动同步，观察记录自然应与发生的事件同步，不能事后再总结概括，忽视了细节，这对评价分析不利。

2. 问卷法

问卷法是以书面提出问题的形式收集信息资料的方法。运用该法，评价者要将想了解的信息编制成问题表格，向有关人员咨询答案。问卷一般不署名，得到的答案比较客观，并能收集到大样本信息，收效大，便于整理归类、统计处理，从而使调查结果具有一定的代表性。然而，问卷调研是一系列持续性的活动，需

要经历抽样、编制问卷、发收问卷、统计归纳等过程，必须认真细致，否则会影响信息质量。❶

（1）抽样。问卷调查要选择有代表性的人或群体，即抽样。发展性教育教学评价涉及抽样问题不多。但对于大型教育教学项目的评价而言，抽样调查十分必要。抽样方法如表7-3所示。

表7-3　抽样方法

抽样方法	方法内涵和应用
单纯随机抽样	这是一种完全凭机遇抽样的方法，依据机遇理论，若样本足够大，则每个个体都有同等的机会被抽取。具体抽取方法有抽签法、随机数表法等
分层随机抽样	为了顾及各群体都有被抽取的机会，先对总体进行分层，各层之间尽可能异质，同层之间尽可能同质，然后依据一定比例各随机抽取若干样本
整群抽样	若样本所属的总体很大或涵盖的地区广大，则抽取的样本点为一个个群组，且群组之间的特征非常接近；群组内成员之间彼此差异比较大，就采取整群抽样

（2）问卷的编制。首先是问卷的题目，即收集信息具体化到题目上。编制问卷的题目应当遵循如下一些原则：

第一，根据评价与统计的需要，设计背景资料题目；

第二，编制的题目应与评价所需要的评价信息直接相关；

第三，题目之间彼此不能包含、交叉或矛盾；

第四，一个题目只包含一个问题；

第五，题目要表达准确、清晰，避免含混不清的语言及术语；

第六，题目中不含导向性问题；

第七，不将个人不愿意公开的事情或隐私列入题目；

第八，所提出的问题应是答卷者能提供信息的问题；

第九，选择答案应是可以探究出来的，选项应具有排他性。

其次是问卷问题的形式，主要有结构型、非结构型和综合型三种。详见表7-4。

❶ 李雁冰．质性课程评价研究[D]．上海：华东师范大学,2000.

高等职业教育课程发展性评价研究

200

表7-4　问卷问题的形式

问卷问题类型		问题内涵
结构型（封闭型）只许可在限定范围内选择答案	是非式	列举问题的两个极端性答案，从中择一。如是与非、同意与不同意等
	选择式	从多种答案中选择一个或几个答案，然后做出记号。例如，谁的建议更能影响你对职业的选择？　A.父母；B.导师或班主任；C.专业教师；D.职业权威；E.好朋友；F.女友
	评判式	请答卷者依据重要性程度为各个答案评定等次。请你按自己喜欢的程度为下列课程排序:高职语文（　）、高职数学（　）、实用外语（　）、职业道德修养（　）、就业与创业（　）
	量表式	在两个对立的事物中划分出不同的程度，答卷者选择其满意程度。常用的量表为里克特量表。例如，某生对《模式写作》任课教师教学的满意度:非常满意、满意、比较满意、不清楚、不满意、很不满意
非结构型（开放型）		问卷只提问题,不限定答案,由答卷者自由发挥,选择答案。如你对学习的专业怎么看或你对发展性评价怎么看
综合型(结构型＋非结构型)		将结构型和非结构型综合起来应用而形成

再次是问卷的使用。对初步构成的问卷，应在征求专家意见后再定稿。然后在小范围内测试，看其信度、效度。经过修订，再正式使用。

最后进行问卷的整理、统计。在发展性评价中，开放型问卷应用比较多，需要选择主要的，进行归类、编码、统计。

3.访谈法

访谈法主要指评价者和评价对象之间的沟通、交流和对话，以获得必要的评价信息。其中可以获得评价对象的教育教学理念、观点、情感、态度、价值观等。

（1）提问。获得访谈信息，需要访谈的主持者善于提出问题，创设比较宽松的情境。

首先，要讲究提问的策略和技巧，使所提问题能穿透被访者的心灵之门，进入其内心世界，了解其内心的观念、渴望和潜能。

其次，访谈的问题一般也可分为封闭型和开放型。在发展性评价中，开放型问题所占比例更大，因此开放型问题更多。

再次，访谈的形式常常是群体性的，以体现多元的评价理念。事前，要准备好访谈提纲并做好心理准备。访谈中往往会随机生成许多新问题，因此不能总按预先设计的问题进行访谈，要随机应变，灵活掌握。随机提问，应注意如下原则：

第一，要多提开放型问题，使探索逐步深化。

第二，尽可能将抽象的问题具体化，以获得更多的细节信息，便于评价的分析。

第三，提问的方式。所用语言要适合被访者的心情和特点。

第四，要积极创设展开访谈的情境。为了让访谈在和谐的氛围中持久进行，就要营造宽松而融洽的气氛，让被访者敞开心扉，畅所欲言。评价者除了恰当地提问，还要善于倾听和回应。

（2）倾听。是否注意、善于倾听，不仅影响访谈的质量，还会影响访谈的持续性。如果访谈者对被访问者的谈话非常感兴趣，洗耳恭听，被访问者就会感到自己所谈内容非常重要，便会滔滔不绝或娓娓道来，把内心深处的观念和思想倾吐而出；相反，如果访谈者表现出心不在焉，被访问者就会产生反感情绪，谈话就会难以维持。所以，访谈者对访谈一定要极其热情、投入，让被访问者感动，同时应平易近人，善于和被访问者平等相待、对话和交流。

（3）回应。访谈时，访谈者对被访问者做出及时回应，表明自己的态度、观念、想法，可以使用合适的语言行为（如"对""很好"等），也可以使用姿态语言（如点头、微笑、目光示意）。如果访谈者对谈话表现木然，谈话就很难继续下去。因此，访谈者的访谈必须是对话式的，形成热烈而又和谐的气氛，如此才能达到访谈的最终目的和效果，获得评价的真实信息。

4.实物收集法

实物收集法对发展性教育教学评价有独特的作用，如可以印证其他来源的信息（如完整的规章制度可以印证观察到的学校管理规范及其执行信息），可以清楚地看到评价对象的发展轨迹和真实情况，可以体现评价对象的品格、发展水平和能力等。

三、评价信息的整理和分析

（一）信息的整理

信息整理就是将来自不同渠道、应用不同方法收集的多种多样的信息归类、序化，形成既有条理，又便于分析、综合的过程。为发展性教育教学评价收集的信息大致可分为两类：量化的数值和质性的资料。发展性教育教学评价信息多是

"写实性"的，如教学过程实录中有很多重复性的信息，这就需要系统化。以下简要阐述信息系统化的方法。

1. 建立编码系统

这是按照一定分类标准组合起来的码号系统。"码号"是分析信息资料中最基础的意义单位，其以相应的数字或符号表示，如以"1、2、3"分别表示学习成绩、态度、结果等。码号系统反映的是资料浓缩以后的意义发布和相互关系。

建立编码系统的主要作用：可以将码号系统排列起来，让人了解现有码号的数量、类型、代表的意义及其相互联系，也可以方便查找码号。

在教育教学评价中建立编码系统，应考虑为评价提供有效的服务，最好能对应指标或问题，以指标的类别、层次、问题的相关事件来建立编码系统。

2. 建立归类系统

在建立编码系统的同时需建立一个随时储存和调出资料的档案袋系统。这两个系统建立后，还要对资料进行归类。归类时，需要识别资料的属性，并进行比较，找出事物之间的联系。

归类的方式主要有类属型和情境型两类。类属型是按资料意义分类；情境型则按时间序列或意义关联阐述。主要根据资料的呈现方式归类。

（二）评价分析

发展性评价分析的目的是更好地发现存在的问题和发展的潜能、趋势。因此，可以按下列思路进行分析：根据评价目的建立评价指标体系——由评价者根据评价对象的实际表现考查达成度——进行程度分析——对分析出的关键因素进行分析诊断——确定发展方向，提出改进意见。

第三节　高职教育课程发展性评价结果的处理

一、高职教育课程发展性评价结果的质量分析

（一）评价结果的检验

课程发展性评价是对教育质量的价值判断，这个价值判断是否准确可靠，不

仅反映着课程发展性评价工作的质量，还对评价对象有直接的利害关系。因此，课程发展性评价结果必须经过验证。

课程发展性评价结果的检验主要有两个方面：一是检查评价程序的每个步骤，看其是否正确、全面地贯彻课程发展性评价的基本原则，是否真正把握了课程发展性评价指标和标准，从而确认课程教学评价结果的正确性；二是运用教育统计学的检验方法，对评价结果的统计量进行检验，检查其评价结果是否可信。

（二）评价结果的分析诊断

评价结果的分析诊断，就是根据评价的目的，对评价的结果和评价的信息资料进行全面而精细的说明，帮助被评价对象找出存在的问题以及问题的症结所在，指出解决问题的办法和改进问题的途径，为被评价对象总结教育工作的经验教训提供资料。课程发展性评价结果的分析诊断方法有以下几种。

1. 静态与动态相结合的方法

这种方法就是以静态分析诊断的背景（如评价对象现有条件、已取得的成绩等）来做动态分析诊断，看评价对象的变化和发展趋势。这种分析诊断一般有两种：

（1）趋势直推法。趋势直推法就是对评价对象自身的发展进行分析推断，也就是以它过去和现在的情况为依据，推测它未来的情况。

这种方法是从纵向进行分析诊断的。一般来说，相对比较先进和优秀的评价对象适合运用趋势直推法进行分析诊断，以便鼓励其在原有基础上继续前进，提高自身的发展水平。

（2）趋势横推法。趋势横推法就是将被评价对象与同类者相对照进行分析推断，以确定被评价对象在同类中的位置。

这种方法是从横向进行分析诊断的。一般而言，相对比较一般的被评价对象更适合采用趋势横推法进行分析诊断，使其知道自己和别人对比的结果，激励其不断前进。

2. 因果分析法

因果分析法就是要分析影响达标程度的原因及其结果，要在影响达标要素的诸因素中分析出促进或干扰的因素以及带来的后果。

3. 效果与过程统一法

效果与过程统一法就是在分析课程发展性评价结果时，既要看评价对象的工作成绩，又要看这些成绩的取得过程。

（三）撰写评价报告

课程发展性评价报告是在整个评价活动结束之后，以书面的形式向评价听取人提供的关于整个评价工作，包括评价过程、发现、结果和行动建议等所做的总结和鉴定。例如，在对某一所学校的办学质量进行全面评估之后，要向该学校提供评价结论报告，对该学校的办学情况做出某种量化或质性的判断或鉴定，并指出其中存在的问题，提出必要的整改意见与建议，为改进该学校的办学质量，深化该学校的改革工作提供决策依据。

课程发展性评价报告作为表达与交流评价过程及评价结果的重要文件，在撰写过程中要在掌握大量事实、对评价资料做出客观分析的基础上，本着客观、负责的态度进行反复论证与修改，最终由全体评价人员达成一致意见。一般来说，评价报告初稿的撰写工作要征求被评价者的意见，然后再交由全体评价人员反复讨论，在尽可能达成一致意见的基础上形成修改稿，最后要交由评价领导小组集体审定，形成最终的评价报告。

评价报告的撰写不仅是评价活动本身的要求，还是积累、总结评价经验，促进评价知识和能力进步的重要条件。评价报告一般由封面、正文和附件三个部分组成。封面所提供的信息主要有报告的题目、报告时间和报告人等；正文部分是报告的核心部分，主要有评价的组织实施过程（包括评价的程序与步骤、测量的内容与方式等）、评价结论与发现（包括各种定量与定性资料的概述与总结、对所获得信息做出的价值判断等）、行动建议（包括对评价对象工作改进的建议，或开展进一步评价工作的建议）等几部分；附件部分主要提供对正文起佐证材料的信息，包括评价工作计划、评价工作总结及反映评价结果的材料等方面。

二、高职教育课程发展性评价结果的利用

（一）让学生从评价结果的反馈中获益

要使每个学生都能不同程度地从评价结果的反馈中获益，前提条件是教师和学生要在平等和相互尊重的基础上共同协商、确定并理解评价指标。

要使每个学生都能不同程度地从评价结果的反馈中获益的第二个条件是教师在收集学生学习状况的有关数据时，应该把设计评价任务的出发点落在考查学生知道什么，而不是他们不知道什么上。

第三个条件是注重收集学生学习过程中各方面的表现，而不仅仅只关注学生

知识和技能掌握的情况。

第四个条件是尊重学生的个别差异，强调学生与自己比，淡化学生与学生之间的比较和竞争。

（二）让教师从评价结果的反馈中获益

教师要善于利用评价所提供的大量信息，诊断学生的困难，适时调整和改善教学过程。我们必须清楚地认识到评价不只是对不同的学生进行横向比较，排名次，要更多地关注学生多方面的发展，更多地研究学生学习过程中反映的信息。

三、高职教育课程发展性评价结果的处理

评价结果的反馈是评价的一个重要环节，主要是反馈给相关的部门和人员。发展性评价的反馈十分重要，积极的反馈可以对评价对象起到更好的导向和促进发展的作用。

（一）评价结论的呈现

评价结论是对评价结果的综合性描述。发展性评价不做横向比较，因此其评价结论呈现的是定性类型的描述。但是，定性描述时要注意下列问题：

第一，呈现形成性评价的结论，并且应是观察的概括性评价；

第二，体现多元化的价值观，不能把提出的问题、意见绝对化；

第三，尽可能鼓励评价对象的优势、特色和风格；

第四，不要以定论的形式出现，要留有发展的空间；

第五，做评价结论时，应和评价对象协商，最好和评价对象取得共识，获得态度认同；

第六，定量评价的结果应做定性处理后再进行呈现，即以评语的方式呈现。

（二）评价结果的反馈

评价结果信息的反馈要有利于促进评价对象的发展。反馈的方式多种多样，如口头或书面、会议或个人沟通，可以视评价对象的具体态度而定。

1.过分担心不良影响

有的评价对象担心评价结论中提出的问题会给其以后的发展带来不良影响。因此，在反馈评价结果时，评价者要对评价对象加强指导，解除其顾虑，并实行保密原则。

2. 不断地为自己解释、开脱

有的评价对象不能正确面对评价中诊断出的问题，总要找出一些理由为自己解释、开脱。这其实是担心自己没有能力解决这些问题的表现。在反馈问题时，评价者应鼓励评价对象，并为其提供一些解决问题的可行性方案。

3. 看不见其优势和潜能，将存在的问题扩大化

发展性评价在反馈评价结果时，不仅会提到问题，还要分析问题的原因，更重要的是明确发展方向。有的评价对象只关注其问题，将问题扩大。这是他们对自己以后的发展没有足够信心的表现。这样的心态对其进一步发展不利。评价者应帮助其正确认识问题，发现并强化自己的优势，增强其进一步发展的强烈信念，把握发展方向，帮助其获得更多、更大的发展。

第八章 高职教育课程发展性评价的元评价分析

第一节 高职教育课程发展性评价的元评价分析

在课程评价过程中，人们必须不断地对评价工作本身进行反思或反省，以减少评价工作的偏差，并不断完善评价工作。这种对评价活动进行的反思被称为元评价。《教育评价辞典》将"元评价"定义为按照一定理论和价值标准，采用一定的方法手段，以教育评价学科为对象进行的价值判断，其内容包括对教育评价理论基础、理论体系和监控的评价以及对教育评价活动的评价。元评价就是对评价本身的评价，其目的是对评价者指出他们工作中存在的问题和偏差。❶

斯塔弗尔比姆给元评价以概念化，指出某些问题可能由形成性元评价控制。如果评价是评价某一个事物的价值与缺陷，那么元评价是对评价本身价值和缺陷进行评价。他认为从理论上讲，元评价注重从以下四个方面对某一事物做出客观评价：①评价做出的决策是否有用；②评价依照的实践是否可行；③评价人员及组织是否道德；④评价采用的方法与技术是否成熟、完善。这就使元评价的内容更加明确了。从元评价的内涵和高等职业教育评价的本质看，元评价的内容及标准应分别在教育评价理论和实践方面加以概述。

一、高职教育课程发展性评价的现实意义

（一）促进课程评价的科学化

元评价之所以追求科学化，是因为评价的不完善。任何一个评价要经得起推

---

❶ 徐红.我国当前课程评价的误区及对策[J].湖南师范大学教育科学学报,2003(4)：58-60.

敲，就必须经过元评价，即通过不同方式、方法征求对评估结果的不同看法来获得更广泛的意见，没有一个单独的评估被认为是一成不变的。元评价作为一种对评价自身的审视和反思，注重对评价的结构、过程、结论的解析与修整，这必然会促进课程评价的科学化。

（二）促进课程管理的规范化

在高职教育教学的课程从战略制定到实践教学的过程中，高职教育教学管理者扮演着重要的角色。高职教育教学课程管理者需要考虑评价的组织实施、指标体系、评价的方法是否适合，是否符合评价理论。如果对这些问题缺乏一种积极的反思与改进机制，是不利于提高课程管理的科学化水平的。从管理学的角度看，高职教育课程发展性评价的元评价的目的就是为了规范课程评价的实施与研究，监控课程评价活动，顺利实现评价目的，从而更好地发挥课程评价的功能，最终获得最大化的课程评价效益。

（三）促进课程质量的提高

在高职教育教学的过程中，课程评价的目的是为了发现高职教育教学课程的教育内容是否符合教育接受者的实际情况；评价高职教育教学内容的结构是否符合该教育背景下的整体教育知识的水平，是否具有足够的教学深度；在高职教育教学评价的过程中，发现高职教育教学课程本身存在的问题，然后优化高职教育教学课程的结构，促进课程的发展，从而提高高职教育教学课程的整体质量。

二、高职教育课程发展性评价及元评价的内容

（一）对课程发展性评价主体的评价

在具体的课程发展性评价实践中，课程发展性评价的主体和对象是不同的，课程发展性评价的主体主要包括课程实施人员（如教师、教辅人员、同行等）、课程专家、课程行政和管理人员、学生等。第一，课程实施人员的评价实际上是对自己开展的课程实践进行总结，是一种自我总结性评价。这就要求课程实施人员在评价的过程中采用更加科学的评价方案，总结在课程实施过程中的成功之处以及存在的问题。第二，课程专家的评价具有相对的客观性、权威性和科学性。这就要求课程专家要坚持公平公正和科学的态度，专家的代表要全面，专家在评价时要以事实为依据，以课程发展性评价理论为指导。第三，课程行政和管理人员的评价目的在于了解课程实践是否促进了实际的课程和教育教学工作，教育质量

是否得到了提高，评价措施是否易于执行和管理，其主要着眼点在为课程管理工作服务。第四，学生作为课程的实践者，也直接参与课程发展性评价。有研究表明，学生的评价在很大程度上能影响课程发展性评价的效果，学生评估的信度也是相当高的。但是，学生缺乏评价的相关知识，也没有经过任何培训和指导。按照教育评价学的要求，在进行评估之前，评估主体都应学习评估的相关知识，学会正确的评估方法，明确评估的目的和意义，端正评估的态度，最大限度地减少误差，从而提高评估的信度和效度。

（二）对课程发展性评价客体的评价

在高职教育教学课程评价的过程中，对评价客体的评价也很重要。对高职教育教学课程客体的评价首先要判断评价对象是否准确，这就要确定高职教育课程发展性评价的对象是课程还是课程活动的参与者。评价对象不同，根据评价目标设计的指标体系、评价方法、评价结果等必然不同。因此，在进行课程发展性评价元评价时，就要考虑评价对象之间的差异性。其次，要判断评价对象与指标体系的相关程度。评价指标是评价目标的具体化，是构成目标的具体因素，评价目标的确定和评价指标的设定都应依据评价对象的特性完成，而不应偏离评价对象设计指标，脱离被评价对象的指标是无意义的指标。

（三）对课程发展性评价过程的评价

在完成对课程发展性评价的主体和客体评价之后，对主客体评价对象采用不同的评价体系就要对评价过程进行科学严谨的评价。首先，要检验评价指标的信度和效度。评价指标信度是指评价指标数值在多次观测中结果的一致性程度。评价指标的效度是指评价指标概念所反映的评价对象构成要素的准确性程度。评价指标信度和效度越高，就表明课程发展性评价的针对性越强和价值越高。其次，要分析指标的完备性、独立性、可操作性和权重等，尤其是指标的权重，它反映了每项评价指标在指标体系中的重要性程度，因此也表明了评价的关键所在。再次，要对评价结论的可信度进行评估。评价结论的可信程度受到评价主体、评价客体及客观环境的影响。因此，对评价结论的解释要客观，同时要有针对性地加以使用，不能盲目地照搬结论。

（四）对课程发展性评价结果的评价

对课程发展性评价结果的评价旨在考察高职教育教学课程发展性评价是否达到预期的目标。高职教育教学课程的评价不是为了证明高职教育教学课程存在问题，而是为了发现高职教育教学课程中存在的问题，然后加以改进，推进高职教育教学课程的发展，为教育接受者提供更优质的教育内容，为社会培育出更多的优秀人才。所以，在对高职教育教学课程进行评价之前，要先对高职教育教学课程进行一个准确的定位，然后确保高职教育教学课程评价要达到评价的目的，使高职教育教学评价体系得以完善。

三、高职教育教学课程发展性评价的元评价分析

高职教育教学课程发展性评价的元评价分析可从合理性、科学性和可行性三个方面入手加以分析。

（一）高职课程发展性评价的合理性

课程评价是高校教学质量保障体系的重要内容。课程发展性评价必然是以促进学生发展为最高目标的。发展性评价追求的是不断发展、不断改进，是一个开放的评价体系，而非始终如一的评价标准。发展性评价强调评价价值、评价内容、评价方法等多方面的多元化。本书通过考察高校课程发展性评价的理论基础，并进一步探讨高校课程发展性评价的目标、原则与方法，对高校课程评价相关问题的解决提供理论依据和实践支持，从而推动高校课程评价理论与实践的发展。

从本质上来看，高职教育教学课程评价的本质就是对高职教育教学课程满足教育接受者程度的评价，是对教育活动现实的（已经取得的）或潜在的（还未取得，但有可能取得的）价值做出判断，以期达到教育价值增值的过程。本书对高校课程发展性评价的理性思考将重点放在评价目标的定位、原则的确立和方法的选择上，这也是高校课程发展性评价发展需要迫切解决的基本问题。

（二）高职教育教学课程发展性评价的科学性

高职教育教学课程发展性评价是具有科学的理论基础和现实依据的。高职教育教学课程发展性评价强调促进人的全面发展，尊重个性化和差异化，注重评价的多元化，强调对"情感、意志、态度"的评价等。多元智力理论强调各种智力只是所在的领域不同，而无优劣之分、轻重之别，强调每一个人的发展和个性才能的充分展示。多元智力理论是高职教育课程发展性评价的坚实理论基础之一。

建构主义评价观注重评价学生的认知过程；主张以质性评价为主，结合量化评价，反对绝对的量化评价；主张评价过程应具有民主参与、协商和交往的特征。高职教育课程发展新评价的基本特征正是建构主义主张的体现。

特定的课程价值决定了课程评价的发展方向。课程是教育活动的核心，课程

评价是以学生发展为最高目标的，因此促进学生全面发展才是课程评价的意义。把学生的发展作为课程改革与发展的目的和归宿，有助于促进学生全面发展，也有助于教育目的的实现。发展性评价应该和当代课程的价值取向相适应，在评价中兼顾多元的课程价值取向。课程作为促进学生发展的教育性经验系统，其关注的重点是怎样把课程落实到学生身上。在当代课程价值取向中，无论知识观、社会服务，还是人文精神，都只有以学生为中心才能实现课程价值。全面发展理论为发展性评价关注学生的发展提供了一个良好的理论视野，且成为发展性评价的理论基础。

（三）高职教育课程发展性评价的可行性

课程评价在人本主义哲学的社会思潮影响下出现了一系列新的评价模式，如斯塔克的应答评价模式，艾斯纳的教育鉴赏、教育批评模式，古巴和林肯的自然主义评价模式以及在此模式基础上发展起来的"第四代教育评价"思想等，这些评价模式都有一个共同特点，就是在评价过程中不追求客观性，而且试图摒弃评价中的数量特征，从人的角度出发，充分考虑课程相关人员的观点。从20世纪80年代开始，我国哲学界就对人的主体性进行了探讨，想转变过去那种抹杀人格独立和个性发展的思想。随后在教育理论界掀起了一股重视人、研究人的热潮，人们认识到，"主体性是人全面发展的根本特征"。因此，发展学生的主体性是时代精神的召唤，是社会发展的需要，也是教育的自觉。发展性评价正是诞生于这种背景下，它要求在课程评价中必须把学生的发展作为根本目的，并使之贯穿课程开发过程的始终。

随着社会的不断进步，心理学、教育学得到了进一步发展，以泰勒（R.W.Tyler）的目标评价为主要代表的传统课程评价逐渐无法适应世界普遍的教育实践和教育理论。其主要表现在：当前世界普遍的教育实践要求学生各方面素质得到全面发展，而传统课程评价只强调学生所掌握知识的数量，忽视学生其他方面的发展；同一个国家的不同地方，因为经济、教育发展水平不同，所以学生和教师各方面的发展水平也必然有一定的差距，同时学生是具有个性差异的，因此他们的发展也必然有所区别，但传统的课程评价理论忽视了这一点，仍坚持用单一的评价标准进行评价；当代教育理论认为，知识是一个过程而不是结果，知识体系总是处于不断变动的状态之中，这与传统评价方式静态的一次性操作方式相冲突。鉴于这样的理论和实践上的原因，传统单一的课程评价必然被多元化评价替代，并成为世界课程评价的发展趋势。

第二节　高职教育课程发展性评价的技术性探讨

高职教育课程发展性评价的评价技术依附于评价的流程，因此高职教育课程发展性评价这一庞大系统工程的运作程序得以正常运行是至关重要的，只有在梳理其评价过程脉络的基础上建构评价技术，才能使评价技术切实可行。

一、高职教育课程发展性评价的过程

高职教育课程发展性评价是一项系统工程，是技术性很强的工作，也是一个有序的活动过程。因此，它有着科学的实施程序，只有按一定的操作程序进行，才能保证评价工作的质量。高职教育课程发展性评价的实施过程大体上可分为准备、实施和结果处理三个阶段。

（一）高职教育课程发展性评价的准备阶段

这一阶段又称预备阶段，包括评价实施前进行的组织准备、方案准备和舆论准备。

1. 组织准备

组织准备是指成立专门的评价领导机构和指定评价主体，制订评价工作的计划，建立评价工作的规章制度以及对评价主体的考核奖惩条例，并对评价人员进行业务和规则培训等。

因为评价主体和评价客体的多元性，所以高职教育课程评价的组织准备比较复杂。但无论哪种层面的评价，都应根据具体情况做好充分准备，不能照抄搬。每个层面的角度不同，如学生作为评价主体和教师作为评价主体所涉及的内容有明显的差异，这便决定了对组织准备上的要求各异。

2. 方案准备

高职教育课程发展性评价的方案是整个评价工作的纲领，是评价实施的基础工程，是评价工作的起点，也是评价工作的依据。评价方案的基本内容是解决"评什么""为什么评""由谁评""怎样评"的问题，其中解决"评什么"和"怎样评"是评价方案的核心。"评什么"依据的是课程目标及其分解的评价指标，"怎样评"是在"评什么"的基础上，设计评价的标准及其量化统计的方法。评价方案准备完成的任务和程序如下：

第一，确定评价客体。高职教育课程发展性评价的客体是评价活动作用的直接承受者，而每一类客体又有全面评价和局部评价，主要因素的评价和次要因素的评价之分。因此，在确定评价客体时，应明确评价的因素和评价范围。例如，对教师教学的评价，我们应明确这一次的评价活动是局限在对这一位教师课堂教学的评价，评价的因素就是课堂教学的教学目标、教学设计、管理、学习环境等几个方面，而不是教师的职称、年龄等。

第二，明确评价的目标和目的。评价目的是评价活动所要达到的目标和要求，是确定高职教育课程发展性评价目标的重要依据，更是设计高职教育课程发展性评价指标系统的基础和起点。高职教育课程发展性评价的目的有许多，但最主要的目的还是"发展"，即促进学生知识和技能的发展，促进教师教学水平的发展，促进高职教育课程的发展。

高职教育课程发展性评价目标是评价对象应达到的具体的要求和目标，是衡量评价对象价值程度的客观参照系。评价目的不同，评价目标、评价指标系统、评价方法也就完全不同。比如，同样是对学生课程方面的评价，如果是以促进学生个体的全面发展为评价目的，其评价的标准就应是对学生的知识和技能、问题解决的过程与方法、情感、态度、价值观的评价；如果是以掌握知识和技能为目的，其评价的标准就应是学生的考试成绩。想要顺利开展高职教育课程发展性评价，必须明确评价的目的和标准。

第三，设计高职教育课程发展性评价的指标系统。设计高职教育课程发展性评价的指标系统是指从目标中逐级分解出若干个指标组成的指标集合体，并对指标集合体中的各项指标确定权重系数和拟定评价标准。在高职教育课程发展性评价中，为了促进高职教育课程运转的最优化，评价应涵盖整个过程，高职教育课程评价的指标系统应包括课程开发、课程整体设计、单元课程教学、一次课四个子评价指标。

第四，选定评价方法。选定评价方法是指根据指标内涵确定信息采集和结果评价的方法，规定相应的评价操作要领，实现评价操作的规范化，从而保证高职教育课程评价操作程序的简洁性和科学性。

第五，制定文件。制定文件是指制定好评价所需要的各种文件资料，包括印发评价的文件资料、宣传提纲、工作计划用表，编制好评价所需要的各种问卷表、试卷、汇报提纲、观察要点以及需要查询的文献、音像资料目录等。评价文件是评价工作方便易行的重要保证。

3. 舆论准备

思想和舆论是行动的先导，因此在评价前，对评价的主体和评价的客体进行广泛深入的宣传动员，对调动他们对高职教育课程发展性评价的积极性，赢得评价主体对评价工作的投入、赢得评价客体对评价工作的支持和配合是十分重要的。舆论准备的形式是多种多样的：可以召开评价动员大会，进行评价思想动员；可以向评价客体宣传高职教育课程发展性评价的核心理念，使其明确评价的目的和意义，提高评价客体对评价的必要性和重要性的认识；可以举行评价专题讲座，普及高职教育课程及其发展性评价的知识。这些准备工作可以增强评价主体和客体的参与意识，并提高评价工作的透明度。

（二）高职教育课程发展性评价的实施阶段

高职教育课程发展性评价的实施主要是评价人员根据评价的指标和标准，通过搜集、整理和分析反映评价客体达标状况的信息资料，从而做出定性和定量的评价结论。它是整个评价过程的中心环节，是评价的主体工程。

1. 收集评价信息

评价信息是做出评价结论的事实依据，因此评价的信息应该全面、客观、准确、真实。评价信息真实、准确的首要条件就是信息来源必须可靠。这不仅有助于提高评价的效益，还有利于评价客体全面地理解评价主体的意见，明确自己的长处和不足，以便总结经验和改进工作。为做到这一点，评价实施小组的成员要有明确的分工，根据一定的评价指标，选择适当的信息源，运用各种手段和方法，多渠道地采集评价工作所需的信息资料，真实、全面地反映评价客体的情况，为客观、准确地进行价值判断做好铺垫。

2. 整理评价信息

收集到评价信息并不等于得到评价结果，还应对评价信息进行汇总整理。它包括以下几个方面：一是对评价信息资料的来源、获取信息的方法、信息资料适用的评价指标逐一登记；二是对量化的原始数据资料按评价标准的要求进行统计或标准化处理，对定性的资料进行逻辑分析和论证；三是对评价信息的资料去粗取精、去伪存真、查漏补缺，以保完整；四是对核实认定的评价资料按指标的类别归类、分档、立卷。

3. 计量评价结果

计量评价结果是指根据评价的信息资料，比照评价指标的标准，评定评价客体在每项指标上的达标等级，并计算被评价者单项指标的评价值和所有指标的综合评价值。

4. 撰写评价报告

撰写评价报告就是以书面的形式对整个评价工作进行概括和总结，它的目的在于交流思想、总结经验、反馈信息，为改进评价工作、发挥评价功能提供重要依据。撰写评价报告一般分为两个层次：一是各专题评价小组编写的专题评价报告，包括对本专题小组评价实施活动和评价计划完成情况的总结，对所评指标反映出来的被评对象的成绩和失误进行因果分析，总结典型经验，找出问题的症结。二是评价领导小组编写的评价综合报告，评价领导小组在审阅各专题评价报告的基础上，全面总结本次评价的实施工作和评价结果，写出评价的综合报告，内容包括评价工作概述、评价对象的主要成绩和经验以及评价对象存在的问题和努力的方向。撰写综合评价报告必须注意将定量分析、定性描述以及列举典型事实相结合，做到价值判断结论与事实材料相统一。报告的初稿必须征求评价客体的意见，交由全体评价人员反复讨论，在取得一致意见的基础上形成修改稿，并交评价领导小组集体审定，严把观点关、事实关和文字关，然后将审定稿打印送交有关领导，抄送被评单位或个人，并存档。

对于高职教育课程评价而言，评价报告的撰写（特别是学生作为评价主体）必须在教师指导之下进行。而且，撰写评价报告时应充分考虑撰写者的现有水平，尽量用清晰明白的语言来描述。

（三）高职教育课程发展性评价的处理阶段

高职教育课程发展性评价的处理阶段也就是对评价结果进行纵横比较，诊断问题，反馈评价信息，表彰先进，总结经验，使其充分发挥评价功能的阶段。

新课程评价的处理阶段必须对评价自身进行质量分析，包括评价方案的检验和修改，也包括对评价的实施过程和结果进行信度、效度检验，对发现的问题和出现的误差进行修正。在高职教育课程发展性评价工作结束后必须总结经验，对评价活动中表现出来的先进评价主体要通报表扬和奖励，对评价客体中表现突出的单位或个人也应给予适当奖励。对存在的问题必须诊断其成因，找到解决问题的办法和改进工作的途径。评价工作完成之后，评价组织或其他档案部门应对评价的方案计划、总结报告以及各种数据资料及时分类、编号、建档，对需要的数据资料可以储存，方便以后参考查证，为制定新的政策提供依据和材料。

二、高职教育课程发展性评价的具体技术

在新课程改革下，发展性评价的理念可以说是高职教育课程评价的灵魂，而评价的技术和方法则是高职教育课程评价的骨骼，它支撑着评价的各个相关因素，决定着评价实施的成效，因此为高职教育课程发展性评价寻求有效的、优质的评价技术尤为重要。本研究依据发展性评价的全部过程和各环节所涉及的关键内容选用相应的评价技术。

（一）评价准则的设计技术

发展性评价中的准则是评价主体在评价过程中所遵循的价值判断原则，它主要依从于高职教育课程教学目标和评价目标的具体项目。高职教育课程发展性评价的评价标准通常有两种形式：一是指标系统，指标是一种具体的、可测量的或可定性化的、行为化的评价标准，是根据可观察的要求而确定的评价内容，评价指标的确立可以通过学生完成任务、解决问题的行为反映学生的能力、思维、素养的发展状况；二是概括性问题，概括性问题是针对指标的缺点而提出的评价准则，它以抽象的角度评价内容，这种评价准则与高职教育课程学科的抽象逻辑性相匹配，因此在高职教育课程评价中应用概括性问题可以弥补指标系统的不足。发展性评价准则的指标系统与概括性问题的设计可分别采用与其特点相对应的技术。

对指标系统设计的基本方法就是将发展性评价的属性具体化，主要有三种方法：第一，从高职教育课程评价目标的具体内涵以及学生的年龄特征和个体差异入手，由此细化各个项目，确立准则；第二，从分析高职教育课程目标、教学内容和学生的知识与能力发展差异等评价内容间的相互联系开始，抓住各项内容变化后产生的效应，由具体的效应规划指标；第三，分清上述评价内容的全部属性和相关属性，将解析出的因素群作为相关指标。而针对概括性问题的设计则需要参照以下原则：第一，针对实际，发展性评价关注学生综合水平的发展，因此概括性问题应从学业成就中抽象概括必要、核心的问题；第二，明确简练，即发展性评价的概括性问题应条理清晰、项目准确，避免使评价主体产生模棱两可的理解或无所适从的反应。第三，突出重点，概括性问题的设计应体现其主次分明的特色，使评价准则有轻重缓急之分。

（二）评价权重的构造技术

评价权重是评价主体在评价过程中对评价准则赋予的价值大小。高职教育课程发展性评价的评价准则的构造技术可应用关键特征调查法、特尔斐法和层次分析法等。关键特征法是一种对备择目标或备择因素进行筛选的调查法，一旦高职教育课程的评价目标和内容因素确定后，就可以根据各因素的内在性质和相关特征评判其评价准则细目的权重；特尔斐法是 20 世纪 50 年代由美国兰德公司开发的一种调查技术，它以分发问题表的形式征求并统计个人的意见或判断，在高职教育课程发展评价中采用这种方法就是在高职教育课程的评价目标和内容明确后，需要定夺其主次性时向教学专家、教育心理专家及参与课改的教师甚至学生发放相关的问卷，通过问卷分析对评价准则进行权重定位；层次分析法是将高职教育课程发展性评价准则进行两两比较，然后以矩阵运算求得权重，这种方法可借助SPSS 等统计软件包完成。

（三）评价信息的收集技术

依据评价准则及其权重可以确定需要收集的评价信息的具体范畴与内容，对于高职教育课程发展性评价而言，其信息能够反映学生知识理解、技能应用、问题解决、情感态度等发展状况和趋势的相关内容。在收集这些信息时需要确保信息的全面性、可靠性和有效性，为达成这一需要，可采用与之相匹配的技术：就信息的全面性而言，可结合多种评价方法，如档案袋法、表现性评价法、自我评价和同伴评定相结合的方法、苏格拉底式研讨评定和测验法等，将运用这些方法收集到的信息进行对照分析，综合地、客观地评价学生；就信息的可靠性而言，评价主体要善于从众多的反映学生学习情况的信息中去伪存真，这就需要综合多种评价方法的结果归结出学生学习的真实情况；而评价信息的有效性则取决于评价工具（量表、试卷和考核表等）的高效度，因此在编制这些工具时就应对其信度和效度做前期处理，且在统计和筛选信息时应用统计软件包对其各考核项目的评价结果效度再做分析，由此确定信息来源及信息的有效性。

（四）评价结果的分析与处理技术

评价结果的分析和处理是评价活动的终结阶段，在发展性评价中它发挥着承上启下的关键作用，并影响下一阶段的评价实施质量，因此科学地分析和处理评价结果极为关键。这个过程需要解决好四项任务：其一，综合判断。在高职教育课程发展性评价中，综合判断包括对评价内容即学生的知识理解、技能应用、问题解决、情感态度等发展状况的综合评估，同时包括各种评价方法的整合，在此基础上对其做定性和定量的评判。其二，分析诊断。发展性评价是在诊断教学问题、分析教学问题、改进教学质量的进程中促成学生学科的发展的，由此可见，分析及有益于后继教学诊断评价的深入，而分析的关键在于评价主体能依据各种评价方法的整合和多项评价内容发掘出存在问题的症结及潜隐问题的所在。其三，评估此次评价活动的质量。这是对高职教育课程评价的再评价，这需要在发展性评价实施前拟定相关的督导项目，项目应便于操作。其四，反馈评价信息。以简洁明确的语言、简便的操作方法和途径向学生反馈评价结果，以帮助他们认识到自己学习过程中存在的问题，从而使他们改进学习方法，变换思维，端正学习态度，培养学习兴趣，寻求最佳的解决策略，等等。另外，在情况应允下可公布评价结果，使评价主体间可相互激励和相互借鉴。

第三节　高职教育课程发展性评价的元评价机制

高职教育课程发展性评价本身的评价也极为重要，高职教育课程发展性评价元评价成为新的议题。要使高职教育课程发展性评价的作用得以更好地发挥，不仅要加强高职教育课程发展性评价元评价的理论研究，还要建立一套保障高职教育课程发展性评价的元评价机制。

一、目标调控机制

目标调控机制是使高职教育课程发展性评价朝着预定目标运行，对原来课程发展性评价活动及其结论进行适当调节、修正的机制。泰勒在其评价理论中把确定目标作为评价的第一步，可见目标在课程发展性评价中的重要意义，因此元评价也必须要有正确的目标。一般来说，高职教育课程发展性评价元评价的目标就是为了保障评价的科学性、合理性，保证课程发展性评价的顺利开展，减少评价误差，使评价理论更加真实可靠。元评价可分为两种，即形成性元评价和终结性元评价。形成性元评价是在原来评价活动进行的过程中实施评价，这可及时调整原评价不科学、不合理的地方，进而控制评价活动。终结性元评价是在原来评价活动结束后进行评价，对整个评价活动过程进行评价，通过收集对评价结论的反馈信息对评价结论进行评价和修正。两种评价方式的综合运用有利于目标调控，从而使元评价更加全面和完善。要使高职教育课程发展性评价元评价朝着预设目标运行，高职教育管理部门需要采取有力的措施，调动各种因素积极参与到课程发展性评价之中，同时加强课程发展性评价实施参与者的监督力度，使课程发展性评价严格地按照程序进行，从而对目标进行相应的控制，最终形成科学的目标调控机制。

二、组织保障机制

高职教育课程发展性评价元评价的顺利实施和有序运行得益于组织保障机制在组织机构、制度方面给予的保障。首先，高职教育必须成立课程发展性评价委员会等形式的专门组织，对高职教育课程发展性评价的过程进行全程监督。其次，高职教育内部的各个院系部门对具体的课程予以评价。各级评价部门把评价结果的信息进行分析整合，形成下一步评价的决策依据。同时，完善的组织保障机制要求高职教育，制定相关的保障性制度对进行元评价的人员、组织机构、评价程序做出相应的规定，从而保证高职教育课程发展性评价的顺利开展。

三、支持监督机制

高职教育课程发展性评价的顺利进行离不开各方支持，而要实现评价的预设目标需要强有力的监督。支持高职教育课程发展性评价元评价的动力来源于内部和外部。内部动力主要来自管理层内部，即管理者为了提高课程质量和课程管理水平，满足学校教师对课程的要求以及面对外部市场竞争的需要，等等。外部动力则主要来自受益者的直接要求，即教师和学生对课程改革的要求，社会用人部门对人才质量标准的认同差异，同类学校之间的竞争。正是高等教育系统内外部对课程发展性评价各方面的要求形成了高职教育课程发展性评价元评价的动力，从而促进高职教育课程改革和课程建设。

高职教育课程发展性评价要想实现预设的目标必须对高职教育课程发展性评价元评价运行过程中出现的各种问题和过程本身进行考察和督促，分析其中发生的积极或消极因素，进而采取措施防止消极因素引起的不良影响或采取措施发展积极的因素。

随着高等教育的快速发展，质量问题逐渐成为人们关注的焦点，要保证高等教育的质量，完善的监督机制就必不可少，具体到高职教育就是要建立一套行之有效的课程发展性评价监督控制机制。这要求要有完整的监督机构，高职教育的监督机构要随着学校规模的扩大而得到加强；监督体制要实行实事问责制，分工要细化，责任要明确；要进一步提高监督人员的专业化水平。另外，高职教育课程发展性评价元评价的监督控制也要从内部和外部两个方面同时进行。内部的监督控制就是要使评价者和被评价者自觉克制自己的行为，以达到自我调控的目的；外部的监督控制是对评价活动、评价者和被评价者进行监督控制。根据规定的程序，运用监督检查、协调指导、沟通信息等技术手段进行调控，使之按照评价的目的和要求进行评价活动。

参考文献

[1] 王景英 . 教育评价理论与实践 [M]. 长春 : 东北师范大学出版社 , 2001.

[2] 钟桂英 . 发展性高职教育教学评价 [M]. 北京 : 中国轻工业出版社 , 2011.

[3] 周国烛 . 高等职业教育课程教学设计与案例 [M]. 北京 : 中国轻工业出版社 , 2009.

[4] 石伟平 , 徐国庆 . 职业教育课程开发技术 [M]. 上海 : 上海教育出版社 , 2006.

[5] 王利明 , 刘鹏飞 , 周国烛 , 等 . 高等职业教育教学评价理论、评价体系与评价技术 [M]. 北京 : 中国轻工业出版社 , 2011.

[6] 李雁冰 . 课程评价论 [M]. 上海 : 上海教育出版社 , 2002.

[7] 陈玉琨 . 课程改革与课程评价 [M]. 北京 : 教育科学出版社 , 2001.

[8] 李德顺 . 价值论 [M]. 北京 : 中国人民大学出版社 , 1987.

[9] 马俊峰 . 评价活动论 [M]. 北京 : 中国人民大学出版社 , 1994.

[10] 施良方 . 课程理论 [M]. 北京 : 教育科学出版社 , 1996.

[11] 靳玉乐 . 现代课程论 [M]. 重庆 : 西南师范大学出版社 , 1995.

[12] 郝德永 . 课程研制方法论 [M]. 北京 : 教育科学出版社 , 2000.

[13] 丛立新 . 课程论问题 [M]. 北京 : 教育科学出版社 , 2000.

[14] 张华 . 课程与教学论 [M]. 上海 : 上海教育出版社 , 2001.

[15] 刘儒德 . 刘儒德谈建构主义 [M]. 北京 : 电化教育音像出版社 , 2005.

[16] 钟启泉 , 崔允 , 张华 . 基础教育课程改革纲要（试行）解读 [M]. 上海 : 华东师范大学出版社 , 2002.

[17] 王明伦 . 高等职业教育发展论 [M]. 北京 : 教育科学出版社 , 2004.

[18] 靳玉乐 , 黄清 . 课程研究方法论 [M]. 重庆 : 西南师范大学出版社 , 2000.

[19] 张瑞 . 理解与超越 : 情境适应性教学评价研究 [D]. 重庆 : 西南大学 , 2011.

[20] 彭智勇 . 数学新课程发展性评价研究 [D]. 重庆 : 西南师范大学 , 2004.

[21] 刘志军 . 发展性课程评价研究 [D]. 上海 : 华东师范大学 , 2002.

[22] 郭杰 . 高校课程发展性评价的理性思考 [D]. 桂林 : 广西师范大学 , 2011.

[23] 杜瑛 . 我国高等教育评价的范式转换及其协商机制研究 [D]. 上海 : 华东师范大学 , 2010.

[24] 沈琪美 . 课程评价的研究模式与鉴赏模式之比较研究 [D]. 长沙 : 湖南师范大学 , 2012.

[25] 李雁冰 . 质性课程评价研究 [D]. 上海 : 华东师范大学 , 2000.

[26] 钟桂英 , 刘威 , 詹晓东 , 等 . 发展性高职教育教学评价 [M]. 北京 : 中国轻工出版社 , 2011.

[27] 刘炎 , 铁军 . 高等职业技术教育课程体系探索 [J]. 北方工业大学学报 , 2001(2): 92-96.

[28] 徐红 . 我国当前课程评价的误区及对策 [J]. 湖南师范大学教育科学学报 , 2003(4): 58-60.

[29] 陈娟 , 冯生尧 . 促进学生学习的表现性评价 [J]. 当代教育科学 , 2011(11): 21-23.

[30] 姜大源 . 职业教育学基本问题的思考 (一)[J]. 职业技术教育 , 2006, 27(1): 5-10.

[31] 刘智运 . 高校教育评估理论及发展趋势研究 [J]. 高教发展与评估 , 2005, 21(1): 22-27.

[32] 郑余 . 高等职业技术教育概念术语辨析 [J]. 浙江师范大学学报 , 2006(2): 7-11.

[33] 王惠 . 发展性课程评价在高校课程评价中的运用 [J]. 黑龙江教育 (高教研究与评估), 2008(3): 81-83.

[34] 刘青 , 王根顺 . 发展性课程评价 : 高校课程评价发展的新趋势 [J]. 商业文化 (学术版), 2010(9): 245-246.

[35] 肖凤翔 , 马良军 . 高等职业院校实践性课程评价 [J]. 高等工程教育研究 , 2013(1): 159-164.

[36] 袁丽英 . 课程评价 : 职教课改中的重要环节 [J]. 职教论坛 , 2010(12): 47-50.

[37] 苏昕 , 侯鹏生 . 高等教育评价体系的结构多元化和价值冲突 [J]. 教育研究 , 2009, 30(10): 60-65.

[38] 刘志军 . 课程评价的现状、问题与展望 [J]. 课程·教材·教法 , 2007(1): 3-12.

[39] 吴少玲 . 关注生命 : 新课程评价的取向 [J]. 教育探索 , 2007(1): 24-25.

[40] 薛源 . 以学生为主体的课程评价何以可能及如何可能 [J]. 全球教育展望 , 2003, 32(11): 38-41.

[41] 孔德英，苗桂芬. 发展性评价：新课程评价的理念 [J]. 沧州师范专科学校学报，2003(2): 56–57.

[42] 高文. 建构主义研究的哲学与心理学基础 [J]. 全球教育展望，2001, 30(3): 3–9.

[43] 冯莉莉. 课堂教学中如何运用发展性评价 [J]. 考试 (教研)，2010(8): 30–30.

[44] 陈玉琨，李如海. 我国教育评价发展的世纪回顾与未来展望 [J]. 华东师范大学学报 (教育科学版)，2000(1): 1–12.

[45] 李臣之. 试论活动课程的本质 [J]. 课程·教材·教法，1995(12): 9–16.

[46] 闫飞龙. 高等教育评价标准的本质问题与多元化 [J]. 清华大学教育研究，2011, 32(5): 62–67.

[47] 丁福兴. 高校教师教学质量多元评价体系的构建：理据与框架 [J]. 现代教育科学，2012(1): 146–149.

[48] 王治河，樊美筠. 走向一种后现代的有机教育 [J]. 远程教育杂志，2010, 28(4): 3–13.

[49] 李志厚，李书光. 生态学视域下的学业评价改革思路探析 [J]. 教育导刊，2010(5): 12–15.

[50] 张其志. 教育评价的科学观及其方法论的演变 [J]. 中国高等教育评估，2006(2): 27–31.

[51] 王景英，梁红梅. 后现代主义对教育评价研究的启示 [J]. 东北师大学报，2002(5): 112–118.

[52] 和学新. 新一轮基础教育课程改革解读 [J]. 师道，2002(6): 31–33.

[53] 韩冰，许祝南. 课程评价研究的发展趋势与高职课程评价实践 [J]. 职教论坛，2005(9): 8–11.

[54] 赵新亮，周娟. 校本课程评价的内涵与实施策略 [J]. 教学与管理，2011(10): 30–31.

[55] 孟娟娟，夏惠贤. 档案袋评价：关注学生学习与成长的评价 [J]. 外国中小学教育，2011(2): 20–24.

[56] 胡燕，李海锋，王恬，等. 美感即经验："美学与大学生艺术素养"国家精品课程建设与发展性教学评价 [J]. 中国大学教学，2015(2): 8–11.

[57] 钟慈方. 高职院校课程改革的发展性评价研究 [J]. 职业教育 (下旬刊)，2014(1): 39–41.

[58] 金芬, 吴倩. 高职项目化课程发展性评价体系探索与实践 [J]. 苏州市职业大学学报, 2013, 24(2): 63–66.

[59] 渠秀萍. 浅谈校本课程之发展性评价 [J]. 吕梁教育学院学报, 2013, 30(1): 49, 63.

[60] 马思腾, 薛筠. 发展性课程评价: 保证课程公平的有效评价 [J]. 才智, 2012(13): 241.

[61] 钟慈方. 高职院校工作过程系统化课程发展性评价探讨 [J]. 产业与科技论坛, 2012, 11(4): 205–206.

[62] 吴倩, 滕刚. 高职项目化课程发展性评价分析 [J]. 职业技术教育, 2011, 32(29): 18–20.

[63] 韩琳. 发展性课程评价体系的建设 [J]. 辽宁经济职业技术学院学报, 2010(6): 103–104.

[64] 杨昕卉. 浅谈建构主义视角下的高校物理课程发展性评价 [J]. 中国成人教育, 2010(9): 177–178.

[65] 李彦峰, 曾建国. 论发展性课程评价的"多元化"品质 [J]. 现代教育科学, 2009(4): 9–11.

[66] 王惠. 发展性课程评价在高校课程评价中的运用 [J]. 黑龙江教育 (高教研究与评估), 2008(3): 81–83.

[67] 杨万松. 以人为本的发展观与发展性课程评价的民主化 [J]. 池州师专学报, 2006(2): 136–137, 140.

[68] 方晓路. 近现代课程评价理论发展探微 [J]. 龙岩学院学报, 2006(1): 67–69.

[69] 王春杨, 敖敏. 我国高校课堂教学评价的现状、问题与对策 [J]. 当代教育理论与实践, 2016(2): 103–106.

[70] 百宗新, 罗启, 许荣花. 国外大学有效教学研究述评 [J]. 长江大学学报 (社会科学版), 2013(4): 142–144.

[71] 顾艳红, 金梅, 张大红. 高校学生评教体系的设计与探析 [J]. 中国电力教育, 2013(14): 158–159.

[72] 任艳红. 高校教学评价制度的反思与重构 [D]. 西安 : 陕西师范大学, 2011.

[73] 蔡敏. 美国著名大学教学评价的内容特征 [J]. 外国教育研究, 2006, 33(192): 25–28.

[74] 李亚东, 王孙禺. 从两种不同的评价观看教学评估结果的公布 [J]. 高等教育研究, 2002, 23(1): 79–82.